现代职业教育汽车类专业规划教材

汽车舒适与安全系统检修

主　编　张秋华
参　编　王皆佳　程　圆　张利芬
　　　　刘　磊　张晨辉

机械工业出版社

本书采用项目驱动、任务实施的形式编写，由六个项目组成，包括十个任务，即空调制冷不足故障的检修、手动空调不制冷故障的检修、自动空调温度调节异常故障的检修、汽车电动车窗升降失灵故障的检修、汽车电动座椅调节功能异常故障的检修、中控门锁失灵故障的检修、防盗系统功能异常引起发动机不能起动故障的检修、汽车巡航控制系统功能异常故障的检修、汽车安全气囊系统警告灯常亮故障的检修、车载信息娱乐系统因操作不当引起功能异常故障的检修。每个任务配有任务目标、任务描述、知识储备、任务实施、拓展训练及课后测评等栏目。

本书内容新颖全面、图文并茂、通俗易懂、易学好教。本书可以作为高等职业院校汽车类专业学生的教学用书，也可以作为职业技能培训用书和从事汽车相关专业的企业人员及社会学习者的学习参考书。

为方便教学，本书配有电子课件。凡选用本书作为授课教材的教师均可登录 www.cmpedu.com 以教师身份注册后免费下载，或咨询编辑，电话：010-88379201。

图书在版编目（CIP）数据

汽车舒适与安全系统检修/张秋华主编 . —北京：机械工业出版社，2018.9（2023.6 重印）

现代职业教育汽车类专业规划教材

ISBN 978-7-111-60901-8

Ⅰ.①汽⋯ Ⅱ.①张⋯ Ⅲ.①汽车 – 舒适性 – 高等职业教育 – 教材 ②汽车 – 安全装置 – 检修 – 高等职业教育 – 教材 Ⅳ.①U461.4 ②U472.41

中国版本图书馆 CIP 数据核字（2018）第 213718 号

机械工业出版社（北京市百万庄大街 22 号　邮政编码 100037）

策划编辑：师　哲　胡　明　责任编辑：师　哲　张丹丹

责任校对：樊钟英　　　　　封面设计：张　静

责任印制：单爱军

北京虎彩文化传播有限公司印刷

2023 年 6 月第 1 版第 2 次印刷

184mm×260mm · 13.75 印张 · 325 千字

标准书号：ISBN 978-7-111-60901-8

定价：36.80 元

现代职业教育汽车类专业
课程改革成果教材编写委员会

主　任　朱国苗　姚道如

副主任　肖炳生　吴中斌　徐　黎
　　　　　杨柳青　葛学亮　钱　凤

委　员　安宗权　张信群　王爱国　盛国超　李国彬
　　　　　徐腾达　曾凡玲　王　超　孙　旭　方习贵
　　　　　吴风波　徐　辉　张秋华　徐　峰

PREFACE

前　言

汽车正以前所未有的速度深入到人们的日常生活当中，汽车技术的发展速度也越来越快，汽车舒适与安全系统方面的技术日益更新。本书根据职业教育的教学特点，以提高学习者的职业能力和职业素养为宗旨，倡导以学生为本的教育理念，在进行广泛的企业、行业调研的基础上编写而成。本书根据汽车维修行业职业需求和岗位要求设置教学任务，联系实际，融入实践，将抽象深奥的知识简单化、形象化和感性化，使理论描述简易直观，实践叙述与实际维修作业流程相吻合，做到易教、易学、易会和易用。

本书借鉴了德国职业教育的先进教学理念，把行业能力标准作为课程教学目标和鉴定标准，按照行业能力要求组织教学内容，在教材开发中充分体现一体化的职业教育理念，贯穿"工作过程系统化"的项目课程开发思想，针对职业院校学生的学习特征设计教学活动，且教学环境主要模拟企业真实的工作情境，学生要掌握为完成任务描述布置的任务所必需的理论知识，再通过任务实施来解决任务描述中的问题，从而培养分析问题和解决问题的能力，使学生在做中学、在学中做，从而具备综合的职业能力。

本书由六个项目组成，共十个工作任务，即空调制冷不足故障的检修、手动空调不制冷故障的检修、自动空调温度调节异常故障的检修、汽车电动车窗升降失灵故障的检修、汽车电动座椅调节功能异常故障的检修、中控门锁失灵故障的检修、防盗系统功能异常引起发动机不能起动故障的检修、汽车巡航控制系统功能异常故障的检修、汽车安全气囊系统警告灯常亮故障的检修、车载信息娱乐系统因操作不当引起功能异常故障的检修。

本书由张秋华任主编，王皆佳、程圆、张利芬、刘磊、张晨辉参编。具体编写分工如下：芜湖职业技术学院张秋华、安徽金寨技师学院（金寨职业学校）程圆共同编写了项目一，芜湖职业技术学院张秋华编写了项目二的任务一、项目三的任务一和项目五，芜湖职业技术学院张利芬编写了项目二的任务二，淮北技师学院刘磊编写了项目三的任务二，南通航运职业技术学院王皆佳编写了项目四，芜湖职业技术学院张晨辉编写了项目六。

在本书编写过程中参考了大量的书籍并借鉴了汽车维修手册和相关培训资料，在此谨向其作者及资料提供者表示深切的谢意。

由于编者水平有限，书中难免存在不妥之处，敬请广大读者批评指正。

编　者

CONTENTS

目　录

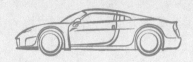

项目一

汽车空调系统的检修

【项目描述】

　　汽车空调系统是实现对车厢内空气进行制冷、加热、换气和空气净化的装置。它可以为乘车人员提供舒适的乘车环境，降低驾驶人的疲劳强度，提高行车安全。空调装置已成为衡量汽车功能是否齐全的标志之一。本项目以空调制冷不足、手动空调不制冷、自动空调温度调节异常三个故障检修为任务载体，通过制订故障诊断与排除工作方案，并利用故障诊断仪、万用表对汽车空调系统线路及其组成元件进行检测，确定故障原因并维修更换损坏的元件，排除故障。

 任务一　空调制冷不足故障的检修

 【任务目标】

1. 知识目标
1) 了解空调制冷系统的结构和工作原理。
2) 能够识读空调系统的电路图。
2. 技能目标
1) 确定空调制冷不足的故障检修步骤。
2) 使用专用仪器设备对空调系统进行检测。
3) 更换空调制冷系统部件。
4) 对各组成部件进行检测和调整。

 【任务描述】

　　一辆通用别克轿车空调离合器及冷却风扇工作均正常，但是制冷效果不足，用测温仪在空调出风口检测，空调运行时车内出风口与外界温差约为6℃。作为汽车维修人员，接到此维修任务，要求检查并判断制冷剂压力是否正常，判断分析空调系统出现此现象的原因，制订维修计划并完成维修任务。

 【知识储备】

　　汽车空调就是通过制冷和供暖方法来调节车内空气的温度、湿度、气流速度和洁净度等参数，从而为乘员创造清新舒适的车内空气环境。不同类型空调系统的布置方式有所不同。轿车广泛采用的是冷暖一体式空调系统。如图1-1所示，汽车空调系统布置形式是将冷却装置、暖风装置、鼓风机装置、压缩机和冷凝器等组装在一起，称为空调器总成。

一、汽车空调系统的功用、类型、组成

（一）功用
　　汽车空调的功能是随着人们对汽车舒适性的要求不断提高，而从低级到高级，由功能简单向功能齐全方向发展的，其过程可以概括为单一供暖阶段、单一制冷阶段、冷暖一体化阶段、自动控制阶段、微机控制阶段五个阶段。
　　汽车空调将车内空间的环境调整到对人体最适宜的状态，创造良好的劳动条件和工作环境，以改善驾驶舒适性、降低驾驶疲劳、提高汽车安全性。为此，现代汽车空调系统就必须具备完善的功能以及完成这些功能的所需装置，以完成车内空间环境的调节工作。现代汽车空调有以下四种功能，其中任何一种功能都是为了使乘客感到舒适。

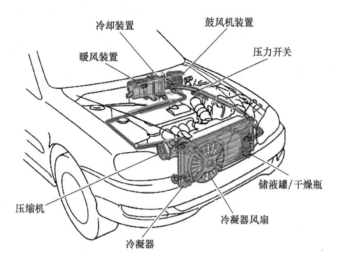

图 1-1 汽车空调系统

（1）调节车内温度　汽车空调能控制车厢内的气温，既能加热空气，也能冷却空气，以便把车厢内的温度控制到舒适的程度。

（2）调节车内湿度　汽车空调能够排出空气中的湿气，以营造更舒适的环境。

（3）调节车内的空气流速　汽车空调可吸入新鲜空气，具有通风、调节气流的功能。

（4）过滤净化车内空气　汽车空调可过滤空气，排除空气中的粉尘。

（二）汽车空调系统的类型

1. 按驱动方式分

汽车空调系统按驱动方式分为独立式和非独立式两种。

（1）独立式　专用一台发动机驱动压缩机，制冷量大，工作稳定，但成本高，体积及重量大，多用于大、中型客车。

（2）非独立式　空调压缩机由汽车发动机驱动，制冷性能受发动机工作影响较大，稳定性差，多用于小型客车和轿车。

2. 按功能分

汽车空调系统按功能分为单一功能型和冷暖一体式两种。

（1）单一功能型　单一功能型将制冷、供暖、通风系统各自安装、单独操作，互不干涉，多用于大型客车和载货汽车上。

（2）冷暖一体式　制冷、供暖、通风共用鼓风机和风道，在同一控制板上进行控制，工作时可分为冷暖风分别工作的组合式和冷暖风可同时工作的混合调温式。轿车多用混合调温式。

3. 按控制方式分

现代汽车空调系统按控制方式可分为手动、半自动和全自动（智能）空调系统三种。

（1）手动空调系统　拨动控制板上的功能键对温度、风速和风向进行控制。这类系统不具备车内温度和空气配送自动调节功能，制冷、供暖和风量的调节需要使用者按照需要调节，控制电路简单，通常使用在普及型轿车和中、大型货车上。

（2）半自动空调系统　半自动空调系统虽然具备车内温度和空气配送调节功能，但制冷、供暖和送风量等部分功能仍然需要使用者调节，它配有电子控制和保护电路，通常使用在普及型或者部分中档轿车上。

（3）全自动（智能）空调系统 全自动（智能）空调系统具有自动调节和控制车内温度、风量以及空气配送方式的功能，保护系统完善，并具有故障诊断和网络通信功能，工作稳定可靠，目前广泛应用在中、高档轿车和大型豪华客车上。

（三）汽车空调系统的组成

汽车空调系统主要由制冷系统、供暖系统、配气系统、通风和净化系统、控制系统组成。

1. 制冷系统

（1）功用 制冷系统对车内空气或由外部进入车内的新鲜空气进行冷却或除湿，使车内空气变得凉爽舒适。

（2）组成 制冷系统由压缩机、冷凝器、储液干燥器、膨胀阀、蒸发器、散热风扇和制冷管道等组成（图1-2）。各部件由下列三种管路连成空调系统：

① 高压软管，用于连接压缩机和冷凝器。
② 液体管路，用于连接冷凝器和蒸发器。
③ 回气管路，用于连接蒸发器和压缩机。

使用集液器的系统必须把它装在蒸发器和压缩机之间，使用储液干燥器的系统必须把它放在冷凝器和膨胀阀之间。

2. 供暖系统

（1）功用 供暖系统用于取暖，对车内空气或由外部进入车内的新鲜空气进行加热，达到取暖除霜的目的。

（2）组成 供暖系统由加热器、水阀、水管和发动机冷却液等组成，如图1-3所示。

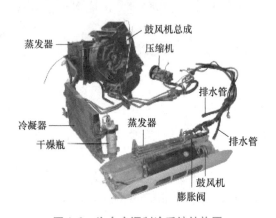

图1-2 汽车空调制冷系统结构图

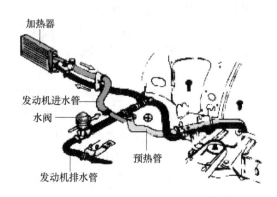

图1-3 汽车空调供暖系统结构图

3. 配气系统

（1）功用 配气系统将外部新鲜空气吸进车内，起通风和换气的作用。同时，通风对防止风窗玻璃起雾也起着良好的作用。

（2）组成 配气系统由进气模式风门、鼓风机、混合气模式风门、气流模式风门和导风管等组成，如图1-4所示。

4. 通风和净化系统

（1）功用　通风和净化系统除去车内空气中的尘埃、臭味、烟气及有毒气体，使车内空气变得清洁。

（2）组成　通风和净化系统由车外空气和车内循环空气两部分组成。

5. 控制系统

（1）功用　控制系统对制冷、取暖和空气配送系统的温度、压力进行控制，

图1-4　汽车空调配气系统结构图

同时对车内的温度、风量和流向进行调节，并配有故障诊断和网络通信的功能，完善了控制系统的自动程度。

（2）组成　控制系统由点火开关、A/C开关、电磁离合器、鼓风机开关调速电阻器、各种温度传感器、制冷剂高低压力开关、温度控制器、送风模式控制装置和各种继电器等组成。

二、汽车空调制冷系统的工作原理

在汽车空调系统中，空调制冷系统的结构、原理和控制最为复杂。汽车空调制冷系统各部件之间采用铜管（或铝管）和高压橡胶管连接成一个密闭系统。制冷循环就是利用有限的制冷剂，在封闭的制冷系统中周而复始地将制冷剂压缩、冷凝、膨胀和蒸发，在蒸发器中吸热汽化，对车内空气进行制冷降温。汽车空调制冷系统的工作原理如图1-5所示。

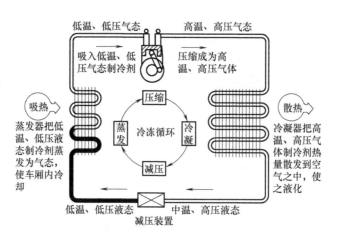

图1-5　汽车空调制冷系统的工作原理

1. 压缩过程

压缩机吸入蒸发器出口处的低温低压的制冷剂气体，把它压缩成高温高压的气体排出压缩机，然后送入冷凝器。

2. 放（散）热过程

高温高压的制冷剂气体进入冷凝器，由于压力及温度的降低，制冷剂气体冷凝成液

体，并放出大量的热量。

3. 节流过程

高温高压的制冷剂液体通过膨胀装置（膨胀节流管）节流降温降压后体积变大，压力和温度急剧下降，以雾状（细小液滴）排出膨胀装置。

4. 吸热过程

经膨胀节流管降温降压后的雾状制冷剂液体进入蒸发器，因此时制冷剂沸点远低于蒸发器内温度，故制冷剂液体蒸发成气体。制冷剂在蒸发过程中大量吸收周围的热量，降低车内温度，而后低温低压的制冷剂蒸气又进入压缩机。

压缩机在发动机驱动下旋转，将制冷剂压缩成高温高压气态制冷剂排出。这些高温高压气态的制冷剂流入冷凝器，在冷凝器冷却风扇的作用下，温度降低。冷凝器将制冷剂的部分热量排入大气中，直至制冷剂降到沸点温度时，高温高压气态的制冷剂便转换为中温高压液态的制冷剂。中温高压液态制冷剂流入干燥器，干燥器过滤制冷剂中的杂质并吸收水分，储存小部分的制冷剂。过滤后的液态制冷剂流至膨胀阀进行节流，节流后的液态制冷剂立即变为低温低压雾状的液/气态混合物。这种低温低压的液/气态混合制冷剂在流至蒸发器后吸收了空气中的热量，由液/气混合态蒸发成气态。此后吸收了空气中热量的气态制冷剂经由压缩机的作用再次循环，压缩机抽吸汽化了的制冷剂并将其压缩成高温高压的气体，又通过高压软管送向冷凝器。这样就完成了一个制冷系统的热力循环。当制冷系统工作时，制冷剂以不同的状态在这个密闭系统内循环流动，每个制冷循环包括压缩过程、散热过程、节流过程、吸热过程四个过程。上述过程周而复始地进行，便可达到降低蒸发器周围空气温度的目的。

三、汽车空调制冷系统的分类

汽车空调制冷系统分为两类，一类是膨胀阀式制冷系统，另一类是孔管式制冷系统。它们的差别是所用的节流膨胀装置的结构不同，储液干燥器的安装位置不同。汽车空调膨胀阀式制冷系统的特征是：只要驾驶人一开动空调，电磁离合器就总是啮合，从不断开，压缩机始终处于运行状态，靠吸气节流阀或绝对压力阀把蒸发器温度控制在0℃左右；孔管式制冷系统的特征是：电磁离合器时而接合，时而断开，压缩机根据车室内、外温度时而运行，时而停止，因此也叫作循环离合器系统。循环离合器系统也有使用膨胀阀的，但只是作为一种节流装置而已。膨胀阀系统也叫作传统空调系统。

1. 膨胀阀式制冷系统

图1-6所示为膨胀阀式的制冷循环系统，主要包括压缩机、冷凝器、储液干燥器、膨胀阀、蒸发器和管路等主要部件。这种制冷循环系统的工作原理是压缩机将气态的制冷剂提高压力（同时温度也提高），目的是使制冷剂比较容易液化放热。高压的气态制冷剂进入冷凝器，冷凝器风扇使空气通过冷凝器的缝隙，带走制冷剂放出的热量并使其液化。液化后的制冷剂进入储液干燥器，被滤掉杂质、水分，同时储存适量的液态制冷剂，以备制冷负荷发生变化时制冷剂不会断流，从储液干燥器出来的制冷剂流至膨胀阀，从膨胀阀中的节流孔喷出形成雾状制冷剂，雾状的制冷剂进入蒸发器，由于制冷剂的压力急剧下降，便很快蒸发汽化，同时吸收热量，蒸发器外部的风扇使空

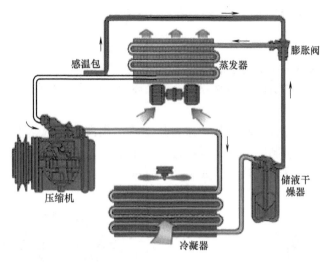

图1-6 膨胀阀式的制冷循环系统

气不断通过蒸发器的缝隙，其温度下降，使车内温度降低，蒸发器出来的气态制冷剂再进入压缩机重复上述过程。这种循环系统中的膨胀阀可以根据制冷负荷的大小调节制冷剂的流量。

2. 孔管式制冷系统（CCOT 方式）

孔管式制冷系统从制冷的工作原理来看，与膨胀阀式的制冷系统无本质的差别，只不过将可调节流量的膨胀阀换成不可调节流量的孔管，使其结构更加简单，其制冷循环如图1-7所示。为了防止液态的制冷剂进入压缩机而造成压缩机的损坏，故这种循环系统将储液干燥器安装在蒸发器的出口，并按照它所起的作用更名为集液器，同时进行气液分离，液体留在罐内，气体进入压缩机，其他部分的工作过程与膨胀阀式的制冷循环系统相同。

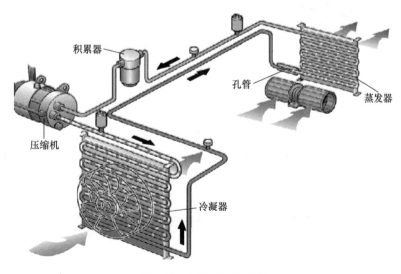

图1-7 孔管式制冷系统

四、汽车空调制冷系统主要部件的结构与检修

1. 压缩机

压缩机是空调制冷系统的心脏，是推动制冷剂在制冷系统中不断循环的动力源，变排量压缩机还起着根据热负荷大小调节制冷剂循环量的作用，如图1-8所示。

2. 冷凝器

冷凝器的作用是通过管壁和翅片把来自压缩机的高温高压气体中的热量传递给冷凝器外的空气，从而使气态制冷剂冷凝成高温高压的液体，使其通过节流元件（如膨胀阀或节流管）后吸收大量热量而汽化，如图1-9所示。

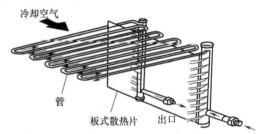

图1-8　变排量压缩机　　　　　　图1-9　冷凝器的结构

3. 膨胀阀

膨胀阀具有节流降压、调节流量、防止液击和防止异常过热等多种功能，是制冷系统中的重要部件。膨胀阀的类型如图1-10所示。

a)　　　　　　　　b)　　　　　　　　c)

图1-10　膨胀阀的类型
a) A型　b) E型　c) J型

4. 蒸发器

蒸发器的作用是利用低温低压的液态制冷剂蒸发时吸收周围空气中的大量热量，从而达到降低车内温度的目的。

5. 储液干燥器

储液干燥器的作用是储存制冷剂，过滤制冷剂中的杂质，还可使气液分离。

五、汽车空调系统故障诊断与分析

汽车空调系统的故障大致有以下几类：不制冷故障、制冷不足故障、间歇性制冷故

障和异响故障等。其主要表现为制冷系统、电气系统和机械元件出现异常，只有及时诊断和排除这些故障，才能保证或维持系统的正常运行。

汽车空调系统制冷不足故障产生的原因，常常相互交错而又不易判断。因此要针对系统产生的异常现象进行仔细的分析和判断，才能正确地排除故障。

（一）汽车空调系统故障常用诊断方法

1. 听

听包括两方面的含义，一是听取驾驶人对故障原因的说明，二是监听设备有无不正常的噪声。但当接通空调开关，压缩机刚开始工作时，发动机声音稍微大些属正常现象。

2. 看

看主要是指查看各部件的表面情况，如观察仪表盘上的压力、冷却液温度、油压等性能指示灯是否正常，此外还应重点查看以下部位：

1）检查压缩机安装是否牢固，压缩机传动带是否有歪斜、破损等情况，同时要求压缩机传动带松紧度合适（可用两个手指压传动带中间部位，能压下 7～10mm 为宜）。

2）检查冷凝器表面是否脏污、变形，与散热器之间是否有杂物。

3）检查蒸发器和空气过滤网是否干净和通风良好。

4）检查制冷系统管路、接头及组件表面有无油迹（如有油迹，一般是制冷剂出现渗漏），制冷管路是否有擦伤或变形等。

5）查看制冷剂的数量和工作状态。

3. 摸

摸主要指用手触摸零部件感受温度，来判断空调系统工作是否正常。开启空调开关，使压缩机运转 15～20min，进行如下操作：

1）利用手感比较车厢冷气栅格吹出的冷风凉度及风量大小。

2）用手触摸压缩机的进、排气管的温度，两者应有明显的温差。

3）利用手感比较冷凝器的进管和出管温度。若后者温度低于前者为正常，若两者温度相差不大，甚至相同，说明冷凝器有故障。

4）用手触摸干燥过滤器前后管道的温度，当两者温度一致为正常，否则说明干燥过滤器存在堵塞现象。

5）膨胀阀前面的管道与出口应有很大的温差，否则说明膨胀阀出现故障。

4. 测

测主要指借助压力表对系统的高、低压侧进行压力的测量，对于自动空调还可以利用自诊断对制冷系统进行测试，来确定故障部位和原因。

起动发动机，使其稳定在一定的转速上，持续2min。

（1）从视液镜观察制冷剂的流动状态

1）如清晰，而又无冷气吹出，则说明制冷剂已漏光。

2）如有气泡，则说明制冷剂不足或制冷剂含有空气、水分，制冷剂不足，可以通过增加制冷剂来进行区别，如气泡仍不消除，则说明制冷管路含有空气、水分，应放出制冷剂，重新进行抽真空、保压、注制冷剂。

3）如有油纹，则说明制冷剂已漏光；如有污垢，说明系统已被污染，需要清洗。

（2）通过压力表判断故障　利用专用压力表对空调系统进行故障检查。

外部条件：气温 30～35℃，发动机转速（2000±50）r/min，空调温度控制旋钮旋至强冷位置，风量开关开至最大档。系统的正常压力指示值高压侧应为 13～17kgf/cm²，低压侧应为 1.5～2kgf/cm²（1bar = 0.1MPa = 1000kPa = 1.0197kgf/cm²）。

用专用的软管将压力表、真空泵与空调系统连接好进行抽真空，抽真空后应保持 5min 检查系统确无泄漏后，再灌注制冷剂就可以进行故障诊断了。如系统有故障或系统制冷剂泄漏，压力表压力指示与正常值就会有差异。

1）制冷剂少。高压和低压侧压力均低（高压侧 8～9kgf/cm²，低压侧 0.8kgf/cm²），系统制冷效果差，观察储液干燥器视液镜内有许多气泡。

2）制冷剂过多或冷凝器交换不良。高压、低压侧的压力都高（高压约 20kgf/cm²，低压约 2.5kgf/cm²），冷凝器散热片上有泥沙、尘土等异物堵塞。

3）系统中有空气。高压、低压侧压力都高（高压约 23kgf/cm²，低压约 2.5kgf/cm²），触摸低压管路无明显凉感。

4）系统中有水。低压侧压力反复变化指示为正、负压力（低压 1.5～50kgf/cm²），系统中有水，空调运转中形成冰堵就不制冷，当外界温度影响其融化后又能制冷。

5）膨胀阀。膨胀阀开度过大或感温管安装不良，高压、低压侧压力均高（高压 19～20kgf/cm²，低压约 2.5kgf/cm²），当膨胀阀喷嘴过大或感温管装配位置不对，低压侧管路就结霜严重。

6）压缩机工作不良。高压侧压力过低（10～16kgf/cm²），低压侧压力过高（4～6kgf/cm²），可确定是压缩机内部部件已严重磨损或损坏。

> **结论：** 汽车空调系统制冷不足是常见的故障。只有针对具体故障现象进行详细分析，采取对应的方法进行诊断，才能排除故障。

（二）汽车空调制冷不足故障检修

1. 故障现象

汽车空调系统制冷不足的现象是空调系统长时间运行，车厢内温度能够下降，但由于某些故障使得系统达不到规定的制冷量，车室内没有清凉舒适的感觉，感到制冷不足。

2. 故障原因分析

汽车空调制冷系统性能能否达到规定的要求，其主要的判别依据是车厢内温度能否达到指定的指标。一般情况下，若汽车空调运转正常，当外界温度在 35℃ 左右时，车厢内温度应保持在 20～25℃ 范围内。要达到这一基本的汽车空调设计要求，除车厢的密封性能良好外，空调的制冷能力应够用。那么，有哪些因素会影响到空调的制冷效果呢？我们认为，如果汽车的空调效果不好，可以从以下八个方面着手进行检测，查明故障原因。

（1）制冷剂过多造成制冷不足　对于刚维修过后的空调系统，制冷不足的原因往往是制冷剂的添加量过多。空调系统中制冷剂所占容积的比例是有一定要求的。如果所占比例太高，反而会影响其散热量，即散热量多制冷量就大；反之，散热量少则制冷量就小。同理，若维修时过多地加入冷冻机油，也会导致制冷系统的散热量下降。

检修方法：制冷剂注入是否过多，可以从储液干燥器上方视液镜中观察制冷剂流动状况。如果汽车空调在运转时从视液镜中看不到一点气泡，压缩机停转后也无气泡，那肯定是制冷剂过多。如果加入的冷冻机油量过多，空调系统正常运转时，能从视液镜中看到较为混浊的气泡。当然，若确为制冷剂过多，可以在空调系统低压侧的维修口处慢慢地放出一些即可。

（2）制冷剂过少造成制冷不足　对于大部分汽车而言，制冷不足是由于制冷剂过少所致，造成制冷剂不足的原因大多是由于系统中的制冷剂微量泄漏。如果空调系统中制冷剂不足，从膨胀阀喷入蒸发器的制冷剂必然也会减少，则制冷剂在蒸发器内蒸发时，吸收的热量也将随之下降，制冷效果也就下降了。

检查方法：制冷剂不足也可以从储液干燥器上方的视液镜中观察到。在空调正常运转时，若视液镜中有连续不断地缓慢的气泡产生，则制冷剂不足；若出现明显的气泡翻转的情况，则表示制冷剂严重不足。制冷剂若不足，应添加制冷剂，但要注意，若从低压侧添加，禁止制冷剂瓶倒，若从高压侧加入禁止发动机起动。

（3）制冷剂与压缩机油内含杂质过多、微堵而引起制冷不足　倘若在整个空调系统中，制冷剂和冷冻机油内脏物过多，必然使滤清器的滤网出现堵塞，导致制冷剂通过能力下降，阻力加大，流向膨胀阀的制冷剂也会相对减少，导致制冷不足。因此，在维修空调时，选择合格的制冷剂是很关键的，尤其不宜选择那些"三无"产品。

（4）空调制冷系统中有水分渗入造成制冷不足　在制冷系统中有一个部件是干燥罐（瓶），它的一个主要任务就是吸收制冷剂中的水分，以防制冷剂中水分过多导致制冷不足。但当干燥罐内干燥剂处于吸湿饱和状态时，则水分就不能再被滤出，当制冷剂通过膨胀阀节流孔时，由于其压力和温度下降，冷却剂中的水便会在小孔中产生结冻现象，并导致制冷剂流通不顺畅，阻力增大，或完全不能流动。

检修方法：停机一会，待冰融化后，制冷系统又会出现正常的状态。这是确认系统中有无水分的重要方法。为了更好地检测系统中水分的多少，有些汽车上所使用的干燥剂，不含水时的颜色为蓝色，一旦水分过多，干燥剂便成红色，这在该车储液干燥器上的视液孔上是可以看到的。

凡是属于制冷剂含水过多的故障，都应更换干燥剂或更换储液干燥器，与此同时，重新对系统抽真空，重新注入新的适量的制冷剂。

（5）空调系统中有空气也是导致制冷不足的原因之一　空调系统中一旦有空气进入，将会造成制冷剂压力过高，制冷剂循环不良同样也会引起制冷不足。此类故障主要是由于制冷系统密封性变差，或在维修中抽真空不彻底而造成的。

（6）压缩机传动带过松的检查　传动带检查方法是：在发动机停转时，在传动带中间位置用手拨动传动带，以能翻转90°为佳。若翻转角度过多，则说明传动带松弛，应拉紧，若用手翻转不动，则说明传动带过紧，应稍微再松一点。当然，若紧固无效或传动带已有裂纹老化等损伤，应更换一条新的传动带。

（7）冷凝器散热能力下降也会导致空调制冷能力下降　由于汽车工作环境不同，装在汽车发动机前方的冷凝器表面会有油污泥土或杂物覆盖其上，从而使其散热能力下降。另外，冷却风扇的故障，诸如传动带过松，风扇转速下降或风扇高速等问题，都会导致冷凝器散热能力下降。

解决方法：用软毛刷刷除冷凝器表面的脏物，冷却风扇故障也应及时排除。

（8）其他方面的原因　诸如电源电压过低使压缩机电磁离合器吸力下降或电磁离合器压板与传动带盘间有油污等现象，均会导致出现类似传动带过松的"打滑"现象。若蒸发器表面结霜，吹风电动机转速下降等问题，也会造成制冷量不足；若压缩机磨损或阀门关闭不严，同样也会造成空调制冷不足。

3. 故障检修

汽车空调检修，一是系统出现故障后进行的检修，二是为确保系统安全运行而进行经常性的或定期检修。对空调系统制冷不足的检修同样如此，具体检查方法如下：

（1）外观检查　首先检查压缩机传动带松紧度是否合适，支架、紧固螺钉、软管、铝管是否完好无损，冷凝器和蒸发器散热片是否干净无堵塞。

其次，检查各管道接头、压缩机油封、冷凝器和蒸发器表面是否有油渍，若有油渍，则说明系统有泄漏。

最后，用手触摸高压回路（从压缩机出口→冷凝器→储液器→膨胀阀进口处），应呈较热状态，若在某一部位特别热或进出口之间有明显温差，则说明此处有堵塞；触摸低压回路（从膨胀阀出口→蒸发器→压缩机进口），应较冷。若压缩机高、低压侧无明显温差，则说明系统有泄漏或没有制冷剂。

（2）运行检查　启动汽车空调，在空气进口温度为30～35℃、发动机转速为2000r/min时进行系统检查。将鼓风机风速调至最高档，温度调至强冷档，用压力表检查系统高、低压端压力，正常状况是，高压端压力一般为1.42～1.47MPa，低压端压力为0.147～0.196MPa，压力若不在此范围内，说明系统有故障。

（3）故障诊断方法与流程

1）在检查高低压管温度之前要将空调设置到最大制冷，风量最大，直吹的位置，空气内循环，A/C开关打开。出风口的温度，据经验值大约在5℃左右为正常。

2）支起发动机舱盖确认电子风扇同时运转，压缩机也在运转。如未运转，则松开高压管的保护盖，找一个尖利的工具轻轻按压高压排气顶针，看是否有强劲的制冷剂溢出，如有则证明空调的故障在电路系统。若没有，请仔细查看空调管的各接头是否有油渍，如有则证明是空调系统存在泄漏点，这种维修可能很费时间，也很可能维修了一处，又会有其他处泄漏，这是不可避免的。请车主对维修泄漏予以充分的理解。最后记住将保护盖拧好。

3）用手触摸高压管和低压管，仔细感觉它们的温度。在制冷系统工作正常的情况下，高压管的正常温度大约在50～60℃范围内，也就是用手可以牢牢攥住30s左右，时间再长就坚持不住了。低压管的温度大约在5～6℃，也就是用手能感觉到冰手。

空调系统制冷不足的故障诊断流程如图1-11所示。

汽车空调系统制冷不足的故障诊断分析见表1-1。

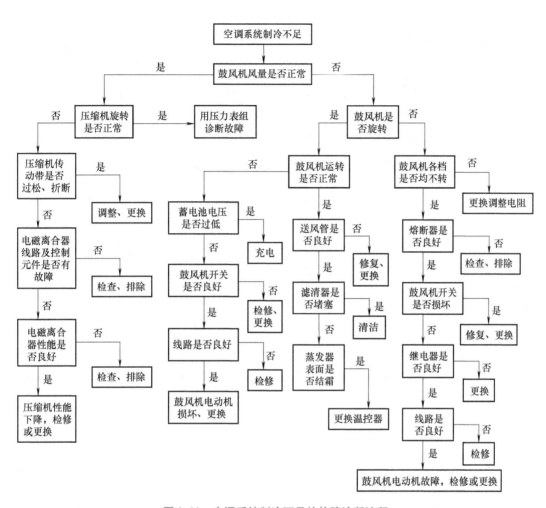

图 1-11　空调系统制冷不足的故障诊断流程

表 1-1　汽车空调系统制冷不足的故障诊断分析

原　因	故障诊断	排除方法
鼓风机工作正常，压缩机工作正常	1）高、低压侧压力均高 ① 从视液镜观察制冷剂有气泡，说明有空气；无气泡，说明制冷剂过多 ② 冷冻机油过多 ③ 冷凝器散热不良 ④ 高压管路有堵塞 ⑤ 热敏电阻失效 ⑥ 膨胀阀感温包松动或安装位置不当 ⑦ 膨胀阀开度过大	① 放出空气，放出过量制冷剂 ② 放出多余冷冻机油 ③ 检查清洁冷凝器 ④ 清除管路堵塞 ⑤ 更换热敏电阻 ⑥ 紧固或重新安装感温包 ⑦ 调整膨胀阀开度
	2）高、低压侧压力均低并伴有气泡 ① 制冷剂不足或泄漏 ② 膨胀阀有故障 ③ 膨胀阀开度过小	① 检查系统泄漏，加注制冷剂 ② 更换膨胀阀 ③ 调节膨胀阀开度

原　因	故障诊断	排除方法
鼓风机工作正常，压缩机工作正常	3）高压侧压力正常，低压侧压力高 ① 膨胀阀感温包与蒸发器出口接触不良 ② 膨胀阀开度未调整好	① 重新安装膨胀阀感温包 ② 调整好膨胀阀开度
	4）高压侧压力正常，低压侧压力低 ① 从视液镜观察制冷剂有气泡且出口温度低，说明储液干燥器堵塞 ② 从视液镜观察无气泡，蒸发器可能有问题 ③ 从视液镜观察无气泡，膨胀阀开度可能未调整好或冰堵	① 清理或更换储液干燥器 ② 检查清洁蒸发器 ③ 调整好膨胀阀开度或干燥处理，重新加注制冷剂
	5）高压侧压力低，低压侧压力高 ① 压缩机效率降低 ② 膨胀阀开度过大	① 修理或更换压缩机 ② 调整好膨胀阀开度
	6）高压侧压力低，低压侧压力为负值，且见视液镜无气泡 ① 压缩机停机后低压迅速上升，则有冰堵 ② 压缩机停机后低压缓慢上升，则有堵塞	① 制冷系统干燥处理 ② 修理制冷系统
	7）高压侧压力过低 ① 低压管路损坏 ② 低压管路堵塞	① 检查更换损坏管路 ② 清理制冷系统
	8）低压侧压力过低 ① 蒸发器结霜 ② 膨胀阀冰堵或脏堵 ③ 低压管路不畅通 ④ 热敏电阻失效	① 检查或重新安装感温包 ② 对系统进行干燥处理并清除脏污 ③ 检查低压管路并清理 ④ 检查更换热敏电阻
	9）低压侧压力有时正常，有时负压，系统内有水分造成冰堵	对系统进行干燥处理
	10）低压侧压力负压，高压侧压力过低，系统内有杂物造成脏堵	清除系统杂物，重新加注制冷剂
	11）低压侧压力过低，高压侧压力过高 ① 储液干燥器堵塞 ② 高压管路堵塞	① 清理滤清器 ② 清理高压管路
	12）低压侧压力过高，高压侧压力过低 ① 压缩机衬垫泄漏 ② 压缩机阀片损坏	① 更换压缩机衬垫 ② 更换阀片

汽车舒适与安全系统检修

原　因	故　障　诊　断	排　除　方　法
鼓风机工作正常，压缩机工作异常	压缩机故障 ① 压缩机内部故障 ② 压缩机传动带过松、打滑	① 修理或更换压缩机 ② 调整或更换传动带
其他原因	电磁离合器故障 ① 电源电压低 ② 急速调节器放大电路故障	① 检查调整电源电压 ② 检查或更换放大电路
风量不正常	1）冷风电动机工作正常 ① 吸气口或送风口堵塞 ② 蒸发器结霜 ③ 送风管道损坏或堵塞	① 检查并排除杂物 ② 检查、调节温控器 ③ 检查、修理送风管道
	2）冷风电动机工作不正常 ① 冷风电动机开关或电阻器损坏 ② 熔丝烧断 ③ 电源电压过低 ④ 导线折断或接头松动脱落 ⑤ 鼓风机叶片损坏	① 检查或更换开关或电阻器 ② 更换熔丝 ③ 检查调整电源电压 ④ 更换导线或拧紧接头 ⑤ 更换鼓风机损坏叶片

（三）空调维修注意事项

1）当空调系统进行第二次充填制冷剂时，应先从高压侧进行抽真空，时间在5min以上，然后再从高、低压两个位置抽真空。

2）当填充制冷剂时，应从高压侧充填液态制冷剂，严禁从低压端以液态充填和起动发动机；可以起动发动机从低压侧充填气态制冷剂，但严禁打开压力表组的高压阀。

3）在制冷剂填充过程中，切勿摇晃制冷剂瓶。

4）严禁将制冷剂瓶放在40℃以上的水中加热。

5）在填充制冷剂时，应避免高温或火源，并在干燥、通风的环境中进行。

6）严禁将水、杂质及空气混入制冷剂管道，严禁用嘴或压缩空气去吹制冷剂管道。

7）当连接压力歧管表软管时，应注意压力歧管表软管和压力表组歧管阀的正确对应连接，以及高、低压力表所对应的压缩机进出阀接头的正确连接。

8）当连接压力歧管表软管或制冷剂瓶阀时，一般用手拧紧螺母即可，切勿使用钢丝钳等工具。

9）当从压缩机进出软管拆卸仪表软管时，必须快速、敏捷；拆卸高压软管，要等压缩机停止工作（约几分钟），待高压压力降低后再进行。

10）在拆卸制冷剂管路或填充制冷剂时，切勿接近面部。

11）在排放制冷剂时，要缓慢进行，以防带走压缩机油。

12）给压缩机补充冷冻机油时，请务必使用指定牌号的冷冻机油，切勿使用混合牌号或普通的发动机机油，对旋叶式的奥拓轿车压缩机来说，更应注意机油牌号。

13）当更换空调系统部件时，必须补充压缩机油，应参考原装值为基准进行补充。

14）当连接制冷剂管道时，应在 O 形密封圈上涂一点压缩机油。

空调故障排除应根据空调系统的故障现象，通过检查判断故障的位置和产生的各种原因。故障排除后，应对系统抽真空后，再进行检漏。当确认系统无泄漏时，按规定的制冷剂量充注制冷剂。冷冻机油量过多，则增加功耗，并使热交换器性能下降；油量过少，则不能使运动零部件得到润滑，并使密封性能变差。

 【任务实施】

一、实施准备

（1）学生组织　学生按照 5~6 人一组进行分组，每组内按照实训任务进行分工，主要有测量、工具准备和故障分析推导等工作。

（2）实训场地及工具准备　主要包括维修车间、故障整车或汽车空调实训台架、故障诊断仪及万用表等常用检测工具、维修工具及设备。

二、实施步骤

（一）汽车空调故障常用的检修方法

汽车空调的故障一般有以下几种：不制冷或制冷不良，声音异常或有噪声，控制电器元件故障，系统堵塞等。常用的检查方法有观察法和压力检测法两种。

1. 观察法

汽车空调故障检测中所说的观察法主要是利用人体的眼、耳、手、鼻等感知器官加上个人经验，对空调系统所出现的故障进行判断的一种方法。通常用手感检查各部分温度是否正常，用肉眼检查泄漏部位及表面情况，从视液镜判断系统状况，用断开和接合电路方法检查电器部件，用耳听和鼻嗅的方法检查是否有异常响声和气味等。

（1）用手感检查温度　用手触摸空调系统管路及各部件，检查表面温度。正常情况下，低压管路是低温状态，高压管路是高温状态。

① 高压区：从压缩机出口→冷凝器→储液干燥器→膨胀阀进口处，这一部分是制冷系统的高压区，这部分部件应该先烫后热，温度是很高的，手摸时应特别小心，避免被烫伤。如果在其中某一部分（例如在冷凝器表面）发现有特殊热的部位，则说明此部分有问题，散热不好。如果某一部位（如膨胀阀入口处）特别凉或者结霜，也说明此部分有问题，可能是堵塞。储液干燥器进出口之间若有明显温差，则说明此处有堵塞，或者制冷剂量不正常。

② 低压区：从膨胀阀出口→蒸发器→压缩机进口处，这部分低压区部件表面应该是冰凉的，但膨胀阀处不应发生霜冻现象。

③ 压缩机高低压侧：高低压侧之间应该有明显温差，若没有则说明几乎没有制冷剂，系统有明显泄漏。

（2）用肉眼检查渗漏部位　所有连接部位或冷凝器表面一旦出现油渍，一般都说明此处有制冷剂渗漏。但压缩机前轴处漏油，有可能是轴承漏油，应区别对待。一旦发现渗漏，应尽快采取措施修理，也可用较浓的肥皂水涂在可疑之处，观察是否有气泡现象。

重点检查渗漏的部位如下：

1）各个管道接头及阀门连接处。

2）全部软管，尤其在管接头附近查看是否有鼓包、裂纹和油渍。

3）压缩机轴封、前后盖板、密封垫和检修阀等处。

4）冷凝器表面被刮坏、压扁、碰伤处。

5）蒸发器表面被刮坏、压扁、碰伤处。

6）膨胀阀的进出口连接处、膜盒周边焊接处以及感温包与膜盒焊接处。

7）干燥器的易熔塞及（高、低）压力开关处、视液玻璃（检视窗）、高低压阀连接处。

8）歧管压力表（如果安装）的连接头、手动阀及软管处。

（3）通过视液镜　通过视液镜判断系统工况。

检查条件如下：

1）发动机转速为 1500r/min。

2）鼓风机速度控制开关处于"高"位，空调开关"开"。

3）温度选择器为"最凉"。

4）完全打开所有车门，如图 1-12 所示。

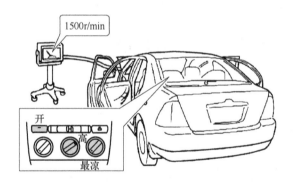

图 1-12　检查条件图

5）检查制冷剂的数量，如图 1-13 所示。

图 1-13　储液干燥器视液窗

视液玻璃大多安放在储液干燥器上，也有的安放在储液干燥器到膨胀阀之间或冷凝器到储液干燥器之间的管路上。从视液玻璃判断工况要在发动机运转、空调工作时才能进行。

① 清晰、无气泡，说明制冷剂适量。过多或完全漏光，可用交替开关空调机的办法检查。若开、关空调机的瞬间制冷剂起泡沫，接着就变澄清，说明制冷剂适量；如果开、关空调从玻璃窗内看不到变化，而且出风口不冷，压缩机进出口之间没有温差，说明制冷剂漏光；若出风口不够冷，而且关闭压缩机后无气泡、无流动，说明制冷剂过多。

② 偶尔出现气泡，并且时而伴有膨胀阀结霜，说明系统中有水分；若无膨胀阀结霜现象，可能是制冷剂略缺少或有空气。

③ 有气泡且泡沫不断流过，说明制冷剂不足。如果泡沫很多，可能有空气。若判断为制冷剂不足，则要查明原因，不要随便补充制冷剂。由于胶管一年可能有 100~200g 的制冷剂自然泄漏，若是使用两年以后发现制冷剂不足可以判断为胶管自然泄漏。

④ 有长串油纹，观察孔的玻璃上有条纹状的油渍，说明冷冻机油量过多。此时应想办法从系统内释放一些润滑油，再加入适量的制冷剂。若玻璃上留下的油渍是黑色的或其他杂物，则说明系统内的润滑油变质、污浊，必须清洗制冷系统，更换同型号润滑油。

2. 压力检测法

检查制冷剂的数量有两种方法，一种是通过系统中安装的视液镜检查，另一种是通过检测系统压力检查。对于空调的一般故障，都可以应用观察法完成。但对于类似于确定压缩机损坏、是否制冷剂充注过量或不足、是否系统内有水分等现象，往往不能准确地判断，必须通过仪表测量的数据，才能给予正确的结论，这就是下面所讲的利用歧管压力表进行故障诊断的方法。

正常状态的制冷系统在（表1-2）工况条件下：

表1-2　压力检测工况条件

发动机转速	1800r/min
环境温度	30~35℃
蒸发风机	高速
温度控制	最冷
正常压力 （1MPa = 145psi）	低压侧（0.15~0.25MPa）或（1.5~2.5kgf/cm²）或（21.77~36.28psi）
	高压侧（1.37~1.57MPa）或（14~16kgf/cm²）或（198.84~227.87psi）

注意： 空调系统运转前，高压和低压两端的压力均为 0.5~0.8MPa（5~8kgf/cm²）。
备注： 高压力开关（OFF 0.06MPa、ON 0.18MPa），低压力开关（OFF 2.65MPa、ON 2.00MPa），高低压压力开关（HP 2.65MPa、LP 0.196MPa）。

连接歧管压力表：将歧管压力表的高低压开关全部关闭（图1-14）；把加注软管的一端和歧管气压计相连，另一端和车辆侧的维修阀门相连（图1-15）。

蓝色软管→低压侧，红色软管→高压侧

注意如下：

① 连接时用手而不要用任何工具紧固加注软管。

② 如果加注软管的连接密封件损坏，需更换。

③ 由于低压侧和高压侧的连接尺寸不同，连接软管时不要装反。

④ 当软管和车辆侧的维修阀门连接时，把快速接头接到维修阀门上并滑动，直到听到"咔嗒"声（图1-15）。

⑤ 当和多功能表连接时，不要弄弯管道。

检查制冷系统的压力：起动发动机，在空调运行时检查歧管气压计所显示的压力是否达到规定压力读数（图1-16）。提示：多功能表所示压力随外部空气温度而有轻微的变化。

若歧管压力表显示压力在规定范围之外的可能原因如下：

① 歧管气压计的压力显示。

② 低压侧过低，湿气进入空调系统。

③ 高压侧和低压侧都过低，制冷剂量不足制冷剂泄漏。

④ 高压侧和低压侧都过高，制冷剂过多。

⑤ 冷凝器不够凉。

⑥ 高压侧过低而低压侧过高，空调压缩机损坏。

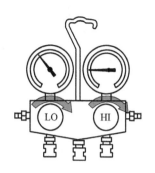

图 1-14　关闭歧管压力表的高低压开关图

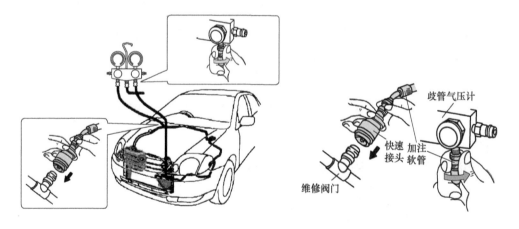

图 1-15　连接歧管压力表

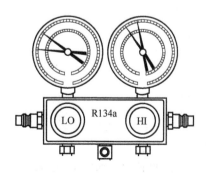

图 1-16　制冷系统的正常压力

（二）汽车空调系统检漏

汽车空调系统工作条件比较恶劣，其制冷系统一直随汽车工作在振动的工况工作，极易造成部件、管道损坏和接头松动，使制冷剂发生泄漏，汽车空调系统常见泄漏部位见表1-3。

表1-3　汽车空调系统常见泄漏部位

部　件	泄漏常发部位
冷凝器	① 冷凝器进气管和出口管连接处 ② 冷凝器盘管
蒸发器	① 蒸发器进气管和出口管连接处 ② 蒸发器盘管 ③ 膨胀阀
储液干燥瓶	① 熔塞 ② 管道接头喇叭口处
制冷剂管道	① 高、低压软管 ② 高、低压软管各接头处
压缩机	① 压缩机油封 ② 压缩机吸排气阀处 ③ 前后盖密封处 ④ 与制冷剂管道接头处

用漏气检测器检查制冷剂的泄漏，如图1-17所示，是用漏气检测器应该检查的主要部位。

漏气检查步骤如下：

1）用漏气检测器检测漏气，如图1-18所示。

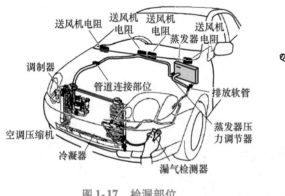

图1-17　检漏部位

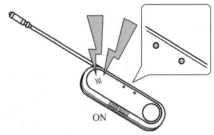

图1-18　漏气检测器

① 用闪光灯和蜂鸣器检查制冷剂的泄漏。

② 越靠近泄漏区域，闪光和蜂鸣的间隔越短。

③ 提高灵敏度将能检测到轻微的泄漏，如图1-19所示。

2）检查程序。把漏气检测器置于管道连接部位、空调排放软管和空调送风机开口等处。

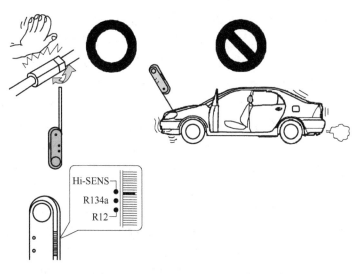

图 1-19　检测灵敏度调节（Hi-SENS 表示高灵敏度）

三、场地清理，现场 5S

针对维修中更换的零部件和废气液体，要分门别类地进行处理，避免造成资源浪费和环境污染。

【拓展训练】

制冷剂与冷冻机油

汽车空调系统使用的制冷剂和冷冻机油如图 1-20 所示。

图 1-20　汽车空调系统使用的制冷剂和冷冻机油

项目一　汽车空调系统的检修

(一) 制冷剂

1. 制冷剂的定义

制冷剂是空调制冷系统中用于转换热量并且循环流动的工作介质，对制冷剂使用有严格的要求。

2. 制冷剂的种类

制冷剂的种类很多，理论上只要能进行气液两相转换的物质，均可作为蒸发制冷系统的制冷剂。但寻找制冷效率高，且对环境没有污染的制冷剂却很困难。

目前汽车空调系统使用的制冷剂，通常有 R12、R134a，英文字母 R 是 Refrigerant（制冷剂）的简称，其数字代号使用的是美国制冷工程师协会（ASRE）编制的代号系统。长期以来，汽车空调系统大多采用 R12 作为制冷剂。众所周知，R12 因泄漏而进入大气会破坏地球的臭氧保护层，危害人类的健康和生存环境，引起地球的温室效应。据统计资料表明，现在大气层中 CFC（即 Cl、F、C 三种元素）物质的 75% 来自汽车空调系统泄漏的 R12，这不能不引起人类的广泛关注。1987 年国际上制定了控制破坏大气层的蒙特利尔协议。我国于 1991 年加入该协议，并决定从 1996 年起，汽车空调的制冷剂开始使用 R134a，到 2000 年全部使用 R134a。目前使用的 R134a 只是 R12 的替代品，其排放物产生的温室效应仍然对环境有较大的危害。R134a 制冷剂的分子式为 CH_2FCF_3，是卤代烃类制冷剂中的一种，R134a 制冷剂与 R12 制冷剂相比，其热物理性能见表 1-4。因此，作为汽车维修人员，必须掌握使用新型制冷剂的空调系统的使用和维修特点。

表 1-4　R134a 与 R12 的热物理性能比较

项　　目	R134a	R12
分子式	CH_2FCF_3	CF_2Cl_2
分子量	102.031	120.92
沸点/℃	−26.18	−29.80
临界温度/℃	101.14	111.8
临界压力/MPa	4.065	4.125
临界密度/(kg/m³)	1206	1311
0℃时的饱和蒸气压/kPa	293.14	308.57
0℃时的汽化热/(kJ/kg)	197.89	154.87
60℃时的饱和蒸气压/kPa	1680.47	1518.17
ODP 值（臭氧破坏潜能值）	0	1.0
GWP 值（全球变暖潜能值）	0.11	1.0
与矿物冷冻机油的相容性	不溶	溶
溶态热导率	大	小

3. 对制冷剂的要求

1）制冷剂能与冷冻机油互溶，不起化学反应，不改变机油的特性。

2）制冷剂不易燃烧、不易爆炸，无毒、无刺激性，对金属和密封件无腐蚀作用。

3）在蒸发器内易蒸发，蒸发温度低。蒸发压力应稍高于大气压力，防止制冷系统产生负压而吸进空气，影响制冷效果。

4）冷凝压力不宜太高，否则，对制冷设备、管路的要求提高，同时引起压缩机的功耗增加。

5）制冷剂在高温下要求不容易分解，化学性能稳定。

4. 使用制冷剂的注意事项

1）装制冷剂的钢瓶，应储存在阴凉、干燥和通风的库房中，防止受潮而腐蚀钢瓶，在运输过程中要严防振动和撞击。

2）要远离热源，不要把它存放在日光直射的场所或炉子附近。在充灌制冷剂时，对装制冷剂的容器加热，应在40℃以下的温水中进行，而不可将其直接放在火上烘烤。否则，会引起内存的制冷剂压力增大，导致容器发生爆炸。

3）避免接触皮肤。因制冷剂在大气环境下会急剧蒸发，当其液体落到皮肤上时，会从皮肤上大量吸热而汽化，造成局部冻伤。尤其危险的是，当其进入眼球时，会冻结眼球中的水分，就有可能造成失明的重大事故。因此，在处理制冷剂时，应戴上护目镜和防护手套。若制冷剂触及眼睛，应尽快用冷水冲洗，不要用手或手帕揉眼，如有痛感时，可用稀硼酸溶液或2%以下的食盐水冲洗；如触及皮肤，应立即用大量清水冲洗，并马上涂敷凡士林，面积大时应立即到医院治疗。

4）要避开明火。制冷剂不会燃烧和爆炸，但与明火接触时，会分解出对人体有害的气体（光气）。

5）要注意通风良好。当制冷剂排到大气中含量超过一定量时，会使大气中的氧气浓度下降，而使人窒息。因此，在检查和添加制冷剂时，或打开制冷系统管路时，要在通风良好的地方进行操作。

（二）冷冻机油

车用空调压缩机使用的润滑油叫作冷冻机油，是一种在高、低温工作情况下都能正常工作的特殊润滑油。

1. 冷冻机油的作用和特性

冷冻油也叫作冷冻机油，是制冷压缩机的专用润滑油，它保证压缩机正常运转、可靠工作和延长使用寿命，其在空调制冷系统中的作用如下：

1）润滑作用。压缩机是高速运动的机器，轴承、活塞、活塞环、曲轴和连杆等机件表面需要润滑，以减小阻力和减少磨损，延长使用寿命，降低功耗，提高制冷系数。

2）密封作用。汽车使用的压缩机传动轴需要油封来密封，防止制冷剂泄漏。有润滑油，油封才起密封作用。同时，活塞环上的润滑油，不仅起减摩作用，而且起密封压缩机蒸气的作用。

3）冷却作用。运动的摩擦表面会产生高温，需要用冷冻机油来冷却。冷冻机油冷却不足，会引起压缩机温度过热，排气压力过高，降低制冷系数，甚至烧坏压缩机。

4）降低压缩机噪声。

2. 对冷冻机油的性能要求

冷冻机油在空调制冷系统中完全溶于制冷剂中，并随制冷剂一起在制冷系统中循环。因此，冷冻机油的温度有时会超过120℃，而制冷剂的蒸发温度范围为 −30 ~ 10℃，使冷冻机油工作在高温与低温交替的条件下。为保证其工作正常，对冷冻机油提出以下性能要求：

1）冷冻机油的凝固点要低，在低温下具有良好的流动性。若低温流动性差，则冷冻机油会沉积在蒸发器内影响制冷能力，或凝结在压缩机底部，失去润滑作用而损坏运动部件。

2）冷冻机油应具有一定的黏度，且受温度的影响要小。当温度升高或降低时，其黏度随之变小或增大。与冷冻机油完全互溶的制冷剂会使冷冻机油变稀，因此应选用黏度较高的冷冻机油，但黏度也不宜过高，否则，需要的起动转矩增大，压缩机起动困难。所以，冷冻机油的黏度要选择适当。

3）冷冻机油与制冷剂的溶解性能要好。在汽车空调制冷系统中，制冷剂与冷冻机油是混合在一起的。当制冷剂流动时，冷冻机油也随之流动，这就要求制冷剂与冷冻机油能够互溶。若两者不互溶，冷冻机油就会聚集在冷凝器和蒸发器的底部，阻碍制冷剂流动，降低换热能力。由于冷冻机油不能随制冷剂返回压缩机，压缩机将会因缺油而加剧磨损。

4）冷冻机油的闪点温度要高，具有较高的热稳定性，即在高温下不氧化、不分解、不结胶、不积炭。

5）冷冻机油应无水分。若冷冻机油中的水分过多，则会在膨胀阀节流口处结冰，造成冰堵，影响系统制冷剂的流动。同时，油中的水分会使冷冻机油变质分解，腐蚀压缩机材料。

冷冻机油的性能指标主要有黏度、凝固点、闪点、燃点、浊点、水分、酸碱性和机械杂质等。

3. 冷冻机油的种类

按照石油化学工业部的标准，目前我国生产的冷冻机油有 13 号、18 号、25 号、30 号和企业标准 40 号这五种牌号。其中，普遍采用的制冷压缩机冷冻机油有 13 号、18 号和 25 号三种。R12 压缩机一般选用 18 号，R22 压缩机一般选用 25 号。牌号越大，其黏度也越大，其性能见表 1-5。

表 1-5 不同牌号冷冻机油的性能指标

牌　号 性能指标	13	18	25	30
运动黏度（50℃） （×10⁻⁶ m²/s）	11.5 ~ 14.5	>18	>25.4	<30
凝固点/℃	< -40	< -40	< -40	< -40
闪点/℃	<160	<160	<170	<180
酸值/（mgKOH/g）	<0.14	<0.03	<0.02	<0.01
机械杂质（%）	<0.012	–	<0.007	–
水分（%）	无	无	<0.007	无
灰分（%）	无	无	无	无

汽车舒适与安全系统检修

4. 冷冻机油的使用及性能检查

1）必须严格使用原车空调压缩机所规定的冷冻机油牌号，或换用具有同等性能的冷冻机油，不得使用其他油来代替，否则，会损坏压缩机。

2）冷冻机油吸收潮气能力极强，所以，在加注或更换冷冻机油时，操作必须迅速，如没有准备好，不能立刻加油时，不得打开油罐，在加注完后应立即将油罐的盖子封紧储存，不得有渗透现象。

3）不能使用变质的冷冻机油。冷冻机油变质的原因是多方面的，归纳起来有如下几方面：

① 混入水分后，在氧气作用下会生成一种油酸性质的酸性物质，腐蚀金属零部件。这种油酸物质是絮状物质。

② 高温氧化，当压缩温度过高时，油被氧化分解而碳化变黑。

③ 当不同牌号的冷冻机油混合使用时，由于不同牌号的冷冻机油所加的氧化剂不同而产生化学反应，引起变质，破坏了各自的冷冻机油。

4）冷冻机油是不制冷的，还会妨碍热交换器的换热效果，所以，只允许加到规定的用量，绝不允许过量使用，以免降低制冷量。

5）在排放制冷剂时要缓缓进行，以免冷冻机油和制冷剂一起喷出。

【课后测评】

一、填空题

1. 汽车空调系统按驱动方式可分为 _____ 汽车空调系统和 _____ 汽车空调系统。

2. 汽车空调系统主要由 _____ 、_____ 、_____ 、_____ 、通风和净化系统组成。

3. 汽车空调工作过程中，在储液干燥器上的视液镜处观察制冷剂的流动情况。视液镜有 _____ 、气泡、泡沫、_____ 和雾状几种情况。

4. 制冷剂在冷凝器内是物质的 _____ 过程。

5. 制冷剂与冷冻机油必须具有 _____ 的能力。冷冻机油的作用有 _____ 、_____ 、_____ 、_____ 。

二、选择题

1. ( )的作用是把来自压缩机的高温高压气体通过管壁和翅片将其中的热量传递给周围的空气，从而使高温高压的气态制冷剂冷凝成高温中压的液体。

A. 冷凝器　　　B. 蒸发器　　　C. 电磁离合器　　　D. 储液干燥器

2. 汽车空调( )置于车内，它属于直接风冷式结构，它利用低温低压的液态制冷剂蒸发时需吸收大量的热量的原理，把通过它周围空气中的热量带走，变成冷空气送入车厢，从而达到车内降温的目的。

A. 冷凝器　　　B. 蒸发器　　　C. 电磁离合器　　　D. 储液干燥器

3. 当由压缩机压出的刚进入冷凝器中的制冷剂为( )。

A. 高温高压气态　B. 高温高压液态　C. 中温高压液态　D. 低压气态

4. 冷凝器中，经过冷却风扇和空气冷却，制冷剂变为（   ）。

A. 高温高压气态　　B. 高温高压液态　　C. 中温高压液态　　D. 低压气态

5. 蒸发器中制冷剂为（   ）。

A. 高压气态　　　　B. 高压液态　　　　C. 低压液态　　　　D. 低压气态

6. 膨胀阀的安装位置是在（   ）。

A. 冷凝器入口　　　B. 蒸发器入口　　　C. 储液干燥器入口　D. 压缩机入口

7. 节流管的安装位置是在（   ）。

A. 冷凝器入口　　　B. 蒸发器入口　　　C. 集液器入口　　　D. 压缩机出口

8. 膨胀节流管是一种固定孔口的节流装置，其作用是（   ）。

A. 调节流量　　　　　　　　　　　B. 控制流量

C. 防止液击和异常过热　　　　　　D. 节流降压

9. 装有膨胀节流管的系统，必须同时在蒸发器出口和压缩机进口之间安装一个（   ），避免液击。

A. 储液干燥器　　　B. 膨胀阀　　　　　C. 气液分离器　　　D. 冷凝器

10. 储液干燥器要直立安装，斜度不要超过（   ），否则气液不易完全分离。

A. 90°　　　　　　　B. 45°　　　　　　　C. 15°　　　　　　　D. 30°

三、简答题

1. 请用图文结合叙述汽车空调制冷（系统）的工作原理。

2. 汽车空调系统制冷不足的故障原因主要有哪些？

3. 试述汽车空调制冷系统的分类和工作原理。

4. 汽车空调制冷系统的检漏方法有哪些？目前常用的检漏方法是如何进行检漏的？

5. 如何进行汽车空调制冷系统抽真空及真空检漏？

6. 如何进行汽车空调制冷系统制冷剂加注？

四、读图题

根据图1-21填写汽车空调制冷系统主要部件名称及其作用。

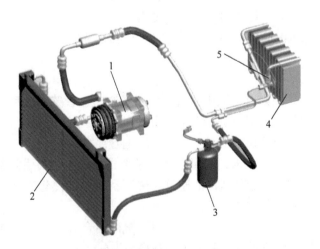

图1-21　汽车空调制冷系统主要部件

1. 名称_____，作用：_____
2. 名称_____，作用：_____
3. 名称_____，作用：_____
4. 名称_____，作用：_____
5. 名称_____，作用：_____

任务二　手动空调不制冷故障的检修

 【任务目标】

1. 知识目标
1）了解汽车空调系统主要部件的结构与检修。
2）能正确识读手动空调系统电路图。
3）了解手动空调不制冷的故障原因。
2. 技能目标
1）确定手动空调不制冷的故障检修步骤。
2）使用专用仪器设备对空调系统进行检测。
3）能够正确更换空调制冷系统压缩机部件。
4）对压缩机进行安装和调整。

 【任务描述】

　　客户反映，他的一辆皇冠CROWN3.0汽车，起动发动机开启空调后车内无冷风吹出，空调系统不制冷。作为汽车维修人员，接到此维修任务，要求制订维修计划并完成维修任务。

【知识储备】

一、汽车空调系统主要部件的结构与检修

　　1. 空调压缩机
　　汽车空调压缩机是汽车制冷系统的心脏，是推动制冷剂在制冷系统中不断循环的动力源，变排量压缩机还起着根据热负荷大小调节制冷剂循环量的作用。
　　（1）汽车空调压缩机的作用
　　① 压缩机是一个动力源，促使制冷剂在系统内循环流动。若没有它，制冷剂则无法流动，更不能转移热量。
　　② 提高制冷剂的压力，促使其在冷凝器中液化放热。
　　③ 提高制冷剂压力后，伴随着温度的提高（超过环境温度），有利于向外散热。
　　（2）汽车空调压缩机的特殊要求　汽车运行的动态特征与多变的外界环境对汽车空调压缩机的性能和结构提出了一些特殊要求，表现如下：
　　① 要有良好的低速性能，要求压缩机在汽车发动机低速和空载时有较大的制冷能力和较高的效率。
　　② 汽车高速行驶时输入功率低，这样不仅节省油耗，而且能降低发动机用于空调方

面的功率消耗，提高汽车自身的动力性能。

③ 压缩机要小型轻量化，这样可以节省汽车空间，安装位置方便，且节省材料和燃料的消耗。

④ 能经受恶劣运行条件的考验，有高度的可靠性和耐久性。在急速时，发动机舱内温度有时高达80℃，冷凝压力高，就要求压缩机能承受高温、高压和有限的过载。汽车行驶在道路上总有颠簸振动，这也要求压缩机有良好的抗振性，并把制冷剂的泄漏量减少到最低。

⑤ 对汽车不要产生不利的影响。要求压缩机运转平稳，振动小，噪声低，起停对发动机转速的影响小，起动力矩小。

（3）汽车空调压缩机的工作原理　压缩机的理想工作过程可用如图1-22所示的 P-V 图来表示。纵坐标表示压力 P，横坐标表示活塞移动时在气缸中形成的容积 V。

在图1-22中：4-1表示吸气过程。活塞从上止点开始向右移动，吸气阀打开，在压力 p_1 下吸入制冷剂。此时，压力为 p_1 的制冷剂对活塞做功，其值等于面积4-1-6-0-4。

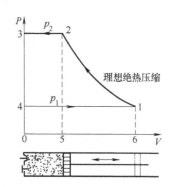

图1-22　压缩机工作过程 P-V 图

1-2表示压缩过程。活塞从下止点向左移动，制冷剂从压力 p_1 被绝热压缩到 p_2。此时，活塞对制冷剂做的机械功可用面积1-2-5-6-1表示。

2-3表示排气过程。当活塞左行到点2位置时排气阀打开，活塞继续左移，在压力 p_2 条件下将制冷剂全部排出。此时活塞对制冷剂做功可用面积2-3-0-5-2表示。由于假设不存在余隙容积，排气终了时气缸中没有残留的制冷剂。当活塞再一次向右移动时重复4-1吸气过程。

压缩机的实际工作过程与理想工作过程有很大的不同。实际工作过程存在余隙容积、吸排气阀有阻力、工作时存在压力损失、气缸壁与制冷剂之间有热交换、有漏气损失等情况。

（4）汽车空调压缩机的分类与应用　目前正式应用在汽车空调上的压缩机不少于30多种，按其运动形式和主要零部件形状，压缩机的分类（图1-23）如下：

各类压缩机的应用情况如下：

1）曲轴连杆式压缩机是使用时间最早、最长的第一代产品。中型曲轴连杆式压缩机仍在公共汽车和旅游客车上大量应用。

2）翘板式和斜盘式活塞压缩机是第二代产品。它的优点是没有连杆，所以压缩机主轴上运动惯性小并且结构紧凑。从1953年至今，汽车空调仍以它为主。

3）径向活塞式压缩机虽然20世纪70年代便已问世，但在应用过程中，遇到了旋转式压缩机的竞争，所以这种压缩机至今没有得到应有的重视。

上述几种均属于往复活塞式压缩机，其共同的特点是活塞做往复运动，所以运动惯性力大，转速的提高受到了限制。在相同体积下与其他类型比较，其制冷量小、振动大、容积效率较低。特别是惯性力对转速的限制，是它们可能被旋转式压缩机所取代的根本

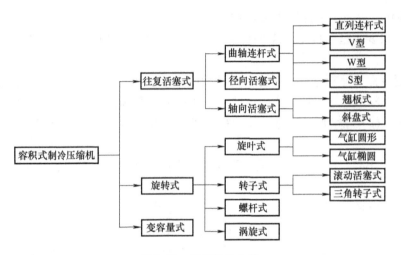

图 1-23　压缩机的分类

原因。

4）旋叶式、滚动活塞式、三角转子式和螺杆式压缩机可称为第三代产品。它们的共同特点是容积系数较高，都需要大量黏度较高的冷冻机油润滑和密封，所以润滑系统较复杂。

5）涡旋式压缩机为第四代，其特点是基本具备了汽车对空调压缩机提出的要求和特性，是一种最有前途的压缩机。

（5）典型空调压缩机的结构

1）曲轴连杆式压缩机。图 1-24 所示为曲轴连杆式压缩机，主要由曲轴、活塞、连杆、曲轴箱、吸气阀、排气阀和阀板等零部件构成。该压缩机采用立式，机体为箱形。机体就是压缩机的机身，由气缸体、曲轴箱和缸盖等部件组成。机体的几何形状复杂、加工面多，在工作时承受较大的流体压力和运动部件的惯性力。氟利昂制冷剂的渗透性极强，故必须采用强度高和密封性好的灰铸铁铸造。

小型压缩机的机体一般都采用把气缸体和曲轴箱铸成一体的整体结构，称为气缸体曲轴箱结构。该结构的优点是整个机体的刚度好，工作时变形小，因此压缩机的磨损和耗功有所减少；机体的配合面少，可以改善压缩机的密封性。

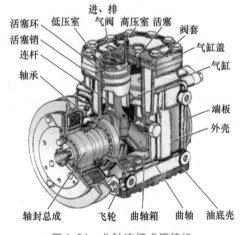

图 1-24　曲轴连杆式压缩机

大、中型压缩机的气缸工作面不是直接和机体铸造在一起，而是另配有可单独装卸的气缸套，这样做主要有以下优点：

① 气缸套耗材少，可以采用优质材料或表面镀铬，提高气缸面的耐磨性。

② 如气缸面磨损到超过允许范围，只要更换气缸套就可以，既可节省修理费用，又简单省时。

③ 可以简化气缸体曲轴箱结构，便于铸造。

当发动机带动曲轴旋转时，通过连杆的传动，活塞在气缸内做上下往复运动，在吸、排气阀的配合下，完成对制冷剂气体的吸入、压缩和输送的任务。压缩机的活塞在气缸内不断地运动，改变了气缸的容积，从而在制冷系统中起到了压缩和输送制冷剂的作用。压缩机的工作，可分为压缩、排气、膨胀和吸气四个过程，如图1-25所示。

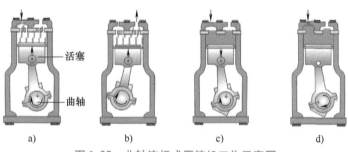

图1-25 曲轴连杆式压缩机工作示意图

a）压缩 b）排气 c）膨胀 d）吸气

① 压缩过程。活塞在曲轴的带动下在气缸内运动，当活塞运行到缸内最低点（下止点）时，气缸内充满了由蒸发器吸入的制冷剂气体。当活塞再上行时，吸气阀被关闭，而排气阀因缸内压力降低而不能顶开。因此，活塞上行，缸内体积缩小，即气缸工作容积不断变化，密闭在缸内的制冷剂气体的压力和温度不断升高。当活塞向上移动到一定位置，即缸内气体压力略高于排气阀上部的压力时，排气阀便被打开，开始排气。制冷剂气体在气缸内从进气时的低压升高到排气阀打开的过程称为压缩过程。

② 排气过程。活塞继续向上运行，气缸内的制冷剂气体压力不再升高，而是不断地经过排气阀向排气管输出，直到活塞运动到最高位置（上止点）时，排气过程结束。制冷剂气体从气缸向排气管输出的过程称为排气过程。

③ 膨胀过程。当活塞运行到上止点位置时，由于压缩机的结构及工艺等原因，活塞顶部与气阀座之间存在一定的间隙，该间隙所形成的容积称为余隙容积。当排气过程结束时，由于该间隙内有一定量的高压气体，当活塞再下行时，排气阀已关闭，可进气阀并不能马上打开，吸气管内的气体不能很快进入气缸，这是因为残留的高压气体还需在气缸容积增大后膨胀，使其压力下降到气缸内的压力稍低于吸气管道内的压力时，吸气阀才能打开。活塞从上止点向下移动到吸气阀打开的位置，称为膨胀过程。

④ 吸气过程。活塞继续下行，吸气阀打开，低压制冷剂气体便不断地由蒸发器经吸气管和吸气阀进入气缸，直到活塞下行至下止点为止，这一过程称为吸气过程。

完成吸气过程后，活塞又上行，重新开始了压缩过程，如此周而复始，循环不已。

目前小型曲轴连杆式压缩机已经停止生产，但在大、中型汽车上的空调压缩机仍然采用曲轴连杆式。这是因为它可以按照需要的制冷量，配置多缸制冷压缩机，既便于生产，又便于维修。它的低速性能也比其他压缩机好，所以特别适用于大、中型汽车。

2）径向活塞式压缩机。径向活塞式压缩机是一种往复活塞式压缩机，在一个截面上有四个气缸对置，如图1-26所示，采用径向十字形排列、轴向尺寸短、平衡性能好、振动小，这是往复活塞式压缩机中结构最简单、最紧凑的品种，而且低速性能好，可靠性高。

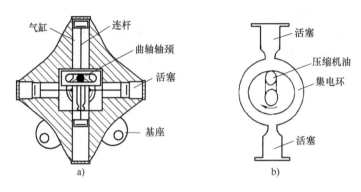

图 1-26　径向活塞式压缩机

a）连杆径向活塞式压缩机　b）集电环径向活塞式压缩机

3）翘板（摆盘）式压缩机。翘板式压缩机是一种轴向活塞式压缩机，图 1-27 为 SD-5 翘板式压缩机的结构图。各气缸以压缩机主轴为中心布置，活塞运动方向平行于压缩机的主轴，活塞和翘板用连杆相连，连杆的两端和活塞及翘板之间用球形万向节连接，使翘板的摆动和活塞的移动协调而不发生干涉。翘板中心用钢球作为支承中心，并用一对固定锥齿轮来限制翘板的运动，使翘板只能沿压缩机轴线方向前后移动，但不能绕轴线转动。

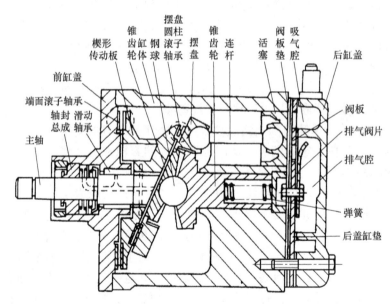

图 1-27　SD-5 翘板式压缩机的结构图

压缩机的主轴与传动板固定在一起，主轴转动时带动传动板一起旋转。由于传动板是楔形的，迫使翘板翘动，翘板的任何一边向后推动，相对的另一边就向前移动，就像跷跷板。通过钢球与翘板连接的连杆，活塞就进行往复运行。

翘板式压缩机的工作原理如图 1-28 所示。当压缩机工作时，主轴带动楔形传动板一起旋转。由于楔形传动板的转动，迫使摆盘以钢球为中心，进行左右摇摆移动。摆盘和楔形传动板之间的摩擦力使摆盘具有转动的趋势，但是这种趋势被一对锥齿轮所限制，使得摆盘只能左右移动，并带动活塞在气缸内做往复运动。该类压缩机与曲轴连杆式一样，均有吸气和排气阀片，工作循环也具有压缩、排气、膨胀和吸气四个过程。

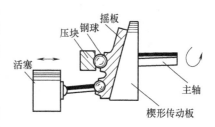

图 1-28　翘板式压缩机的工作原理

4）斜盘式压缩机。斜盘式压缩机是一种轴向活塞式压缩机，如图 1-29 所示，斜盘式压缩机的主要零部件是主轴和斜板。各气缸以压缩机主轴为中心布置，活塞运动方向与压缩机的主轴平行，以便活塞在气缸体中运动。活塞制成双头活塞，如果是轴向六缸，则三个气缸在压缩机前部，另外三个气缸在压缩机后部；如果是轴向十缸，则五个气缸在压缩机前部，另外五个气缸在压缩机后部。

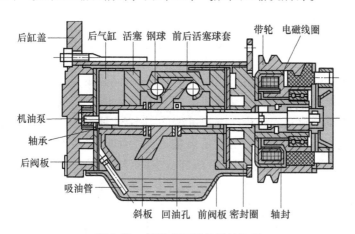

图 1-29　斜盘式压缩机的结构图

斜盘式压缩机的工作原理如图 1-30a 所示。当主轴带动斜盘转动时，斜盘便驱动活塞做轴向移动，出于活塞在前后布置的气缸中同时做轴向运动，这相当于两个活塞在做双向运动，即当前缸活塞向左移动时，排气阀片关闭，余隙容积的气体首先膨胀，在缸内压力略小于吸气腔压力时，吸气阀片打开，低压蒸气进入气缸开始了吸气过程。当后缸活塞向左移动时，开始压缩过程，蒸气不断压缩，压力和温度不断上升，当压缩蒸气的压力略大于排气腔压力时，排气阀片打开，转到排气过程，一直到活塞移动到左边为止。这样斜盘每转动一周，前后两个活塞各自完成吸气、压缩、排气和膨胀过程，完成一个循环，相当于两个工作循环。

图 1-30　斜盘式压缩机的工作原理

5）旋叶式压缩机。旋叶式压缩机如图 1-31 所示，在圆形气缸的旋叶式压缩机中，转子的主轴与气缸的圆心有一个偏心距离使转子紧贴气缸内表面的进、排气孔之间。在椭圆形气缸中，转子的主轴和椭圆中心重合，转子上的叶片和它们之间的接触线将气缸分成几个空间。当主轴带动转子旋转一周时，这些空间的容积发生扩大—缩小—几乎为零的循环变化，制冷剂蒸气在这些空间内也发生吸气→压缩→排气的循环。压缩后的气体通过安装在接触线旁的簧片阀排出。旋叶式压缩机没有吸气阀，因为滑片能完成吸入和压缩制冷剂的任务。对于圆形气缸而言，两叶片将空间分成两个空间，主轴旋转一周，即有两次排气过程，四叶片则有四次。叶片越多，压缩机的排气脉冲越小。对于椭圆形气缸，四叶片将气缸分成四个空间，主轴旋转一周，有四次排气过程。

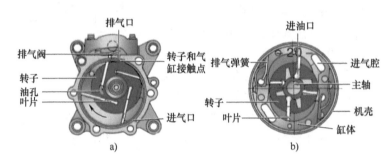

图 1-31　旋叶式压缩机
a) 四叶片圆形气缸旋叶式压缩机　b) 四叶片椭圆形气缸旋叶式压缩机

6）滚动活塞式压缩机。滚动活塞式压缩机是一种新型的旋转式压缩机，有单缸、双缸和变容量三种。该种压缩机由于体积小，工作可靠，因此广泛应用于汽车空调及其他空调和冰箱上。滚动活塞式压缩机的工作过程如图 1-32 所示。当曲柄旋转时，活塞不但做自身滚动，而且在以气缸的中心为圆心、偏心距为半径的圆周上做回旋运动（不是旋转运动）。这两种运动的合成，引起气缸两部分空间容积扩大—缩小的周期性变化。当进气腔的空间容积不断扩大时，制冷剂蒸气不断地从外面吸进，压缩机处于进气过程；而另一腔容积不断缩小，蒸气不断压缩，处于压缩过程。当压力腔的蒸气压力略大于排气腔时，则排气阀打开，将压缩蒸气排出气缸外，处于排气过程。

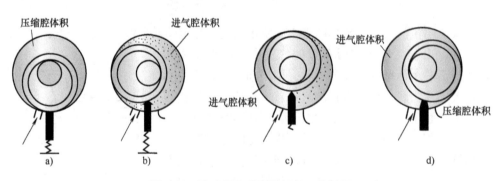

图 1-32　滚动活塞式压缩机的工作过程

2. 热交换装置

蒸发器、冷凝器和加热器都是汽车空调系统的热交换器，它们的作用都是实现两种不同温度的流体之间的热量交换。蒸发器是管内的低温、低压液态制冷剂通过管壁和翅片吸收周围空气中的热量，然后沸腾汽化。管内是制冷剂吸热过程，而管外的空气被降温减湿，是放热过程。冷凝器是管内的高温、高压气态制冷剂通过管壁和翅片放出热量给周围空气，自己冷凝成液体，是放热过程。而通过冷凝器的空气被加热升温，是吸热过程。加热器则是管中的热水或废气通过管壁将热量传给车内空气、热水或废气被降温，是放热过程，而车内空气因吸收热量而升温。

（1）热交换装置的作用　冷凝器的作用是通过增大压力（压缩机）和降低温度（用冷却风扇等），使制冷剂很快从气态变为液态，同时向外界放出热量。而蒸发器的作用是通过降低压力（用膨胀阀），使制冷剂从液态变为气态，同时吸收车厢内空气的热量。也就是说冷凝器是用来排除制冷剂蒸气热量的热交换设备，而蒸发器是吸收被冷却介质（空气）的热量，即产生冷量的设备。在汽车空调中，对这两种热交换器的基本要求如下：

① 换热效率高。

② 重量轻，安装空间小。

③ 制冷剂侧及空气侧阻力小。

④ 抗振性能好，耐腐蚀，不易产生泄漏。

（2）热交换装置的材料　热交换器的材料原来以铜为主，后来发展成铜管铝片，现在除部分客车空调还采用铜管铝片的热交换器外，绝大部分的汽车空调都采用全铝化热交换器。主要原因是相比于铜和钢，铝在密度、热传导性、耐蚀性和极低温性能方面有较好的表现。但铝最大的缺点是焊接困难。管子和翅片之间的连接方法主要由钎焊和机械连接两大类。

汽车空调冷凝器采用风冷形式，冷凝器冷凝效果的好坏不仅与其本身的散热能力有关，还和通风效果有关。前者由冷凝器本身的结构、材料、尺寸及工艺所决定，而后者与风扇的通风能力、安放位置等有关。

（3）冷凝器　汽车空调系统冷凝器均采用风冷式结构，其冷凝原理是：让外界空气强制通过冷凝器的散热片，将高温制冷剂蒸气的热量带走，使之成为液态制冷剂。制冷剂蒸气所放出的热量，被周围空气带走，排到大气中。

冷凝器的结构形式主要有管片式、管带式和平行流动式三种。冷凝器的结构从管片式向管带式发展，并主要向平行流动式发展。层叠式和平行流动式的内部结构又在不断发展，以利于进一步提高换热效率和减轻重量，平行流动式冷凝器从单元平行流动式发展成多元平行流动式。由于采取减薄管片厚度、增加管子内肋片、翅片开切口、改变翅片形状及开口角度等措施，加大了翅片散热面积，强化了气侧和液侧的热交换效率。

目前，我国轿车上主要采用全铝管带式和平行流动式冷凝器，大型客车上主要采用铜管铝片式冷凝器，中型客车上几种形式都有，以管带式为主。如奥迪 A6、宝来、本田、别克、赛欧、上海帕萨特等车空调均采用平行流动式冷凝器，桑塔纳轿车采用的管带式冷凝器，即将改成层叠式蒸发器。

1）管片式。管片式由铜质或铝质圆管套上散热片组成，如图 1-33 所示。散热片与散热管组装后，经胀管处理，使散热片与散热管紧密接触，使之成为冷凝器总成。这种冷凝器结构比较简单、加工方便，但散热效果较差。一般用在大、中型客车的制冷装置上。

2）管带式。管带式由多孔扁管与 S 形散热带焊接而成，如图 1-34 所示。管带式的散热效果比管片式好一些（一般可高 10% 左右），但工艺复杂，焊接难度大且材料要求高。一般用在小型汽车的制冷装置上。

3）平行流动式。平行流动式是在扁平的多通道表面直接铣出鳍片状散热片，然后装配成冷凝器，其生产过程和结构如图1-35所示。由于散热鳍片与管子为一个整体，因而不存在接触热阻，故散热性能好，另外，散热管、散热片之间无须复杂的焊接工艺、加工性好、节省材料，而且抗振性也特别好，所以是目前较先进的汽车空调冷凝器。

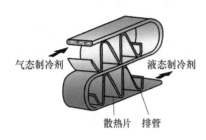

图1-33　管片式

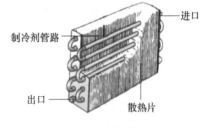

图1-34　管带式

对于轿车，冷凝器一般安装在发动机冷却系统散热器之前，利用发动机冷却风扇吹来的新鲜空气和行驶中迎面吹来的空气流进行冷却。对于一些大、中型客车和一些小型客车，冷凝器安装在车厢两侧或车厢后侧和车厢顶部。当冷凝器远离发动机散热器时，在冷凝器旁都必须安装辅助冷却风扇进行强制风冷，加速冷却。

（4）蒸发器　蒸发器的基本要求同冷凝器，因其置于车内，其防腐蚀性能没有冷凝器要求高，但车内空间有限，因此对其体积提出了更苛刻的要求。

蒸发器的作用是将从膨胀阀出来的低压

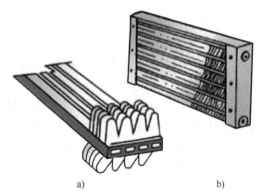

图1-35　平行流动式冷凝器示意图
a）散热片形状　b）冷凝器外形

制冷剂蒸发而吸收车内空气的热量，从而达到车内降温的目的。蒸发器主要有管片式、管带式和层叠式。目前我国轿车上主要采用全铝层叠式和管带式，大型客车上主要采用铜管铝片式，中型客车上几种形式都有，以管带式为主。如奥迪A6、宝来、本田、别克、赛欧、上海帕萨特等车的空调均采用层叠式，桑塔纳2000轿车的空调采用管带式。

3. 节流膨胀装置

（1）膨胀阀节流装置　膨胀阀也称为节流阀，是组成汽车空调制冷装置的主要部件，安装在蒸发器入口处，是汽车空调制冷系统高压与低压的分界点。其功用是把来自储液干燥器的高压液态制冷剂节流减压，调节和控制进入蒸发器中的液态制冷剂量，使之适应制冷负荷的变化，同时可防止压缩机发生液击现象和蒸发器出口蒸气异常过热。

在实际工作中，要求进入蒸发器的低温、低压液态制冷剂量不能过多或过少，进入蒸发器的液态制冷剂汽化沸腾后，只要足以吸收车厢内的热量，使车厢内的温度降低到调定温度即可。若进入蒸发器中的制冷剂量过多，则不仅易使液态制冷剂不能完全汽化而进到压缩机气缸内产生液击现象损坏压缩机，而且还会导致蒸发器过度冷却，造成蒸发器表面结霜、挂冰，阻止空气通过蒸发器，使整个制冷系统的制冷能力下降；若进入蒸发器的制冷剂量过少，则液态制冷剂在蒸发器管内流动途中就已蒸发成气体，而在这之后的蒸发器中就没有液态制冷剂可供蒸发，从而使车厢内得不到足够的冷气。而膨胀阀可自动地控制进入蒸发器的制冷剂量，保证制冷系统的正常工作。

1）热力膨胀阀工作原理。汽车空调系统用的感温式膨胀阀根据平衡力分为两种形式，即内平衡式和外平衡式，其结构如图 1-36 所示。

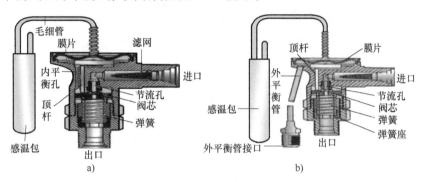

图 1-36　热力膨胀阀
a）内平衡式　b）外平衡式

现以内平衡式热力膨胀阀为例说明其工作原理。

膨胀阀具有计量、调节和控制三大功能。膨胀阀的计量孔可以释放制冷剂的压力（由针阀控制），使之由高压变为低压，是制冷系统内低压侧的始点。膨胀阀自动调节制冷剂流量的功能是依靠结扎在蒸发器出口管子上的感温包来实现的。内平衡式热力膨胀阀的工作原理图如图 1-37 所示。

2）典型膨胀阀的结构和工作原理。

① F 形热力膨胀阀。F 形热力膨胀阀的工作原理如图 1-38 所示。感温包和蒸发器出口管接触。当蒸发器出口温度降低时，感温包、毛细管和薄膜上腔内的液体体积收缩，膨胀阀阀口将闭合，借以限制制冷剂进入蒸发器。相反，如果蒸发器出口温度升高，膨胀阀阀口将开启，借以增加制冷剂流量。感温包和蒸发器必须紧密接触，完全不能和大气相通。如果接触不良，感温包就不能正确地感应蒸发器出口温度；如果密封不严，感应的温度是大气温度，所以要用一种特殊的空调胶带捆扎和密封感温包。

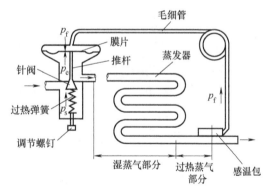

图 1-37　内平衡式热力膨胀阀的工作原理图

② H 形热力膨胀阀。H 形热力膨胀阀是因其内部通路像字母 H 而得名，整个阀体在蒸发器上固定。它有四个接口通往汽车空调系统，其中两个接口和标准膨胀阀的一样，一个接储液干燥器出口，另一个接蒸发器进口。它还有两个接口，一个接蒸发器出口，另一个接压缩机进口，如图 1-39 所示。

（2）孔管（CCOT）节流装置　孔管是固定孔口的节流装置，两端都装有滤网，以防止系统堵塞。和膨胀阀一样，孔管也装在系统高压侧，但是取消了储液干燥器，因为孔

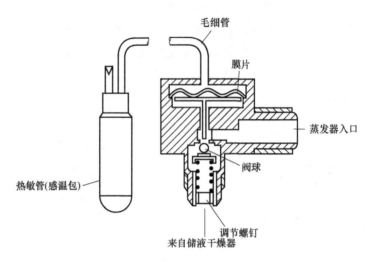

图 1-38　F 形热力膨胀阀的工作原理

管直接连通冷凝器出口和蒸发器进口。孔管的构造很简单，在一根工程塑料管的中间装置了一条节流用的铜管，铜管的内孔孔径为 4mm，塑料管两端装有金属过滤网。塑料外表面用 O 形橡胶密封圈密封。一端插进蒸发器，另一端插进从冷凝器来的橡胶管，其结构如图 1-40 所示。由于孔管没有运动件，所以结构简单，不易损坏，唯有滤网会发生堵塞，这时只需拆下孔管，换上一个新的即可。

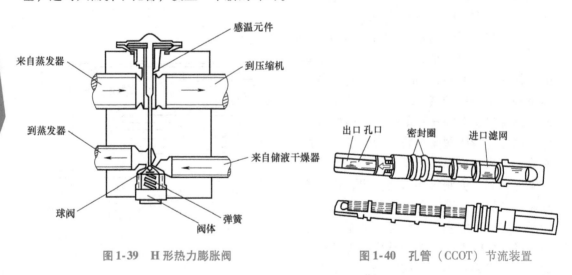

图 1-39　H 形热力膨胀阀　　　　　　　图 1-40　孔管（CCOT）节流装置

二、汽车空调系统主要部件的常见故障

1. 压缩机的常见故障

汽车空调系统的大多数运动件都在压缩机上，因此压缩机的检修量最大，压缩机常见的故障有卡住、泄漏、压缩机制冷不良和有异响等。

（1）卡住　压缩机卡住使输出轴不能转动，卡住的原因通常是润滑不良或者没有润滑产生的。如果发现离合器或传动带打滑，在排除不是离合器和传动带故障后，一般都是由于压缩机卡住所致的，这时应立即关闭 A/C 开关，检查系统是否有泄漏。如果系统泄漏而带走冷冻机油，则应进行检测。如果系统不泄漏，则为系统有堵塞造成的。应将系统中的制冷剂放掉，并清洗其管道和各个阀体，之后重新装回系统。

（2）泄漏　压缩机泄漏有漏油和漏气两种情况。制冷剂泄漏是空调系统中最常见的问题。压缩机泄漏的部位通常在压缩机与高低压管的结合处，此处通常因为安装位置的原因，检查起来比较麻烦。空调系统内部压力很高，当制冷剂泄漏时，压缩机润滑油会随之流失，这会导致空调系统不工作或压缩机润滑不良。空调压缩机上都有泄压保护阀，泄压保护阀通常是一次性使用，在系统压力过高进行泄压后，应该及时更换泄压保护阀。

（3）压缩机制冷不良　压缩机制冷不良，可用歧管压力表检测压缩机的吸气压力和排气压力。如果两者之间压力几乎相同，用手触摸压缩机，发现其温度异常的高，其原因是压缩机缸垫窜气。从排气阀出来的高压气体通过气缸垫的缺口窜回到吸气室，再次压缩，产生温度更高的蒸气，这样来回循环，会把冷冻机油烧焦造成压缩机报废。

如果进、排气弹簧片破坏或者变软，也会造成压缩机的制冷不良，这种故障表现为吸气压力或者排气压力相同或相差不大，而压缩机是不会发热的。

（4）电磁离合器自身异响　压缩机电磁离合器是出现异响的常见部位。压缩机经常在高负荷下从低速到高速变速运转，所以对电磁离合器的要求很高，而且电磁离合器安装位置一般离地面较近，经常会接触到雨水和泥土，当电磁离合器内的轴承损坏时就会产生异响。

除了电磁离合器自身的问题，压缩机传动带的松紧也直接影响着电磁离合器的寿命。传动带过松，电磁离合器就容易出现打滑；传动带过紧，电磁离合器上的负荷就会增加。当传动带松紧度不当时，轻则会引起压缩机不工作，重则会引起压缩机的损坏。当传动带工作时，如果压缩机带轮以及发电机带轮不在同一个平面内，就会降低传动带或压缩机寿命。

电磁离合器的反复吸合也会造成压缩机出现异响。例如发电机的发电量不足，空调系统的压力过高，或者发动机负荷过大，这些都会造成电磁离合器的反复吸合。

（5）离合器安装间隙　电磁离合器与压缩机安装面之间有一定的间隙，如果间隙过大，那么冲击也会增大；如果间隙过小，电磁离合器工作时就会与压缩机安装面之间产生运动干涉，这也是产生异响的一个常见原因。

（6）离合器烧坏　表现现象：离合器烧坏。原因及判断：线圈温度过高烧毁，或压缩机咬死。解决措施：判断压缩机内部是否失效，若无则需更换离合器部件并且要求压缩机厂家分析离合器的设计是否存在问题。

（7）压缩机不通电　表现现象：压缩机不工作。原因及判断：应用万用表首先检查电磁离合器的线圈，看是否能够导通；若能导通，再拨下高、低压切断开关的电源插头，先测压力开关插头，看高、低压两组触点是否导通，若能导通，再测量电源插头是否有电。最后检查系统电源的起始点有无电压，接触是否可靠等。通过电路检查，压缩机不转的故障一般都可解决。

（8）压缩机失效　表现现象：压缩机内部咬死。原因及判断：用成分分析仪检测制冷剂成分，判断是否是假冒制冷剂或制冷剂成分不纯；通过对冷冻机油的颜色、气味判断是否为假冒冷冻机油或冷冻机油失效；通过观察空调系统零部件内表面冷冻机油的颜色，判断系统洁净度。解决措施：必须用汽车专用空调清洗机对空调系统清洗并解决其他导致压缩机失效故障后，更换储液干燥器，然后才能更换压缩机。

2. 蒸发器常见故障

（1）蒸发压力过低

1）故障现象。蒸发温度与制冷剂出口温度的差增大，压缩机进口过热度加大造成冷凝温度过高。

① 故障原因：制冷剂充灌量不够、机组内制冷剂泄漏、浮球阀动作失灵，制冷液不能流入蒸发器、蒸发器中漏入制冷剂（冷水）、蒸发器水室短路、制冷剂（冷水）泵的吸入口有空气混入参加循环等。

② 排除方法：补加制冷剂、机组检漏、修复浮球阀、堵管或换管、检修水室、检修制冷剂（冷水）泵。

2）故障现象。蒸发温度偏低，但冷凝温度正常。

① 故障原因：蒸发器传热管污垢或部分管子堵塞、制冷剂不纯或脏污。

② 排除方法：清洗或修复堵塞的管子、更换制冷剂。

3）故障现象。制冷剂（冷水）出口温度偏低。

① 故障原因：制冷量大于外界热负荷（进口导叶关闭不够）、制冷剂（冷水）温度调节器上对出口温度的限定值过低。

② 排除方法：检查导叶位置及操作是否正常、调整制冷剂出口温度。

（2）蒸发压力偏高

故障现象：制冷剂（冷水）出口温度偏高。

① 故障原因：进口导叶卡死，无法开启、进口导叶自动与手动均失灵、制冷剂（冷水）出口温度整定过高、制冷量小于外界热负荷。

② 排除方法：检修导叶传动机构、检修导叶执行机构、调整整定值、检查导叶位置及操作是否正常。

三、汽车典型手动空调制冷系统电路图

1. 汽车空调典型控制电路

1）速度控制电路如图 1-41 所示。对发动机处于怠速和高速时的控制，防止发动机负荷过大和车厢内供冷过量。

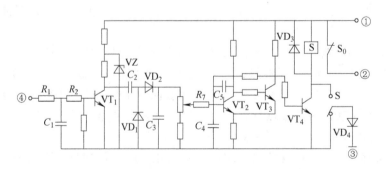

图 1-41　速度控制电路

2）为了加强冷凝器的冷却效果，有的汽车空调系统设置了专用的冷凝器冷却风扇，因此增加了一个继电器，如图1-42所示。

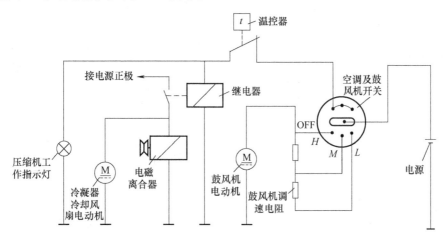

图1-42 装有冷凝器冷却风扇的空调电路

3）为了保证空调系统更好地工作，有的汽车空调系统设置了发动机转速检测继电器，信号取自点火线圈，如图1-43所示。

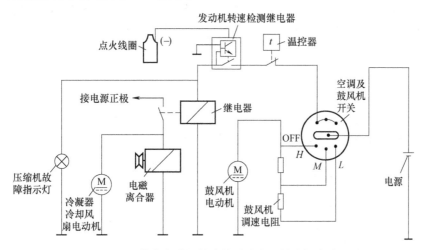

图1-43 装有发动机转速检测继电器的空调电路

2. 非独立汽车空调电路

1）压缩机双级控制电路如图1-44所示。

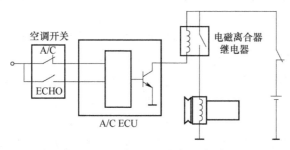

图1-44 压缩机双级控制电路

2）汽车空调的加热除霜电路如图 1-45 所示。

3）上海帕萨特 B5 GSi 轿车空调系统电路简图如图 1-46 所示。

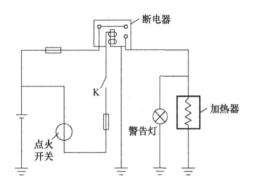

图 1-45　汽车空调的加热除霜电路

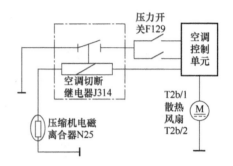

图 1-46　上海帕萨特 B5 GSi 轿车
空调系统电路简图

四、空调不制冷的故障诊断与分析

汽车空调不制冷或冷气不足是空调的常见故障，对其基本的检修方法一般维修工都能掌握，即从容易部位入手，通过眼观耳听找到原因或部位，称为感官检查法，而另一种检测方法——仪表检测法，容易被大家忽视，该方法往往能帮助准确快捷地查找故障原因。

1. 感官检查法

1）压缩机运转状态。

① 传动带是否断裂或松弛。若传动带太松就会打滑，加速磨损而不能传递动力。

② 压缩机内部是否有噪声，噪声可能是由于内部损坏的零部件造成的，内部磨损就不能有效压缩。

③ 压缩机离合器是否打滑。

2）冷凝器及风扇状态。

① 冷凝器散热片是否被尘沙、泥土覆盖。

② 冷凝器风扇运转是否良好。

③ 风扇耦合器（硅油离合器）阻尼性良好。

3）鼓风机风扇运转状态。鼓风机在低、中、高 三速度下运转，若有异响或电动机运转不良，则应进行维修或更换，否则送风气流不足。

4）制冷剂液量的检查。检查各装置过接处和接缝是否有油污，在接口处和接缝有油污，表明该处有制冷剂泄漏，应重新紧固或更换密封环零件（可用检漏仪）。

5）暖风水阀和暖风翻板是否关闭，其他翻板调节是否正常（注：若压缩机离合器不能吸合、鼓风机风扇不能运转、冷凝器风扇不能转动等，应先进入电气系统检查，如继电器、传感器、电路断路和短路、控制单元等）。

2. 仪表检测法

仪表检测法利用成套空调专用压力表查找故障位置。首先关紧压力表的高压端和低压端开关，在停机状态下，将制冷剂加注软管连接到管路中相应的维修阀门上，并利用制冷剂装置中的制冷剂压力，排出软管中的空气。此时高低压端读数应处于平衡状态（约 $6kgf/cm^2$），起动发动机，维持 1500r/min，鼓风机转速设在最高档，冷气设在最大位置，处于"再循环"状态。正常读数约为（仅供参考，压力值与周围环境温度有关）：

R134a 低压：$1.5 \sim 2.5kgf/cm^2$，高压：$14 \sim 16kgf/cm^2$。

R12 低压：$1.5 \sim 2.0kgf/cm^2$，高压：$13 \sim 15kgf/cm^2$。

1）高压侧与低压侧压力表指示值都低。

原因：制冷循环泄漏（有些泄漏很少，属正常范围），制冷剂没有定期补充。

处理：用测漏仪测漏，并进行修理，补充制冷剂。

2）低压侧压力表指示负压，高压侧指示比正常值低，储液瓶前后管路有温差，严重时，储液瓶管路前后有霜。

原因：节流阀或低压管阻塞，储液瓶或高压管路阻塞；膨胀阀压力降低，针阀完全关闭（只适用于膨胀阀系统）。

处理：清除或更换相关部件和储液瓶；若压力泡漏气，更换膨胀阀（只适用于膨胀阀系统）。

3）高、低压两侧，压力表均指示比标准高，冷凝器排出侧不热。

原因：制冷剂填充过量。

处理：排出多余制冷剂，使压力达标。

4）在高、低压两侧，压力表均指示比正常值高，但停机后，高压侧压力急骤降至约 $2kgf/cm^2$。

原因：制冷循环中混入空气（抽空不够或填充时有空气进入）。

处理：重新抽空加注，如仍有上述症状，更换储液瓶及压缩机油。

5）高、低压侧压力表均指示比正常值高（只适用于膨胀阀系统），低压侧管路形成霜冻或深度冷凝。

原因：膨胀阀失效（针阀开启过宽），膨胀阀压力泡与蒸发器连接断开。

处理：检查和重新接好压力泡和更换膨胀阀。

6）低压侧压力高，高压侧压力低，停机后，两侧压力立即趋于平衡。

原因：压缩机阀、活塞环损坏，不能有效压缩。

处理：更换压缩机。

7）低压与高压两侧压力表指示值波动（只适用于膨胀阀系统）。

原因：由于干燥器超饱和，制冷剂中的潮气不能去除，使膨胀阀中的针阀处冻结，引起冰堵，当制冷剂不再循环时，冰被周转热量解冻再冻结成冰，这一过程反复循环。

处理：更换储液瓶及压缩机油，重新抽真空加注。

3. 空调系统不制冷的经验诊断法

汽车空调故障诊断方法很多，在出现空调不制冷，而手头又没有必备诊断仪器的情况下，如何对空调的故障初步诊断呢？

汽车空调的关键是在空调的高低压管，一般打开发动机盖就可以看到。在检查高低压管温度之前要将空调设置到最大制冷，风量最大，直吹的位置，空气内循环，A/C开关打开。出风口的温度，据经验值大约在5℃左右为正常。支起发动机盖确认电子扇同时运转，压缩机也在运转。如未运转，则松开高压管的保护盖，用利物轻轻按压高压排气顶针，如有强劲的制冷剂溢出，则证明空调的故障在电路系统。否则应仔细查看空调管的各接头是否有油渍，如有则证明是空调系统存在泄漏点。用手触摸高压管和低压管，仔细感觉其温度。手动空调系统不制冷故障的诊断流程如图1-47所示。

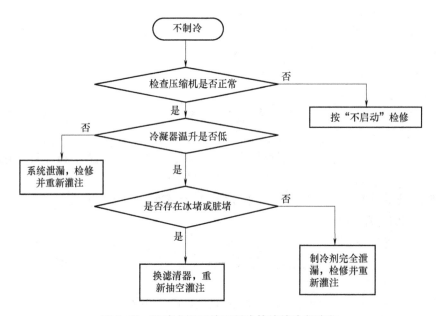

图1-47　手动空调系统不制冷故障的诊断流程

空调制冷系统不制冷的现象是空调系统运行，但没有冷气产生，出风口无冷风。产生该现象的原因、故障诊断及排除方法见表1-6。

表1-6　汽车空调系统不制冷的原因、故障诊断及排除方法

原　因	故障诊断	排除方法
风机工作正常，压缩机不工作	1）电磁离合器的故障 ① 熔丝烧断 ② 导线插头或搭铁松动、断开，导线折断 ③ 电磁线圈断路或短路 ④ 电源电压低 ⑤ 恒温器开关烧毁 ⑥ 传感器组件损坏 ⑦ 压力开关动作异常 ⑧ 离合器间隙不合适或接触面有油污	① 查找故障部位，更换熔丝 ② 更换导线或搭头，紧固搭铁 ③ 检查离合器，更换电磁线圈 ④ 检查调整电压到10.5V以上 ⑤ ~ ⑦更换控制组件 ⑧调整离合器间隙，清洗油污
	2）压缩机故障 ① 传动带太松或断裂 ② 压缩机咬死	① 调整或更换传动带 ② 修理或更换压缩机

原　　因	故障诊断	排除方法
风机工作正常，压缩机工作	1）制冷剂泄漏 ① 管路破裂或接头松动 ② 压缩机油封处泄漏 ③ 储液干燥器的易熔塞熔化	① 更换管路，拧紧接头 ② 更换压缩机油封 ③ 更换储液干燥器的易熔塞
	2）系统堵塞 ① 系统内有水分造成冰堵 ② 系统内有脏污造成渣堵 ③ 膨胀阀感温包损坏	①～③回收制冷剂，拆卸储液干燥器，清洁滤清器，更换干燥剂后抽真空，重新加注制冷剂
	3）膨胀阀的故障 ① 膨胀阀卡住不动作 ② 膨胀阀感温包损坏	①～②修理或更换膨胀阀
	4）压缩机的故障 进排气阀门损坏	拆下压缩机修理
出风口无风	1）线路故障 ① 熔丝烧断 ② 鼓风机开关或变阻器损坏 ③ 导线插头或搭铁松动、断开，导线折断	① 查找故障部位，更换熔丝 ② 更换开关或变阻器 ③ 更换导线或插头，紧固搭铁
	2）鼓风机的故障 风机电动机损坏	更换鼓风机电动机

4. 空调系统各制冷部件及控制机构的检查

（1）检查压缩机　起动压缩机，进行下列检查：

① 如果听到异常响声，说明压缩机的轴承、阀片、活塞环或其他部件有可能损坏，或润滑油量过少。

② 用手摸压缩机缸体（小心高压侧很烫），如果进出口两端有明显温差，说明工作正常；如果温差不明显，可能制冷剂泄漏或阀片泄漏。

③ 如果有剧烈振动，可能传动带太紧，传动带轮偏斜，电磁离合器过松或制冷剂过多。

（2）检查热交换器表面并进行清洗

① 检查蒸发器通道及冷凝器表面，以及冷凝器与发动机箱之间是否有碎片、杂物、泥污，要注意清理，小心清洗。

② 冷凝器可用软长毛刷蘸水轻轻刷洗，但不要用蒸气冲洗。热交换器表面，尤其是冷凝器表面要经常清洗。

③ 检查冷凝器表面和端板处是否有脱漆现象，注意及时补漆，以免锈蚀。

④ 蒸发器表面可用水清洗，可用压缩机空气冲洗，如果翅片弯曲，可用镊子小心扳直。

（3）检查储液干燥器

① 用手摸储液干燥器进出管，并观察视液玻璃，如果进口很烫，而且出口管温度接近气温，从视液玻璃中看不到或很少有制冷剂流过，或者制冷剂很混浊、有杂质，则可能是储液干燥器中的滤网堵了，或是干燥剂散了并堵住出口。

② 检查易熔塞是否熔化，各接头是否有油迹。

③ 检查视液玻璃是否有裂纹，周围是否有油迹。

④ 检查压力开关是否导通（系统内有压力时应该接通）。

（4）检查制冷软管　看软管是否有裂纹、鼓包、油迹，是否老化，是否会碰到尖物、热源或运动部件。

（5）检查电磁离合器及低温保护开关　断开和接通电路，检查电磁离合器及低温保护开关是否正常工作。

① 小心断开电磁离合器电源，此时压缩机会停止转动，再接上电源，压缩机应立即转动，这样短时间接合试验几次，以证明离合器工作正常。

② 天冷时，若压缩机不能起动，可能是由于环境温度低于蒸发器传感器的设定温度，系统处以低温保护状态，可将保护开关短路或将蓄电池连接线直接连到电磁离合器（连接时间不能超过5s）。若压缩机仍不动作，则说明离合器有故障。

③ 在低温保护开关规定的气温以下仍能正常起动压缩机，则说明低温保护开关可能发生短路故障（面板设计时就有该功能）。

（6）检查感温包保温层　检查膨胀阀感温包与蒸发器出口管路是否贴紧，隔热保护层是否包扎牢固。

（7）检查热交换器壳体　检查蒸发器壳体有无缝隙，蒸发器箱体内是否有杂质，冷凝器导风罩是否完好。

（8）检查电线连接　检查电线插头是否正常，连接是否可靠。

（9）检查压缩机传动带盘及连接传动带

① 检查传动带张紧力是否适宜，表面是否完好，配对的传动带盘是否在同一平面。传动带新装上时正好，运转一段时间会伸长，因此需要两次张紧。传动带过紧会使传动带磨损，并导致有关总成的轴承损坏，过松则使转速降低，发出啸叫声，并引起制冷量不足（注意：很多服务站就把此种啸叫声诊断为压缩机离合器损坏）。

② 若用一般三角传动带，新装上的传动带张紧力应为40~50N，运转后张紧力应为25N左右。

③ 齿形传动带的张紧力若不足，将会降低齿形传动带的可靠性。但张紧力过大传动带会缩短传动带寿命，正常情况下，用中指以8~10kg的力垂直压传动带松边，最大位移为8~10mm为宜。

④ 保证传动带在一直线运转是非常重要的，误差最大不能超过2mm，必要时可用加减垫片的方法进行。

（10）检查风机　听风机工作时是否有异常声响，若有则立即检查是否有异物塞住叶轮，是否碰到其他部件，尤其要检查电动机的轴承是否被咬死，轴承损坏后造成擦框。电刷磨损严重或打火，造成电流过大烧熔丝。

【任务实施】

一、实施准备

（1）学生组织　学生按照 5~6 人一组进行分组，每组按照实训进行分工，主要有测量、工具准备和故障分析推导等工作。

（2）实训场地及工具准备　主要包括维修车间、故障整车或手动空调实训台架、故障诊断仪、万用表等常用检测和维修工具及设备、工作台和抹布等。

二、实施步骤

1. 压缩机的拆装与检修

（1）压缩机的拆卸（图 1-48）

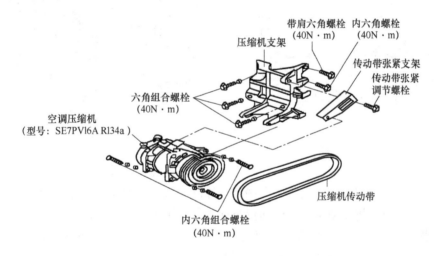

带肩六角螺栓　内六角螺栓
（40N·m）　（40N·m）
压缩机支架
传动带张紧支架
传动带张紧调节螺栓
六角组合螺栓
（40N·m）
空调压缩机
（型号：SE7PVl6A R134a）
压缩机传动带
内六角组合螺栓
（40N·m）

图 1-48　压缩机的拆卸

1）压缩机拆卸要求。

① 拆卸时首先要清楚压缩机的结构，拆下零件应按部件分类摆放，以免损伤弄乱。

② 压出或打出轴套和销子时应先辨别方向，然后再操作，一般要用木槌敲打，以免损伤零件表面。

③ 当拆卸零件时不要用力过猛，以免损伤零件。

④ 当拆卸形状和尺寸相同的零件时，需做好记号，以防装错。

⑤ 拆卸的零件用冷冻机油清洗，清洗时要用毛刷，不能用碎布纱头擦洗零件，以防脏物进入。

2）压缩机拆卸方法。

① 拆除电磁离合器连接导线。

② 从制冷系统内排出制冷剂。

③ 从压缩机吸排气口拆下软管，并在压缩机吸排气口加盖，以免灰尘和水汽进入系统内。

④ 拆除压缩机驱动带。

⑤ 从制冷系统托架上拆卸压缩机固定螺钉和压缩机，再将压缩机装在一个支架上，支架夹在台虎钳上。

⑥ 排出压缩机内的冷冻机油，用量筒测量出油量，并检查冷冻机油是否变色，油内是否混有杂质。

（2）空调压缩机传动带的拆卸与安装（图1-49、图1-50）

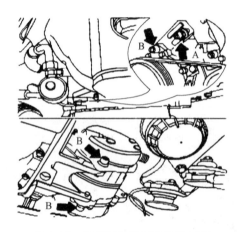 

图1-49　空调压缩机传动带的拆卸　　　　图1-50　空调压缩机传动带的安装

1）用内六角扳手，旋松空调压缩机下方两个联接螺栓（箭头B）。

2）沿顺时针方向旋转传动带张紧调节螺栓（箭头A）直至传动带放松。

3）用套筒扳手将传动带由带轮向汽车前进方向脱出。

如更换传动带，应拆卸发动机前悬置；如仅拆空调压缩机，可不拆发动机前悬置。

1）用套筒扳手，沿顺时针方向旋转调节螺栓，直至传动带张紧。

2）用拇指按压传动带中部，变形量为5~10mm即可。

3）用扭力扳手将空调压缩机下方两个联接螺栓拧紧，力矩为40N·m。

4）将传动带套在带轮上，注意运转方向。

（3）电磁离合器的拆卸和修理

1）电磁离合器的拆卸如图1-51所示。

① 使用Y形爪具的三个定位销插进离合器盘上的三个孔，固定离合器的驱动盘，用套筒扳手拆下主轴上的六角锁紧螺母。

② 六角锁紧螺母拆除后，用专用拉器拆下压板，并用卡簧钳拆卸内卡簧。

③ 用拉拔工具拆卸离合器驱动盘，将压缩机带轮和轴承拔出。

④ 拆下键和垫片。垫片是用来调整驱动盘和摩擦板之间间隙的，安装时用它来调整到规定的间隙。

⑤ 用旋具拆下电磁线圈安装螺钉，卸下电磁线圈。

2）电磁离合器的安装如图1-52所示。

【任务实施】

一、实施准备

（1）学生组织　学生按照 5~6 人一组进行分组，每组按照实训进行分工，主要有测量、工具准备和故障分析推导等工作。

（2）实训场地及工具准备　主要包括维修车间、故障整车或手动空调实训台架、故障诊断仪、万用表等常用检测和维修工具及设备、工作台和抹布等。

二、实施步骤

1. 压缩机的拆装与检修

（1）压缩机的拆卸（图 1-48）

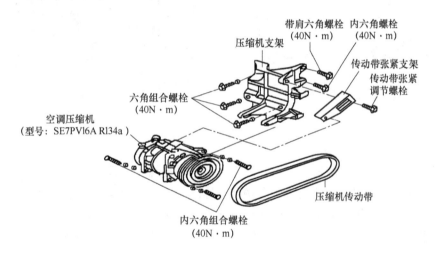

图 1-48　压缩机的拆卸

1）压缩机拆卸要求。

① 拆卸时首先要清楚压缩机的结构，拆下零件应按部件分类摆放，以免损伤弄乱。

② 压出或打出轴套和销子时应先辨别方向，然后再操作，一般要用木槌敲打，以免损伤零件表面。

③ 当拆卸零件时不要用力过猛，以免损伤零件。

④ 当拆卸形状和尺寸相同的零件时，需做好记号，以防装错。

⑤ 拆卸的零件用冷冻机油清洗，清洗时要用毛刷，不能用碎布纱头擦洗零件，以防赃物进入。

2）压缩机拆卸方法。

① 拆除电磁离合器连接导线。

② 从制冷系统内排出制冷剂。

③ 从压缩机吸排气口拆下软管，并在压缩机吸排气口加盖，以免灰尘和水汽进入系统内。

④ 拆除压缩机驱动带。

⑤ 从制冷系统托架上拆卸压缩机固定螺钉和压缩机，再将压缩机装在一个支架上，支架夹在台虎钳上。

⑥ 排出压缩机内的冷冻机油，用量筒测量出油量，并检查冷冻机油是否变色，油内是否混有杂质。

（2）空调压缩机传动带的拆卸与安装（图1-49、图1-50）

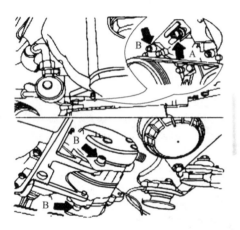
图1-49 空调压缩机传动带的拆卸

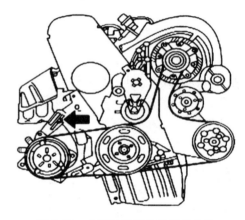
图1-50 空调压缩机传动带的安装

1）用内六角扳手，旋松空调压缩机下方两个联接螺栓（箭头B）。

2）沿顺时针方向旋转传动带张紧调节螺栓（箭头A）直至传动带放松。

3）用套筒扳手将传动带由带轮向汽车前进方向脱出。

如更换传动带，应拆卸发动机前悬置；如仅拆空调压缩机，可不拆发动机前悬置。

1）用套筒扳手，沿顺时针方向旋转调节螺栓，直至传动带张紧。

2）用拇指按压传动带中部，变形量为5~10mm即可。

3）用扭力扳手将空调压缩机下方两个联接螺栓拧紧，力矩为40N·m。

4）将传动带套在带轮上，注意运转方向。

（3）电磁离合器的拆卸和修理

1）电磁离合器的拆卸如图1-51所示。

① 使用Y形爪具的三个定位销插进离合器盘上的三个孔，固定离合器的驱动盘，用套筒扳手拆下主轴上的六角锁紧螺母。

② 六角锁紧螺母拆除后，用专用拉器拆下压板，并用卡簧钳拆卸内卡簧。

③ 用拉拔工具拆卸离合器驱动盘，将压缩机带轮和轴承拔出。

④ 拆下键和垫片。垫片是用来调整驱动盘和摩擦板之间间隙的，安装时用它来调整到规定的间隙。

⑤ 用旋具拆下电磁线圈安装螺钉，卸下电磁线圈。

2）电磁离合器的安装如图1-52所示。

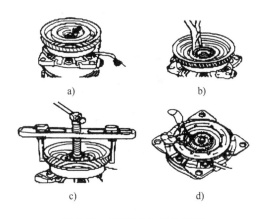
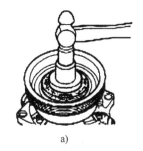
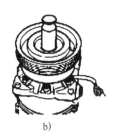

图 1-51　电磁离合器的拆卸
a）旋出离合器吸盘　b）取出卡环
c）拆卸转子　d）拆除前盖挡圈

图 1-52　电磁离合器的安装
a）安装转子　b）安装离合器吸盘

① 装转子。将专用工具组合使用，并置于中心部位，用锤子轻击四周，使转子安装到位。

② 安装离合器吸盘。将图 1-52 所示工具压在离合器吸盘中心孔部位，用锤子轻击，使离合器吸盘安装到位。

3）电磁离合器的修理如图 1-53 所示。

① 检查离合器从动盘的摩擦表面，看是否由于过热和打滑而引起刮痕，以及是否翘曲变形，若从动盘有刮痕损伤或变形，就要更换带轮总成。另外摩擦表面上的油物和赃物用清洁剂洗净。

② 检查离合器轴承有无松动或损坏，损坏的轴承必须更换，并上同规格的新轴承。

③ 用万用表检查电磁离合器线圈有无短路或断路故障，若发生短路或断路，则需更换线圈。

④ 检查完的电磁离合器，按拆卸时的相反步骤装配。

（4）压缩机轴封的拆卸和修理

1）压缩机轴封的拆卸。

① 拆下离合器总成。

② 使用卡环钳，取下密封座卡环。

③ 使用密封拆卸工具，伸入到密封座位置，然后锁紧密封座的内周面，向外拉出密封座。

④ 用钩子取出密封件的 O 形密封圈。

2）压缩机轴封的修理和安装。

① 检查轴封摩擦表面是否良好以及石墨环是否磨损，拆下的轴封不能再用，必须更换新的轴封。

② 用清洁的冷冻机油清洗压缩机密封部位。

③ 用清洁的冷冻机油涂抹 U 形密封圈，并将其装入密封沟槽内。

④ 用清洁的冷冻机油涂抹密封座，并将其细心地压入安装孔内。

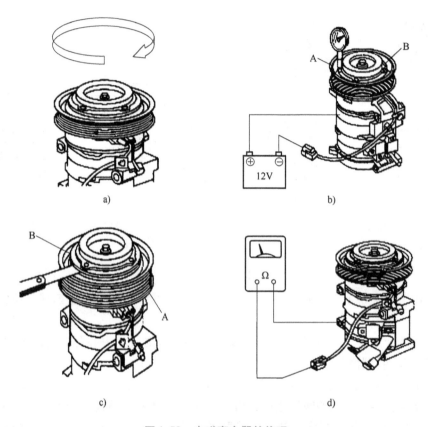

图 1-53 电磁离合器的修理

a）检查传动带轮轴承的间隙和阻力 b）测量传动带轮与压盘之间的间隙（百分表）
c）测量带轮与压盘之间的间隙（塞尺） d）测量电磁线圈电阻

⑤ 安装卡环和油封盖。

⑥ 重新装上离合器。

（5）压缩机内部零部件的拆卸和修理

1）压缩机内部零部件的拆卸如图 1-54 ~ 图 1-57 所示。

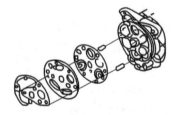

图 1-54 拆卸压缩机盖　　　　图 1-55 拆卸活塞等零件

① 将压缩机从发动机上拆下并安装在专用夹具上。

② 取下离合器压板、带轮、离合器线圈及轴封等。

③ 从放油孔放出压缩机内的冷冻机油，并用量筒测量出油量。

④ 用内六角扳手松开端盖上所有的螺栓，然后取下螺栓。

图1-56 拆卸气缸

图1-57 取出活塞钢球

⑤ 用木槌轻轻敲击端盖凸缘，使它从压缩机分开。当压缩机的前后端盖打开后，就可以容易地抽出其活塞等部件。

⑥ 取下气缸垫、O形密封圈和簧片阀板。

⑦ 取下内部零部件的活塞组件和轴承等。

2）压缩机内部零部件的修理和安装。

① 检查压缩机活塞和气缸，若活塞和气缸有拉毛现象，则需更换压缩机。

② 检查压缩机轴承，若有损坏则需更换。

③ 检查压缩机阀片和阀板。阀板可以用磨石打磨平整，阀片、缸垫和O形密封圈损坏则需更换。

④ 装配时所有的零部件都要清洗干净，以保障油路畅通，并在各摩擦部位涂抹冷冻机油。

⑤ 所有的结合面需清洁干净并在垫片上涂上冷冻机油，均匀地压紧螺栓，装上前后盖板。

⑥ 用手转动压缩机运转是否顺利。

（6）压缩机维修后的性能检查

1）压缩机内部的泄漏检查。在压缩机吸排气检修阀上装上歧管压力计，并关闭手动高低压阀，再用手转动压缩机主轴，每秒转一圈，共转十圈。这时打开手动高压阀，高压表的压力大于0.345MPa或更大，若压力小于0.310MPa，则说明压缩机内部有泄漏，需重新修理或更换阀片、阀板和缸垫。

2）压缩机外部泄漏检查。从压缩机吸入端注入少量的制冷剂，然后用手转动其主轴，用检漏仪检查轴封、端盖、吸排气阀口等处有无泄漏，若有泄漏需拆卸重新修理，若无泄漏，就可以装回发动机。

2. 冷凝器的拆装与检修

（1）冷凝器的检查

1）用检漏仪检查冷凝器的泄漏情况。

2）检查冷凝器管内的赃物或管外弯曲情况。若发现压缩机排气压力过高，不正常制冷，管外有结霜、结露现象，说明管内赃物或管外弯堵。

3）冷凝器管外及翅片外表面有污垢、残渣等，将造成散热不良。

（2）冷凝器的拆卸（图1-58）

1）慢慢地从系统中排出制冷剂。

2）将制冷剂管从冷凝器的进出口螺纹接头上拆卸下来。

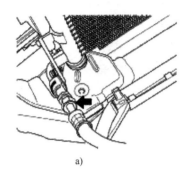
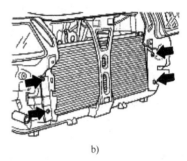

a)

b)

图 1-58　冷凝器的拆卸

a）冷凝器管路的拆装　b）冷凝器的拆装

3）拆卸冷凝器，拧下联接螺栓，取出衬垫。

在安装冷凝器时，需注意以下两点：

1）在连接冷凝器的管接头时，要注意哪里是进口，哪里是出口。从压缩机输送来的高压制冷剂蒸气，必须从冷凝器上端入口进入，再流动到下部管道，冷凝成液态的制冷剂再沿下方出口流出而进入储液干燥器，此顺序绝对不能接反。否则会引起制冷系统压力升高、冷凝器胀裂的严重事故。

2）在未装连接管接头之前，不要长时间打开管口的保护盖，以免潮气进入。

（3）冷凝器的维修

1）冷凝器由于碰撞或振动而破坏，应拆卸冷凝器进行焊接修补，当无法修理时，更换同规格的冷凝器，并向压缩机补充 40～50mL 的冷冻机油。

2）冷凝器散热翅片若歪曲变形，可用镊子校正铝散热翅片。

3）冷凝器内脏堵，应拆开冷凝器出口和进口接头，用高压氮气吹洗，冲出赃物。

4）冷凝器表面积灰，通风受阻，可用软毛刷轻刷表面或用吸尘器吸除灰尘。

5）冷凝器管接头处泄漏，应更换管接头，并重新进行检漏试压。

6）若是冷凝器风机故障，可不必拆卸冷凝器，只需修理风机。

3. 蒸发器的检修

（1）蒸发器的检查

1）蒸发器是否损坏。

2）用检漏仪检查其是否泄漏。

3）观察排泄管路是否洁净、畅通。

4）观察蒸发器外表面是否有积垢。

（2）蒸发器的拆卸（图 1-59）

1）拆下蓄电池的连接线。

2）慢慢地从系统中放出制冷剂。

3）将制冷软管分别从蒸发器的进口和出口接头螺纹上卸下来，并立即盖住开口部位。

4）拆卸副驾驶人侧储物箱。

5）拆卸仪表板。

汽车舒适与安全系统检修

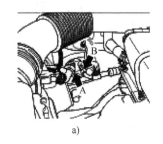
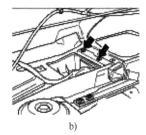
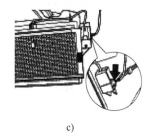

a)　　　　　　　　　　b)　　　　　　　　　　c)

图 1-59　蒸发器的拆卸

a）蒸发器管路的拆装　　b）蒸发器联接螺栓的位置　　c）蒸发器感温管插头的位置

6）拆卸进风罩。

7）旋出紧固螺母，拆下 S 管（蒸发器至压缩机管路），封住已经拆下的管子端口。

8）旋出紧固螺母，拆下 L 管（储液干燥器至蒸发器管路），封住已经拆下的管子端口。

9）拆下联接螺栓。

10）拔下感温管插头，小心取出蒸发器。

（3）蒸发器的维修

1）清除蒸发器外表面积垢、异物。

2）若蒸发器管有泄漏，应进行焊补，若无法焊补应更换蒸发器总成，并向压缩机补充 40～50mL 的冷冻机油。

3）清洁排泄管路，并清除积聚在板底的水分。

4）若是蒸发器风机故障，应修理风机。

4. 节流膨胀装置的拆装与检修

（1）膨胀阀的拆装与检修

1）膨胀阀拆检的注意事项。

① 膨胀阀需直立安装，不能倒置；感温包的安装很重要，否则会降低传感效果，造成膨胀阀流量波动幅度加大，一般安放在水平出口管的上表面，要包扎牢靠，保证感温包与管路有良好的接触，并用隔热防潮胶包好，必要时膨胀阀本体也用隔热防潮胶包好。

② 每一种膨胀阀只能适用于所指定的制冷剂，如 R12、R134a 等，不得随意使用。

2）膨胀阀的拆卸如图 1-60 所示。

① 拆下蒸发器。

② 旋出螺栓（如图中箭头 A 所示），拆下固定块。

③ 拆下蒸发器上的高、低压管（L 管、S 管）（如图中箭头 B 所示）。

④ 从蒸发器上拆下膨胀阀（如图中箭头 C 所示）。

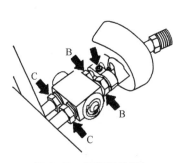

图 1-60　膨胀阀的拆卸

3）膨胀阀的拆卸。膨胀阀的常见故障是发生冰堵或脏堵、阀口关闭不严、滤网堵塞及感温包或动力头焊接处泄漏。

测定膨胀阀性能有两种方法：一是在汽车空调系统中测量；二是由于各种压力保护开关及调节阀起作用，常常会影响测量工作的进行，若遇此种情况，只能将膨胀阀从车上拆下，在台架上测定。

（2）节流管的拆装与检修

1）节流管的检测。

① 将歧管压力计与系统连接，发动机转速调至 1000~1200r/min，将空调控制器调至最冷（MAX）位置，空调系统运行 10~15min。

② 查看低压表读数。若系统无其他问题，制冷剂量合适，低压表读数偏低，说明节流管可能堵塞。

③ 将低压开关短路。

④ 在节流管周围包上约 52℃ 的温湿布。

⑤ 若低压表读数上升至正常值或接近正常值，表明系统内有水汽，节流管正常，应更换集液器。

⑥ 若低压表读数仍偏低，甚至出现真空，则说明节流管有脏堵，应更换节流管。

2）节流管的拆卸。

① 有拆卸口的节流管拆装如图 1-61 和图 1-62 所示。

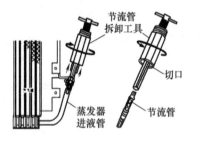 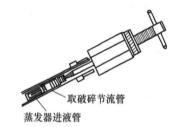

图 1-61　节流管的拆卸工具　　　图 1-62　取破碎节流管的专用工具（一）

② 无拆卸口的节流管拆装如图 1-63 和图 1-64 所示。

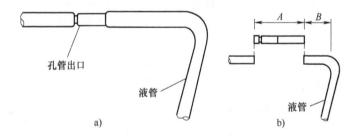

图 1-63　无拆卸口的节流管拆装
a）确定节流管位置　b）切去旧节流管

5. 储液干燥器的检修

储液干燥器主要用来储存多余的制冷剂、吸附系统内的水分、过滤系统内的杂质或赃物，保证系统正常工作。

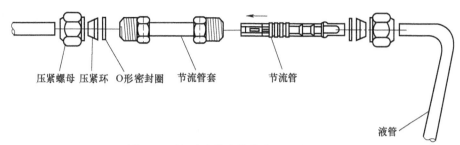

图 1-64 取破碎节流管的专用工具（二）

压紧螺母　压紧环　O形密封圈　节流管套　　节流管

液管

（1）储液干燥器的检测

1）一般干燥剂使用三个月，吸湿能力要下降一半，所以每两年要更换一次干燥器。

2）如果是因为储液干燥器的故障而造成的空调制冷不足或不制冷，则必须更换储液干燥器。

3）更换安装完毕后确认前后接口无泄漏。

4）检查易熔塞是否熔化，各接头处是否有油污。

5）检查视液镜是否有裂纹，周围是否有油污。

（2）储液干燥器的拆卸与安装

1）储液干燥器管路的拆卸步骤如图 1-65 所示。

① 在拆卸之前，用制冷剂回收加注设备将制冷剂抽空。

② 拔下高低压开关连接插头（如图中箭头 A 所示）。

③ 拆下 C 管（冷凝器至储液干燥器，如图中箭头 B 所示），封住管口。

④ 拆下 L 管（储液干燥器至蒸发器，如图中箭头 C 所示），封住管口。

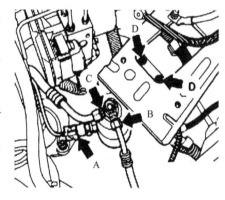

图 1-65 储液干燥器管路的拆卸步骤

⑤ 拆卸联接螺栓（如图中箭头 B 所示），取出储液干燥器。

2）安装步骤。

① 安装顺序与拆卸顺序相反。

② 储液干燥器应垂直安装。

③ 安装后应从观察窗处密切注视制冷剂的流动情况。

④ 更换安装完毕后确认前后接口处无泄漏。

三、场地清理，现场 5S

针对维修中更换的零部件和废气液体，要分门别类地进行处理，避免造成资源浪费和环境污染。

汽车空调系统故障诊断案例分析

案例1：有一辆红旗轿车发生不制冷的故障，经过一家维修厂维修后原故障已排除，但又继续发生制冷不足的现象。

故障现象：通过检查空气系统及电路均无问题，但检测高、低压端的压力时，发现低压端压力过高，但高压端压力又偏低的现象。

经过系统常规检查后，发现空调工作时，视液孔内有连续气泡流动的现象。

故障分析：由于该车是在别的厂维修过，而且原故障已排除后出现的故障，所以很可能是在维修工检修中没认真地抽真空或有空气进入系统内所致。因为，空调系统中一旦有空气进入或维修时抽真空不彻底或加注制冷剂时有空气渗入，都会造成制冷量不足。这主要是由于空气是导热的不良物质，它在制冷系统压力和温度下，不能溶于制冷剂，因而空气要占有一定的制冷剂空间，影响其散热能力，这些空气也会随制冷剂在空调系统中进行循环，从而造成自膨胀阀出来的制冷剂量下降，导致空调制冷能力下降。制冷剂内空气过多，可以从储液干燥器上方视液孔内观察到，当空调正常运转时，若视液孔内有连续不断的气泡流动，则为系统内空气过多，这时就需要对制冷系统进行抽真空，再重新加注新的制冷剂。

故障排除：经过仔细地充气检漏后确认无问题，对制冷系统进行抽真空，然后注入适量的制冷剂，故障排除。空调制冷系统出现的制冷不足、制冷效果变差等故障，一般是由于制冷密封性出现问题较为多见。因为现在轿车所用的制冷剂渗透性强。所以对系统的密封性要求也相应较高，在制冷工作管道或工作阀稍有泄漏就会造成制冷不足的故障现象。

在维修制冷系统中除了借用专用工具进行检漏外，还得要细心、认真地做好规范维修，而且试机前后都要反复做好系统的复查工作，确保故障完全排除。

案例2：别克轿车空调系统制冷不足故障检修

故障现象：一辆通用别克轿车空调离合器及冷却风扇工作均正常，但就是制冷效果不足，出风口与外界温差约为6℃。

故障分析：这种故障一般不在电路系统，而应在外部和制冷剂方面查找故障原因（若风扇运转不正常则应在电路系统查找原因），其可能原因如下：

①制冷剂不足。用压力表测量，低压低于196kPa，高压低于980kPa时则应补充制冷剂至正常值；急速时，低压应该为245kPa，高压应该为1471kPa左右。

②孔管堵塞。手触摸储液干燥器有冷感，但程度不足，在此情况下，高压偏高，应清洗膨胀节流管（位于冷凝器出口与蒸发器入口之间的高压管里）。

③蒸发器积尘太多。低压管及储液干燥器冷度手感适度，压力也正常，只是出风量偏小。此时可将鼓风机及鼓风机调速器（在驾驶室的右下侧发动机舱中央墙壁上）拆下，用压缩空气或蒸发器清洗剂将蒸发器清洗干净。

④ 散热不良。冷凝器散热片堵塞，冷却液温度过高，用高压空气吹洗散热器（水箱）及冷凝器外部，注意不要直接用高压水清洗，否则，高压水非常容易将冷凝器的散热片吹倒，造成空气流通受阻而散热不良。

故障排除：用压力表测量高、低压侧压力，低压偏低，高压偏高，为 1648kPa，手触摸储液干燥器有热感，但明显程度不足，说明孔管堵塞。清洗孔管后，故障减轻，温度降到 11℃ 左右。但仍未完全排除故障，正常情况下应该在 8℃ 左右。这说明还有其他的故障未排除。开启空调的各个按钮发现空调的内外循环没有变化，如果空调长期引入外界空气进入，空调的负荷肯定要非常大，这与家用空调的道理一样。经过检查发现空气内外循环的风门没有动作，继续检查发现控制风门的真空源没有，拆下真空电磁阀发现真空管损坏，更换后故障彻底排除。

案例 3：上海帕萨特 B5 GSi 轿车空调系统高压压力过高故障

在起动帕萨特 B5 GSi 轿车的空调过程中，发现系统高压压力到了正常值 2000kPa 后，还仍然上升至 2700kPa。此时系统高压明显太高。

根据故障现象开车上路试验，故障现象的确如此。经过询问得知，该车已在维修站修理过空调，并且更换过空调制冷剂，但情况没有好转。根据故障现象，不能直接得出故障症结所在。按正常修理程序，首先对空调系统压力进行测量，起动发动机，打开空调，使空调怠速运行数分钟，空调系统低压表显示系统低压为 220kPa，高压表显示系统高压逐渐上升至 2000kPa 保持不动，同时散热风扇由低速度转为高速，以加强散热，上述压力值显示系统压力正常，此时驾驶室空调制冷效果良好。然后将发动机转速升至 2000r/min 不变，发现系统高压逐渐上升至 250kPa，用手触摸低压管路，管路冰凉，系统低压约 200kPa，说明空调压缩机工作性能良好。

根据空调维修经验判断，导致空调系统高压压力过高的原因有以下三种情况：

1）过量加注制冷剂。

2）空调冷凝器过脏。

3）冷凝器质量不好，散热能力不足。

该车已在维修站按标定量加注过标准 R134a 制冷剂，所以制冷剂过量的情况可以排除。拆下前保险杠及前脸，检查冷凝器，发现冷凝器太脏，散热片上夹有很多杂物，散热片上覆盖很厚的一层尘土。随后将该冷凝器彻底清洗干净，安装好保险杠，打开空调，当转速保持在 2000r/min 左右时，测试系统压力，高压基本保持在 1800kPa，压力正常，此时空调制冷明显好转。经上路试验，低速和停车运行上述现象不再出现，故障暂时排除。

但是第二天故障仍然出现。随后重新检修该车空调，打开空调，发现散热风扇不工作，检查风扇扇叶转动自如，然后检查风扇电路（图 1-66）。首先拆下左前照灯后面的长方形塑料罩壳，检查散热风扇双针插接头 T2b 是否来电，用万用表的直流电压档测 T2b/1 和搭铁是否有电压，当测量此电压为 12.5V，该电压值为正常工作电压，说明散热风扇控制电器良好，然后再测试散热风扇，再从蓄电池的正负极接线柱引出两条电源线，接到散热风扇的两端，此时散热风扇转动，就能说明散热风扇良好，因此就能判定是因该插头接线不良而导致风扇不正常工作。在更换插座后，重新插上，此时散热风扇正常工作，因此故障解除。测试时发现该插头因接触不良而发热，导致风扇不正常工作。

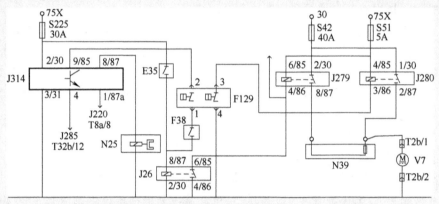

图 1-66　上海帕萨特 B5 GSi 轿车空调系统电路简图

E35—A/C 开关　F38—环境温度开关　F129—双压力开关　N25—压缩机电磁离合器

N39—散热风扇变速电阻　V7—散热电动风扇　J220—发动机控制单元

J314—空调压缩机切断继电器　J26—散热风扇继电器

J279—散热风扇继电器，低速　J280—散热风扇继电器，高速

J285—组合仪表　T2b—散热风扇插接头，双针，棕色

但因为汽车长时间低速行驶，加之冷凝器过脏，通风不好，所以冷凝器散热能力降低，这样空调制冷效果不好，同时高速工作的散热风扇由于长时间运转，导线承受负荷过高而发热，久而久之，造成插接头 T2b 接触不良，造成有时风扇不工作，这样冷凝器散热能力更加变低，使得空调系统高压在汽车低速行驶或驻车运行时压力很快超过 3200kPa 左右。根据上述分析，该车空调故障正是由冷凝器过脏和散热风扇不工作所引起。将风扇插接头修理后，风扇恢复正常工作，空调系统压力正常，故障彻底排除。

【课后测评】

一、填空题

1. 冷凝器的结构形式很多，而在汽车空调制冷系统中，经常采用的有　　　　　　、　　　　　　　和平流式等类型。

2. 汽车空调制冷系统采用的蒸发器有　　　　　、管带式和 　　　　　 等几种。

3. 节流膨胀装置主要包括　　　　　、　　　　　 等。

4. 储液干燥器上面一般有 　　　　　、　　　　　 等元件。

5. 汽车空调压缩机工作过程可分为　　　　　、　　　　　、　　　　　、　　　　　四个过程。

二、选择题

1. 在正常状态下，每当制冷系统进行拆装检修时，要更换（　　　）。

A. 膨胀阀　　　　　B. 储液干燥器　　　　C. 密封圈　　　　　D. 橡胶管

汽车舒适与安全系统检修

2. 压缩机出气口连接冷凝器进气口的软管是(　　)。

A. 低压管　　　　　　B. 硬管　　　　　　C. 高压管　　　　　　D. 橡胶管

3. 压缩机拆开部分的所有密封件都需(　　)，并用干净冷冻机油在其上抹一遍。

A. 洗干净　　　　　　B. 再用　　　　　　C. 涂上黄油　　　　　D. 换新的

4. 一般情况下，热力膨胀阀的选配应根据蒸发器的压力损失来选用，当蒸发压力损失较大时，宜选用(　　)膨胀阀。

A. 外平衡式　　　　　B. 内平衡式　　　　C. H 型　　　　　　　D. 热平衡型

三、简答题

1. 如何进行汽车空调压缩机离合器及其电路的检测？

2. 如何进行汽车空调冷凝器及其电路的检测？

3. 如何进行汽车空调鼓风机及其电路的检测？

4. 简述汽车空调的定期维护的内容。

5. 如何进行汽车空调常规故障诊断？

任务三 自动空调温度调节异常故障的检修

【任务目标】

1. 知识目标
1）掌握自动空调的控制原理。
2）能够正确识读自动空调系统的电路图。
2. 技能目标
1）确定自动空调系统温度调节异常的故障检修步骤。
2）使用专用仪器读出故障码。
3）对执行元件进行检测。
4）更换自动空调系统元件。

【任务描述】

　　一辆 2011 款丰田卡罗拉 1.6L 自动天窗版轿车。该车采用 SCS06C 型号空调压缩机和自动空调控制系统。该车已经行驶了 3 万 km，车主反映该车自动空调温度调节异常，具体表现是制冷不足，车内温度始终高于设定值，针对上述故障现象制订检修方法和步骤。

【知识储备】

一、汽车自动空调控制系统概述

1. 自动空调与手动空调相比的优点

　　1）根据设定使空调系统自动运行，并根据各传感器输入的信号，对送风温度和送风速度及时地进行调整，使车内的空气环境保持最佳状态。

　　2）当车外温度与设定的车内温度较为接近时，ECU 可以缩短制冷压缩机的工作时间，甚至在不启动压缩机的情况下，就能使车内温度保持设定状态，达到节能的目的。

　　3）通过安置在汽车仪表盘上的空调显示控制面板，可以随时显示当时的设置温度、车内温度、车外温度、送风速度、回风和送风口状态以及空调系统运行方式等信息，使驾驶人能够及时全面地了解空调系统的工作状态。

　　4）ECU 有自诊断系统，可以及早发现故障隐患，当系统中出现故障时，使系统转入相应的故障安全状态，防止故障进一步扩大。

2. 自动温度控制系统分类

　　1）半自动温度控制。半自动温度控制系统具备了车内温度自动调节功能，但鼓风机风量、送风模式等功能仍然需要驾驶人手动调节，图 1-67 为半自动温度控制面板。

　　2）全自动温度控制。如图 1-68 所示，温度可由驾驶人手动选择并实现自动维持，鼓风机的转速也可以自动调节，模式风门的选择全部由电动执行器来控制。

图 1-67 半自动温度控制面板

图 1-68 全自动温度控制面板

3）双区温度控制。空气管道将空气分配系统分成左、右侧两个独立部分，与普通的自动温度控制系统相比，增设了独立的左右温度风门、独立的左右出风口温度传感器等部件，用以实现左右分区的温度自动控制，但是内外循环风门和鼓风机还是共同控制的，如图 1-69 所示。

图 1-69 双区温度控制面板

3. 汽车自动空调控制系统的组成

汽车空调自动控制系统是由传感器、ECU 和执行器等组成的。图 1-70 为奥迪 A6 轿车自动空调系统的组成。

图 1-71 为汽车空调自动控制系统的工作原理图。输入信号有三种，其一，车内温度传感器、车外环境温度传感器、阳光辐射温度传感器等各种传感器传来的信号；其二，驾驶人设定的温度信号、选择功能信号；其三，由电位计检测出空气混合风门的位置信号。ECU 包括空调 ECU 和发动机 ECU。执行器包括空气混合伺服电动机、进气伺服电动机、气流方式伺服电动机、鼓风机电动机和鼓风机电动机控制器等。

（1）自动空调系统传感器　传感器主要包括进气温度传感器、环境温度传感器、阳光辐射传感器、蒸发器温度传感器、冷却液温度传感器和各种压力开关等。图 1-72 为奥迪 A6 轿车自动空调系统传感器的位置。

1）车内温度传感器/日照传感器。车内温度传感器监测车内温度是否达到了空调面板上设置的温度。日照传感器为自动温度控制系统提供额外的冷气，以补偿因为阳光的照射而使车内升高的温度。两个传感器制成一体，如图 1-73a 所示。

2）出风口温度传感器。自动温度系统设置有不同的出风口温度传感器，尤其是双区自动温度控制系统。其提供温度信号给 HVAC 控制模块，从而精确地调节温度风门的位置，以便更好地对车内温度进行自动控制，如图 1-73b 所示。

3）车内湿度传感器。车内湿度传感器测量驾驶舱前风窗玻璃的相对湿度，还检测前风窗玻璃表面的温度。调节空调控制状态，预防前风窗玻璃出现雾气，如图 1-73c 所示。

4）空气质量传感器。控制模块评估空气质量传感器的信息，并确定是否关闭内外循环风门。

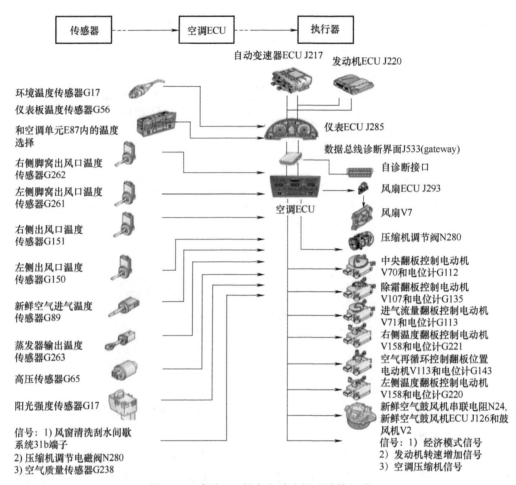

图 1-70 奥迪 A6 轿车自动空调系统的组成

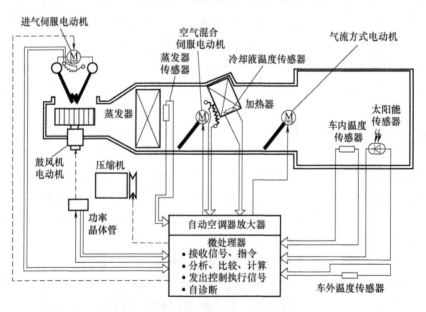

图 1-71 汽车空调自动控制系统的工作原理图

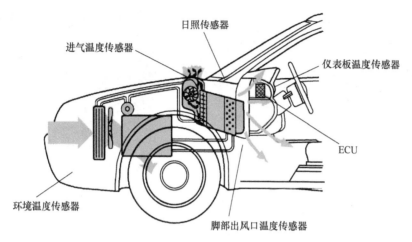

图 1-72　奥迪 A6 轿车自动空调系统传感器的位置

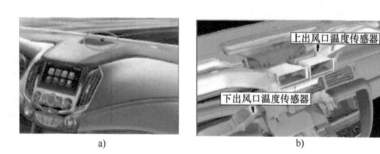

图 1-73　温度传感器

a）车内温度传感器/日照传感器　b）出风口温度传感器　c）车内湿度传感器

（2）空调控制模块/面板　空调控制模块接收来自各传感器、执行器反馈的信号，控制面板的相关请求信号，对各个执行器进行控制，模块与面板有一体式和分体式两种，如图 1-74 和图 1-75 所示。

（3）自动温度控制系统执行器

1）电控风门执行器。如图 1-76 所示，双线执行器可以控制风门在两个极限位置间切换。三线执行器是一个带有逻辑电路的双向永磁电动机，可以使风门置于多个位置。五线执行器不但可以控制风门至任意位置，还可以将风门实际的位置反馈至控制模块。

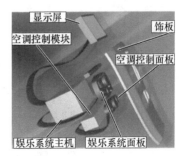

图1-74　模块与面板一体式　　　　　　　图1-75　模块与面板分体式

2）鼓风机控制器。如图1-77所示。自动温度控制系统中，鼓风机的转速由鼓风机转速控制模块来实现。

图1-76　电控风门执行器　　　　　　　　图1-77　鼓风机控制器

4. 汽车空调自动控制系统的类型

（1）放大器控制型自动空调系统　放大器控制型自动空调系统的工作原理如图1-78所示。

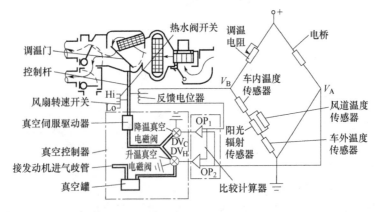

图1-78　放大器控制型自动空调系统的工作原理

（2）微处理器控制型自动空调系统　在微处理器控制的自动空调器中，每个传感器独立地将信号传送至自动空调器放大器（称为空调器ECU，或者在某些车型中称为空调器控制 ECU），控制系统根据在自动空调器放大器的微处理器中预置程序，识别这些信号，从而独立地控制各个相应的执行器。

微处理器温度控制的汽车空调系统具有以下几种功能（图1-79）：

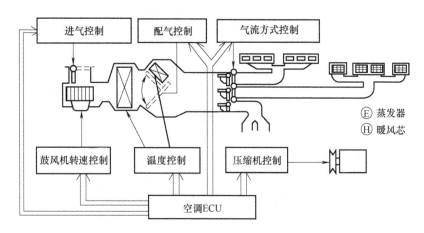

图 1-79　汽车空调自动控制系统的基本结构图

（1）空调控制　空调控制包括温度自动控制、风量控制、运转方式给定的自动控制和换气量控制等，满足车内对空调舒适性的要求。

（2）节能控制　节能控制包括压缩机运转控制、换气量的最适量控制以及随温度变化的换气切换、自动转入经济运行、根据车内外温度自动切断压缩机电源等。

（3）故障、安全报警　故障、安全报警包括制冷剂不足报警、制冷压力高出或低出报警、离合器打滑报警、各种控制器件的故障判断报警等。

（4）故障诊断储存　汽车空调系统发生故障，微处理器将故障部位用代码的形式储存起来，在需要修理时指示故障的部位。

（5）显示　包括显示给定的温度、控制温度、控制方式和运转方式的状态等。

二、汽车空调电气控制系统

（一）汽车空调温度控制

为保证汽车空调系统正常工作，维持车内所需要的温度，汽车空调系统需要一整套的环境温度控制、送风量控制以及制冷工况的温度控制、压力控制、流量控制和相关的电路。它包括传感器、控制器和执行器等装置。同时，为保证在一些特殊情况下汽车空调系统能正常可靠地工作，系统内还需要设置安全保护装置和电路。

（1）车内温度控制　控制系统控制送风温度、送风量和送风方向，以调节车内温度。

（2）发动机负荷控制　非独立式空调由发动机驱动，空调的运行会影响发动机负荷的变化，进而影响汽车的行驶性能。空调控制系统应协调发动机和空调的运行。

（3）安全保护控制　当空调系统压力过大或温度过高时，会造成空调系统的损坏，因此，控制系统应能进行安全保护控制。

温度控制器又称为温控开关，起调节车内温度、防止蒸发器因温度过低而结霜的作用。常用的温度控制器有波纹管式和热敏电阻式两种。

1）波纹管式温度控制器（又称为压力式温度控制器）。它的主要作用是控制蒸发器表面温度不低于0℃，防止结霜影响系统正常工作。

2）热敏电阻式温度控制器。现代汽车空调制冷系统中，热敏电阻式温度控制器是空调放大器的一个重要部分，它是为了设定和精确地控制蒸发器出口的温度，它与其他电路共同控制压缩机电磁离合器电路的接通与切断，保证制冷系统正常工作并按照要求提供冷气。

当电阻4设定后，车内温度高于设定温度时，热敏电阻5阻值减小，B点电压降低，晶体管VT₃截止，而VT₄导通，线圈J2通电，其触点闭合，接通压缩机电磁离合器电路，制冷系统工作，从而温度下降。反之，当车内温度低于设定温度时，热敏电阻5阻值增大，B点电压升高，晶体管VT₃导通，而VT₄截止，线圈J2断电，其触点断开，切断压缩机电磁离合器的电路，制冷系统停止工作，如图1-80所示。由此循环，使车内温度保持在设定的范围内。调节温度调整电阻4可改变A点电压，当温度调整电阻阻值减小时，A点电压降低，晶体管VT₁截止，VT₂导通，B点电压发生相应变化，VT₃截止，VT₄导通，制冷系统工作，设定温度降低；反之温度调整电阻阻值增大时，设定温度升高。

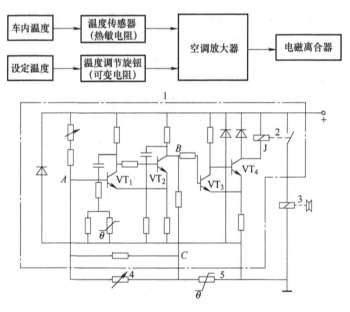

图 1-80　热敏电阻式温度控制电路

（二）汽车空调怠速控制装置

制冷压缩机由发动机带动，当发动机处于怠速状态或汽车低速行驶时，制冷系统容易出现下列不良的情况：

1）当发动机在怠速或低速时，冷却系统散热器的散热主要靠风扇冷却，而低速时风压和风量均不充足，散热效果差，冷却液温度升高。同时，由于非独立式制冷系统的冷凝器通常安装在散热器前面，将进一步影响发动机散热器散热，发动机容易过热，影响发动机正常工作。

2）当发动机处于怠速时，发电机发出的电能严重不足，制冷系统还要大量消耗蓄电池的电能，这是一种很不利的工况。

3）由于以上情况，再加上发动机的辐射热增加，会使冷凝器的冷凝温度和冷凝压力异常升高，压缩机功耗迅速增大。可能会引起两方面问题：一是增加了发动机在怠速时的负荷，导致工作不稳定，甚至熄火；二是会引起电磁离合器打滑或传动带损坏。

因此，由发动机带动制冷压缩机的非独立式制冷系统，为了保证汽车的怠速性能，必须增加发动机怠速控制器。

发动机怠速控制器有两种类型：一种是自动切断压缩机的离合器电路，使制冷系统停止工作，减轻发动机负荷，稳定发动机的怠速性能；另一种是当发动机怠速还需要使用制冷系统时，发动机能自动加大节气门开度，使发动机在怠速时转速提高，既能保证有足够的动力维持制冷系统工作，又能保证自身正常运转。

1. 怠速切断装置（怠速继电器）

怠速继电器自动切断电路如图1-81所示。

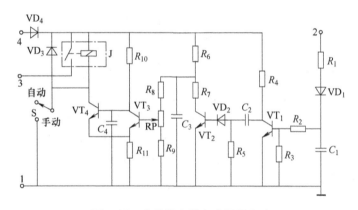

图1-81　怠速继电器自动切断电路

2. 怠速提高装置

为了保证在怠速工况下能正常使用空调制冷系统，现代汽车都采用在怠速时加大节气门开度的方法来提高发动机的转速，使发动机在怠速时带动制冷压缩机仍能维持正常运转。目前电控汽油发动机使用的怠速提高装置有两种不同的结构形式，一种是旁通气道式怠速控制装置，另一种是采用节气门直动式怠速控制装置。

（1）旁通气道式怠速控制装置　如图1-82a所示，在电控燃油喷射系统的怠速控制电路中，空调工作信号是发动机ECU的重要传感器信号之一，当空调制冷系统启动，ECU接收该信号后，驱动由步进电动机带动的怠速控制阀门，将旁通气道开度加大，增加怠速时的进气量，使发动机转速增加，制冷压缩机正常工作。这种怠速控制装置可以使发动机根据负荷变化的状况，空调压缩机等其他负载情况，精确地控制怠速稳定的工作。

（2）节气门直动式怠速控制装置　在中、高档轿车上普遍采用了节气门直动式怠速控制方式，其控制原理是通过发动机ECU直接控制节气门开度大小，从而实现对发动机怠速的控制，如图1-82b所示。当使用空调制冷时，空调开关A/C信号传给发动机ECU，

ECU 向节气门执行电动机供电使节气门开度加大，从而达到提高发动机转速的目的。

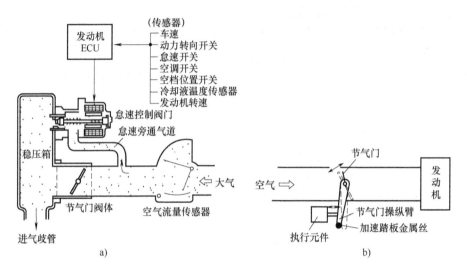

图1-82　怠速控制装置

a）旁通气道式　b）节气门直动式

设置加速切断器的目的是在汽车加速或超车时暂时切断压缩机离合器电源，使发动机全部功率用于满足车辆加速需要，同时可防止压缩机超速损坏。要实现加速切断，一是利用和节气门杠杆连接的机械开关；二是利用能感应进气管真空度的真空开关（此类开关和压缩机离合器的电路串联）；三是一些电喷车利用节气门位置传感器的信号和曲轴位置传感器信号感知发动机处于加速状态，由发动机 ECU 完成空调电路切断。

（三）汽车空调加速控制装置

1. 机械式加速切断器

这种机械式切断器的开关是由加速踏板通过连杆或钢索来操纵的，当加速踏板踩到其行程的90%时，加速踏板碰到切断器的控制簧片，切断器将电磁离合器电源切断，压缩机停止运行，这样便卸除了压缩机的动力负荷，使发动机有足够的动力输出，实现顺利超车；当切断器断开时，压缩机的转速被限制在最高极限转速范围内，从而保护了压缩机零部件免受损坏。机械式切断器的外形图如图1-83所示。

桑塔纳轿车加速控制断开装置由加速开关和延迟继电器组成。加速开关一般装在加速踏板下，或装在其他位置通过连杆或钢索来操纵。当加速踏板行程达到最大行程的90%时，加速开关及延时继电器切断电磁离合器线圈电路，使压缩机停止工作，发动机的全部输出功率用来克服加速时的阻力，以提高车速。当踏板行程小于90%或加速开关打开后延时十几秒钟则自动接通电磁离合器线圈电路，使压缩机又自动恢复工作，如图1-84所示。

2. 真空式加速切断器

真空式加速切断器由发动机进气歧管真空度控制，当进气歧管真空度较低（汽车处于匀速或少许加速）时，则开关处于闭合状态，空调正常工作。当进气歧管真空度较大（急加速或怠速）时，切断器内膜片断开触点，切断离合器电源，压缩机停止工作。当加速变缓时，真空度下降，弹簧推动膜片将触点闭合，空调系统恢复正常工作。

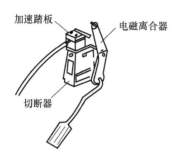
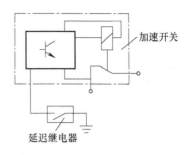

图 1-83　机械式切断器的外形图　　图 1-84　加速控制断开装置

3. 车身 ECU 控制的轿车加速切断控制

有些高级轿车上不设置专门的加速切断器，但同样具有加速切断功能。如日产风度轿车，这种车的空调加速切断是由车身 ECU 控制完成的。加速时，车身 ECU 控制由节气门位置传感器和曲轴位置传感器采集的节气门开度和发动机转速信号，当感知出急加速状态时，车身 ECU 控制停止压缩机继电器的工作几秒钟，以实现加速切断，其原理图如图 1-85 所示。

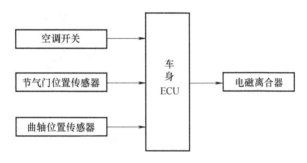

图 1-85　车身 ECU 控制的加速切断原理图

（四）汽车空调系统保护元件

1. 高、低压保护开关

高、低压保护开关是空调系统的重要元件，它们的作用是保证系统在压力异常的情况下启动相应的保护电路，或者切断压缩机电磁离合器线圈，防止损坏系统部件。高压保护开关结构如图 1-86 所示。低压保护开关结构如图 1-87 所示。高、低压保护组合开关结构如图 1-88 所示。

2. 过热限制器

过热开关结构如图 1-89 所示。压缩机过热开关的安装位置如图 1-90 所示。过热限制器电路如图 1-91 所示。

3. 高压卸压阀

如果制冷剂的压力升得太高，它将会损坏压缩机。因此，在典型的空调系统中，有一个装在压缩机或高压管路上由弹簧控制的卸压阀，如图 1-92 所示。按不同系统和厂家，此阀的压力调整值有所不同，一般在 2.413～2.792MPa 范围内变化。当压力超出调整值时，卸压阀将开始使制冷剂放空溢出，直到压力降低到调定值为止，此时在弹簧力的作用下，阀又自动关闭，以保证制冷系统正常工作。

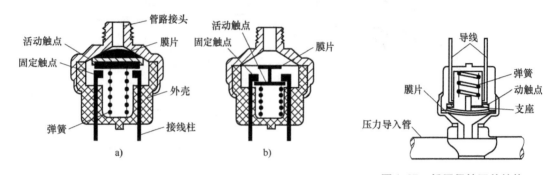

图 1-86　高压保护开关结构

a）常开型高压开关　b）常闭型高压开关

图 1-87　低压保护开关结构

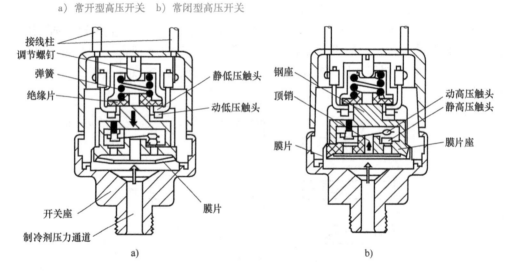

图 1-88　高、低压保护组合开关结构

a）制冷压力小于 0.423MPa 时　b）制冷压力大于 2.15MPa 时

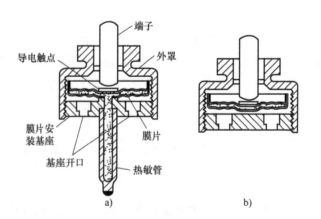

图 1-89　过热开关结构

a）早期模式　b）新模式

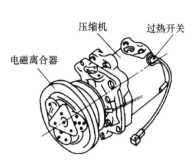

图 1-90　压缩机过热开关的安装位置

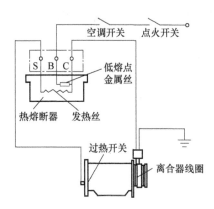

图 1-91　过热限制器电路

4. 冷却液过热开关和冷凝器过热开关

冷却液过热开关也称为水温开关，其作用是防止在发动机过热的情况下使用空调。冷却液过热开关一般使用双金属片结构，安装在发动机散热器或者冷却液管路上，感受发动机冷却液温度，当发动机冷却液温度超过某一规定值（如奥迪 100 为 120℃）时，触点断开，直接切断（或者触点闭合通过空调放大器切断）电磁离合器电路，使压缩机停止工作；而当发动机冷却液下降至某一规定值（如奥迪 100 为 106℃）时，触点动作，自动恢复压缩机的正常工作。

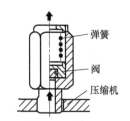

图 1-92　卸压阀的结构

冷凝器过热开关安装在冷凝器上，当其温度过高时，接通冷凝器风扇电动机，强迫冷却过热的制冷剂，使系统能正常工作。桑塔纳轿车的冷凝器过热开关有两个，当冷凝器温度为 95℃ 时，启动风扇低速运转；当温度为 105℃ 时，风扇高速运转，以增强冷却效果。

5. 环境温度开关

环境温度开关也是串联在压缩机电磁离合器电路中的一只保护开关，或者直接串联在空调放大器电路中。通常当环境温度高于 4℃ 时，其触点闭合；而当环境温度低于 4℃ 时，其触点将断开而切断电磁离合器的电路或者空调放大器电源。也就是说，当环境温度低于 4℃ 时是不宜开动空调制冷系统的，由于温度较低，压缩机内冷冻机油黏度较大，流动性很差，如这时启动压缩机，润滑油还没来得及循环流动并起润滑作用时，压缩机就会因润滑不良而磨损加剧甚至损坏。汽车空调使用手册规定，在冬季不用制冷时，也要求定期开动空调制冷系统，以使制冷剂能带动润滑油进行短时间的循环，以保证压缩机以及管路连接部位和阀类零件的密封元件不因缺油而干裂损坏，造成制冷剂的泄漏，膨胀阀、电磁旁通阀等卡死失灵。由此可见，这项保养工作应在环境温度高于 4℃ 时进行，冬季低于 4℃ 时最好不要启动压缩机。

三、典型汽车空调系统电路分析

1. 桑塔纳（SANTANA）轿车空调电路分析

桑塔纳轿车空调系统电路由电源电路、电磁离合器控制电路、鼓风机控制电路和冷凝器风扇电动机控制电路组成如图 1-93 所示。

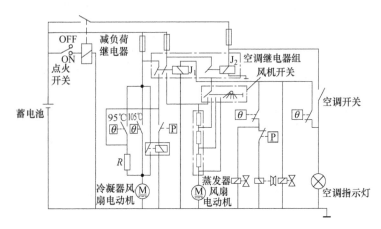

图 1-93　桑塔纳轿车空调系统电路

1）当点火开关处于断开（置 OFF）位置时，减负荷继电器的线圈电路切断，触点张开，空调系统不工作。

2）当点火开关处于起动（置 ST）位置时，减负荷继电器的线圈电路切断，触点张开，中断空调系统的工作，以保证发动机起动时，蓄电池维持足够的电能。

3）当点火开关处于接通（置 ON）位置时，减负荷继电器的线圈电路接通，触点闭合，空调继电器中的线圈通电，接通鼓风机电路，此时可由鼓风机开关进行调速，使鼓风机按要求的转速运转，进行强制通风、换气或送出暖风。

4）当外界气温高于 10℃时，才允许使用空调。

2. 雷克萨斯 LS400 空调电路

图 1-94 所示为雷克萨斯 LS400 空调系统电路。

（1）雷克萨斯 LS400 空调系统传感器

1）车内温度传感器。车内温度传感器安装在仪表板的下端，是一个具有负温度系数的热敏电阻，其阻值随着温度的上升而下降。当车内温度发生变化时，热敏电阻的阻值改变，从而向空调 ECU 输送车内温度信号。

2）车外环境温度传感器。车外环境温度传感器安装在前保险杠右下端，它也是一个热敏电阻，向空调 ECU 输送车外温度信号。

3）蒸发器温度传感器。该传感器安装在蒸发器壳体上，用以检测制冷装置内部的温度变化。当蒸发器周围温度发生变化时，传感器电阻的阻值也随之改变，并向空调 ECU 输出电信号。

4）日照传感器。日照传感器是一个光敏二极管，安装在汽车前风窗玻璃下面。利用光电效应，该传感器将阳光辐射程度转变成电信号，并输送给空调 ECU。

5）冷却液温度传感器。冷却液温度传感器直接安装在暖气芯底部的水道上，检测冷却液温度。产生的冷却液温度信号输送给空调 ECU，用于低温时的风机转速控制。

6）压缩机锁止传感器。压缩机锁止传感器是一种磁电式传感器，安装在空调装置的压缩机内，检测压缩机转速。压缩机每转一圈，该传感器线圈产生四个脉冲信号输送给

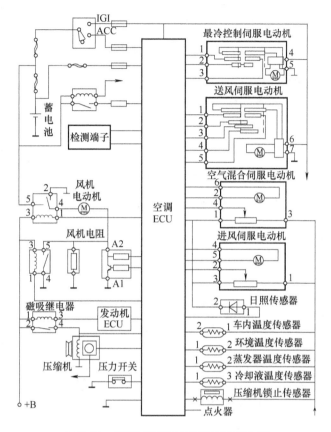

图 1-94　雷克萨斯 LS400 空调系统电路

空调 ECU。

（2）空调控制器　风机转速控制电路如图 1-95 所示。压缩机工作控制电路如图 1-96 所示。

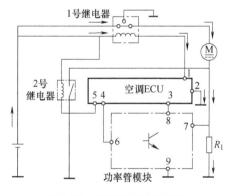

图 1-95　风机转速控制电路

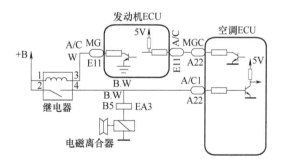

图 1-96　压缩机工作控制电路

（3）执行器控制　各种挡风板（风门）的位置如图 1-97 所示。

进风控制伺服电动机如图 1-98 所示。进风控制伺服电动机与 ECU 的连接电路如图 1-99所示。

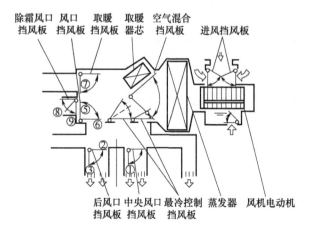

图1-97 各种挡风板（风门）的位置

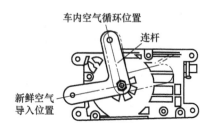

图1-98 进风控制伺服电动机

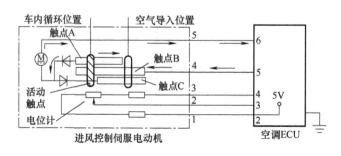

图1-99 进风控制伺服电动机与ECU的连接电路

空气混合伺服电动机连杆转动位置及电动机内部电路如图1-100所示。

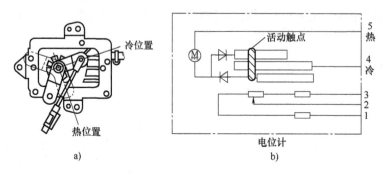

图1-100 空气混合伺服电动机连杆转动位置及电动机内部电路

a）连杆转动位置 b）电动机内部电路

送风方式控制伺服电动机连杆位置及电动机内部电路如图1-101所示。最冷控制伺服电动机的挡风板位置及内部电路如图1-102所示。

3. 日产风度A32空调电路

（1）空调系统控制原理 空调LAN系统的工作原理如图1-103所示。

（2）空调LAN控制系统的组成 日产风度A32空调LAN控制系统包括输入传感器及

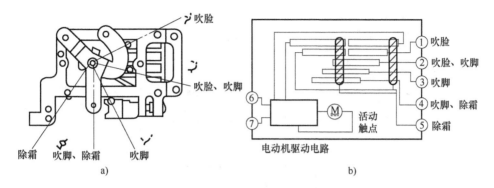

图 1-101　送风方式控制伺服电动机连杆位置及电动机内部电路

a）连杆位置　b）电动机内部电路

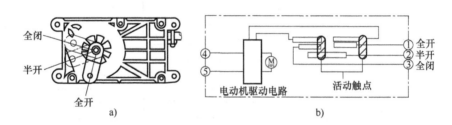

图 1-102　最冷控制伺服电动机的挡风板位置及内部电路

a）结构　b）原理

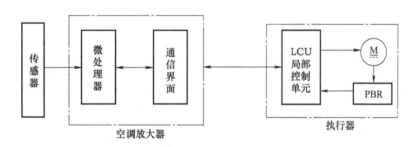

图 1-103　空调 LAN 系统的工作原理

设定开关、空调放大器（微处理器）和执行器，如图 1-104 所示。

（3）执行器工作原理　空气混合门、模式门控制（自动温度控制）器控制原理图如图 1-105 所示。进气门控制原理图如图 1-106 所示。风扇转速控制原理图如图 1-107所示。

四、自动空调故障诊断的特点和基本方法

自动空调系统电器线路较传统车型复杂了许多，给检修和维护带来了一定的困难，但它具有自我诊断和失效保护功能，工作时 ECU 不断监测系统工作情况有无潜在的故障，并把系统状况与程序参量相比较，如果某状况超出了这些极限，ECU 就探测到一项故障，于是就设置一故障码指出系统的故障部位。所以在维修自动空调系统时，先用自我诊断

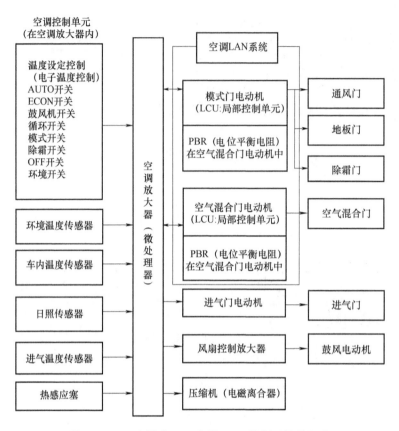

图 1-104　日产风度 A32 空调 LAN 控制系统的组成

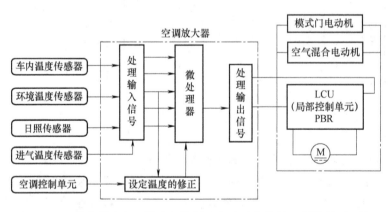

图 1-105　空气混合门、模式门控制（自动温度控制）器控制原理图

功能来获取汽车空调系统故障的第一手资料，如读取故障码、做元器件动作测试等，根据获取的信息进行检查和维修。自动空调系统检修的基本方法如下：

（1）就车提取故障码　大多数自动空调系统都能把存储器中的故障码在电子仪表板上显示出来。对不同的车型，提取故障码所用的方法不尽相同，维修时必须参阅维修手册中正确的操作规程。根据系统设计，一般 ECU 可以把代码储存很长一段时间，但当点

汽车舒适与安全系统检修

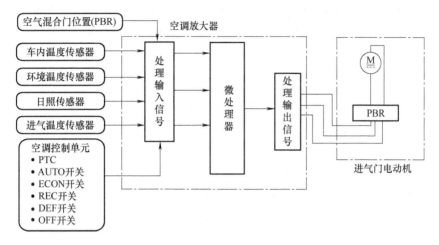

图 1-106　进气门控制原理图

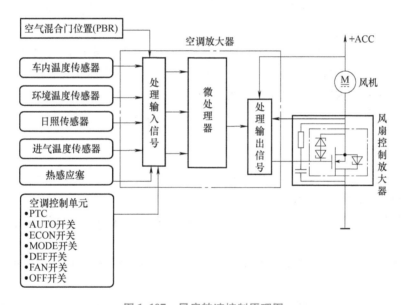

图 1-107　风扇转速控制原理图

火开关关闭时，会丢失一些故障码。对于点火开关关闭时不能保持故障码的系统，则需要驾驶汽车让其故障重现。一旦 ECU 探测到故障，必须在再次关闭点火开关之前提取故障码。

> **注意：** 故障码未必指明故障部件，它只指出系统不正常的电路。例如：当显示出的代码表示空调系统制冷剂高压侧温度传感器有问题。这并不意味着该传感器已经损坏了，可能是与其相关的导线、连接点和传感器有问题，查找故障时一定要以维修手册的诊断操作规程为准。

（2）使用故障诊断仪　现代轿车都应用了许多 ECU 模块，它们通过一个 CAN 总路系统与 ECU 共享信息，使用故障诊断仪，将其连接到诊断接口，就可以读出大部分故障码，按照检修程序手册，便能迅速地找到故障点。例如对通用的 OBD-Ⅱ诊断系统，它们都配备了较丰富的车型适配器与程序存储卡，以 OBD-Ⅱ为例，进入 ECU 诊断程序的步骤如下。

1）利用部件结构图找出诊断插接器。

2）将正确的程序存储卡插入 OBD-Ⅱ诊断仪。

3）点火开关转到 START 档。当完成发动程序后，显示屏将出现一个多层选择菜单。

4）下拉菜单进入 ECU 诊断程序，读出故障码。

5）按照检修程序手册，查找故障部位并排除。

（3）使用普通仪表检修　由于 ECU 系统软件是预先写入且固化好的，很少会出现问题，所以，故障出现概率大的是在传感器信号输入和输出控制部分，在不具备专业检测设备或无法读出故障码的条件下，只要掌握了 ECU 工作原理和检修规律，使用普通仪表（如万用表）也可以排除故障，其基本方法如下：

1）首先要判断 ECU 系统主模块的工况，一般情况下，状态指示灯能正常点亮，系统控制部件有一部分能工作，ECU 就不会有大的故障存在。此时检查熔断器和相应的接线端子，有无磨损、短路和断路。

2）检查对执行器的控制情况（如对风机电动机、压缩机电磁离合器的控制），这个信号通常是开关数字信号，当指令不同时，输入到执行器的电压决定了输出的工作状态，这个数值可以用万用表测量。这是与其他普通轿车控制信号明显的不同之处。

3）当输入正常时，可进一步测量继电器、电动机的状态，判断其好坏，进行检修与更换。如果输入正常而没有输出，则很可能是 ECU 输出单元损坏。应急处理方法，可以临时接入机械开关手动控制。

（4）自动空调系统检修注意事项　由于自动空调系统实际上是一个 ECU 控制的电子电路，所以不能按照传统方法检修，以免造成人为故障或器件的损坏，应遵守下列注意事项：

1）禁止采用"试火"的方法让任何被控制电路搭铁或对其施加电压，且切勿使用试灯。

2）只能用高阻抗的万用表（如数字万用表）检测电路，特别是对各种传感器的检测应尤为小心。

3）更改接线，分开任何到传感器或执行器件的电气连接之前，应首先关掉点火开关。

4）当接触 ECU 芯片时，应将手指摸在良好的搭铁处，更换元件时，应戴好防静电金属护腕，防止静电损坏电路元件。

5）当拆下蓄电池时，应该遵守维修手册的程序，防止停电时间过长，导致 ECU 内部数据丢失。

 【任务实施】

一、实施准备

（1）学生组织　学生按照 5～6 人一组进行分组，每组内按照实训进行分工，主要有测量、工具准备和故障分析推导等工作。

（2）实训场地及工具准备　主要包括维修车间、轿车整车一辆、故障诊断仪、万用表、维修工具及设备。

二、实施步骤

自动温度控制系统的诊断大多要借助故障诊断仪，并且可以按照策略性诊断流程来完成，如图1-108所示。

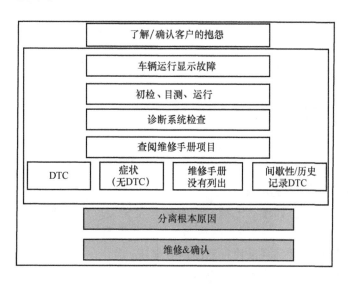

图1-108　策略性诊断流程

1. 使用诊断仪进行诊断

（1）故障诊断仪读取DTC　电控元件出现故障通常会储存DTC，个别车型手工读取DTC，参见具体车型指导。

针对目前DTC查阅维修手册进行策略性流程诊断。

（2）读取数据流　通过数据显示屏观察各个参数是否在标准范围内（也可以与正常车辆进行对比）。

> **注意：** 空调系统故障码或者相关数据显示也可能会出现在ECM或者其他车辆控制模块中。

（3）驱动测试　用诊断仪驱动各执行器然后观察其是否能够正确动作。

> **注意：** 对HVAC系统进行相关维修后要对某些元件进行位置学习/读入等相关操作，尤其是更换了空调控制模块之后还需要使用GDS并连接互联网进行在线维修编程。

2. 控制模块的诊断

控制模块的诊断主要采用排除法，在对各个传感器、执行器和线束等检查之后进一步确认。

3. 执行器的测试

（1）风门执行器的测试

1）两线式风门执行器。两线式风门执行器诊断可使用万用表测试控制命令发出时的电压，如控制电压正常，而执行器未工作，则检修执行器，如图1-109所示。

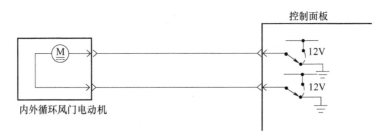

图1-109　两线式风门执行器电路原理图

2）三线式风门执行器的测试

① 测试电源和搭铁。如没有电源，检查熔丝及相关电路。如搭铁不正常，检查搭铁电路的完整性。

② 如电源和搭铁正常，测试执行器的信号电压。

③ 如果温度旋钮移动时信号电压不变，则需要检测执行器与模块之间的电路或控制模块本身。

三线式风门执行器电路原理如图1-110所示。

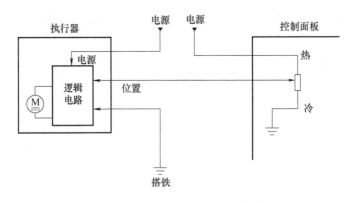

图1-110　三线式风门执行器电路原理图

3）五线式风门执行器的测试

① 检查电源和搭铁。如电源和搭铁正常，继续执行步骤②。否则，测试并修理执行器的电源或搭铁。

② 用万用表检查控制装置到执行器的控制电压，应在2.5~5V范围内变化。如正常，则更换执行器。否则，测试和检修执行器到控制装置之间电路或装置本身。

③ 检查5V参考电压。如果异常，执行器可能无法正常工作。

④ 测试执行器的反馈信号。执行器动作时它应在0~5V范围内变化。如果该电压不变，转到步骤⑤。

⑤ 测试执行器的搭铁。如果搭铁正常，更换执行器。

五线式风门执行器电路原理图如图1-111所示。

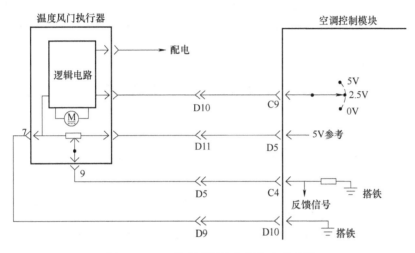

图1-111　五线式风门执行器电路原理图

（2）鼓风机控制模块的测试

① 点火开关置于"ON"位。

② 手动操作鼓风机控制开关，测量鼓风机电动机的1号和2号端子之间的电压（图1-112）。

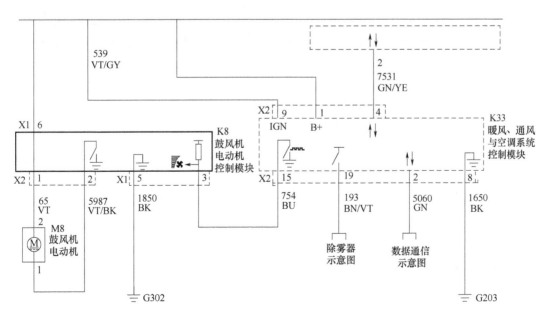

图1-112　自动空调局部电路图

③ 用控制开关调整鼓风机档位到达最高速，测量每个档位时鼓风机的电压情况。

④ 如果测量的电压不在规定值范围内，则需要继续查询控制模块的电源、电压和搭铁是否正常，HVAC 模块发出的控制指令是否正常。

⑤ 如果所有的输入全部正常，则说明鼓风机控制模块存在故障。

4. 双区空调系统的诊断

诊断双区空调系统与诊断其他手动或自动温度控制系统类似。双区空调系统则需要对两侧进行单独测试，这是诊断过程中双区空调系统与普通空调系统一个最大的区别。

三、场地清理，现场 5S

针对维修中更换的零部件和废气液体，要分门别类地进行处理，避免造成资源浪费和环境污染。

【课后测评】

一、选择题

奥迪 100 轿车的车内温度传感器安放在(　　)。

A. 转向盘上方　　　　B. 出风口位置　　　　C. 进风口位置　　　　D. 仪表板中

二、填空题

1. 新装传动带在使用 36 ~ 48h 后会有所伸长，故应 _____，张紧力一般为 _____ N。

2. 在春、秋或冬季不使用冷气的季节里，应每 _____ 起动空调压缩机一次，每次 5 ~ 10min。

3. 当汽车空调系统出现不工作或工作不正常等故障时，会有一些外观的表现。可以通过直观的检查如 _____、_____、_____ 诊断故障所在，迅速排除故障。对于全自动空调装置，除了使用常规方法诊断故障外，通常还需要使用专门的仪器和设备进行 _____。

三、简答题

1. 简述自动空调电路工作原理。

2. 简述用耳听检查空调系统故障的方法。

3. 简述通过眼睛观察空调系统故障的方法。

项目二

汽车电动车窗、电动座椅的检修

【项目描述】

　　汽车车身电动系统（包括电动车窗、电动天窗、电动座椅和电动后视镜等）的使用，改善了汽车的操作性，创造了更加舒适的驾乘环境，减轻了驾驶人和乘客的劳动强度，提高了汽车行驶的安全性。但随着行驶里程的增加，其性能会逐渐下降，出现异响、卡滞和密封不严等故障。因此，应对其进行检测、诊断和维修，确保其安全可靠地工作。本项目以电动车窗升降失灵、汽车电动座椅调节功能异常两个典型故障为任务载体，通过制订故障诊断与排除工作方案，并利用故障诊断仪、万用表对电动车窗和电动座椅及其电路元件进行检测，确定故障原因并维修更换损坏的元件，排除故障。

任务一 汽车电动车窗升降失灵故障的检修

 【任务目标】

1. 知识目标
1）了解汽车电动车窗的结构和工作原理。
2）能够识读电动车窗的电路图。
2. 技能目标
1）确定汽车电动车窗升降失灵的故障检修步骤。
2）使用专用仪器设备对系统进行检测。
3）使用电路图诊断电路故障。
4）更换部件并对部件进行检测和调整。

 【任务描述】

某客户反映他的丰田卡罗拉轿车电动车窗有问题，当要打开车窗时，玻璃不能自动升降。

 【知识储备】

一、电动车窗的作用

电动车窗，又称为自动车窗，其玻璃升降器能自动升、降门窗玻璃，即使在行车过程中也能方便地开、关车窗。它利用电动机来驱动升降器使车窗玻璃上下移动。驾驶人和乘客只需要操纵车窗升降开关，就可以使车窗玻璃上升或者下降。

二、电动车窗的结构

电动车窗由车窗玻璃、车窗玻璃升降器、双向直流电动机、车窗控制继电器和车窗开关等装置组成。奥迪轿车电动车窗的结构如图2-1所示。

1. 车窗玻璃升降器

车窗玻璃升降器接受电动机的动力，使车窗玻璃上升或者下降。车窗玻璃升降器由蜗轮蜗杆机构、钢丝、钢丝卷轮和轨道等组成。电动车窗玻璃升降器有绳轮式、交叉臂式两种，如图2-2所示。

2. 双向直流电动机

1）永磁式：通过改变电枢的直流方向来改变电动机的旋转方向。

2）双绕组串励式：有两个绕向相反的磁场绕组，一个为"上升"绕组，另一个为"下降"绕组。给两个绕组通电，产生相反方向的磁场，电动机旋转方向不同。

汽车舒适与安全系统检修

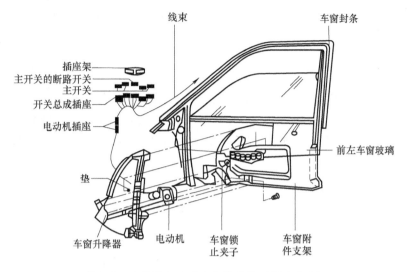

图 2-1　奥迪轿车电动车窗的结构（驾驶人侧）

3. 车窗开关

车窗开关分为主开关（图 2-3a）和分开关两种，主开关由驾驶人操纵，安装在仪表盘或驾驶人侧车门扶手上，可控制每个车窗玻璃的升降。分开关由乘客操纵，安装在每一个乘客门上，可控制一个车窗玻璃的升降。在很多车辆上，一般会在主开关上安装断路开关，也叫作锁止开关，如图 2-3b 所示，锁止后，分开关不起作用。

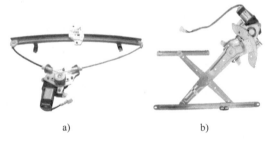

a)　　　　　　　　　　b)

图 2-2　电动车窗玻璃升降器的结构

a）绳轮式玻璃升降器　b）交叉臂式玻璃升降器

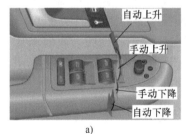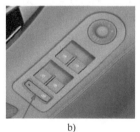

a)　　　　　　　　　　b)

图 2-3　控制开关图

a）主开关　b）车窗锁止开关

4. 电动车窗的热保护功能

为了防止电路过载，电路或电动机内装有热敏断路开关，用以控制电流。当车窗完全关闭或不能移动时，即使操纵开关没有断开，热敏开关也会自动断路。

5. 继电器的作用

接通或断开门窗电路：当接通点火开关电路时，同时也接通了继电器的线圈电路，继电器接通门窗电路；当关闭点火开关时，继电器同时也断开了门窗电路，以防损坏电气组件和发生意外。

三、电动车窗电路

不同汽车所采用的电动车窗的控制电路不同，按电动机是否直接搭铁分为电动机不搭铁和电动机搭铁两种。电动机不搭铁的控制电路是指电动机不直接搭铁，其搭铁受开关控制，通过改变电动机的电流方向来改变电动机的转向，从而实现车窗玻璃的升降，如图2-4所示。

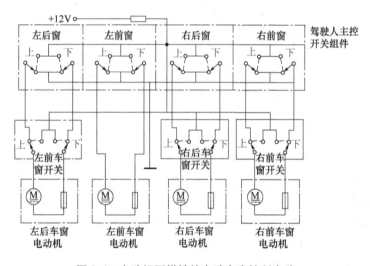

图 2-4　电动机不搭铁的电动车窗控制电路

日本雷克萨斯LS400轿车电动车窗控制电路图如图2-5所示。

当点火开关转至点火档时，电动车窗主继电器工作，触点闭合，给电动车窗提供了电源。如将主开关上的窗锁开关闭合，那么，所有车窗都可随时进入工作状态；若主开关上的车窗锁开关断开，则只有驾驶人侧车窗可进行工作。

另外，驾驶人侧的车窗开关由点触式电路控制，驾驶人要使车窗玻璃下降时，只要点触一下下降开关，车窗玻璃就会自动下降到最低点，在下降过程中，如果要使玻璃停止在某一位置时，只要再点触一下开关即可。

四、汽车电动车窗系统故障诊断与分析

1. 所有车窗玻璃均不能升降

① 主要故障原因。熔断器断路，连接导线断路，有关继电器、开关损坏，电动机损坏，搭铁点锈蚀、松动。

② 诊断步骤。首先检查熔断器是否断路；若熔断器良好，则应将点火开关接通，检查有关继电器和开关相线接线柱上的电位是否正常；若电位为零，应检查电源线路；若电位正常，则应检查搭铁线是否良好；当搭铁不良时，应清洁、紧固搭铁线；若搭铁良好，应对继电器、开关和电动机进行检测。

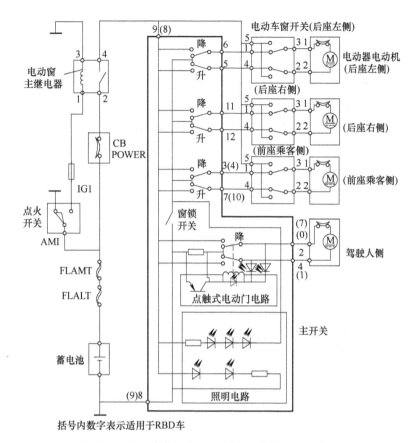

电动车窗开关(后座左侧)

电动器电动机(后座左侧)

(后座右侧)

(后座右侧)

(前座乘客侧)

(前座乘客侧)

窗锁开关

驾驶人侧

点触式电动门电路

主开关

照明电路

括号内数字表示适用于RBD车

图 2-5　日本雷克萨斯 LS400 轿车电动车窗控制电路图

2. 某车窗玻璃不能升降或只能朝一个方向运动

① 主要故障原因。该车窗按键开关损坏，该车窗电动机损坏，连接导线断路，安全开关故障。

② 诊断步骤。如果车窗玻璃不能升降，首先检查安全开关是否工作，该车窗的按键开关工作是否正常，再通电检查该车窗的电动机正反转是否运转稳定。若有故障，应检修或更换新件；若正常，则应检修连接导线。

如果车窗玻璃只能朝一个方向运动，一般是按键开关故障或部分线路断路或接错所致，可以先检查线路连接是否正常，再检修开关。

3. 汽车电动车窗系统故障原因分析、诊断方法

汽车电动车窗系统故障原因分析、诊断方法见表 2-1。

表 2-1　汽车电动车窗系统故障原因分析、诊断方法

故 障 现 象	原 因	方 法
某个车窗玻璃只能向一个方向运动	分开关故障或分开关至主开关可能出现断路	检查分开关导通情况及分开关至主开关控制导线导通情况
某个车窗玻璃两个方向都不能运动	传动机构卡住、电动机损坏、继电器烧蚀、开关损坏、分开关至电动机断路	检查传动机构是否卡住、电动机是否损坏、继电器是否烧蚀、开关是否损坏、分开关至电动机电路是否导通

4. 汽车电动车窗系统故障诊断流程图

汽车电动车窗系统故障诊断流程图如图2-6所示。

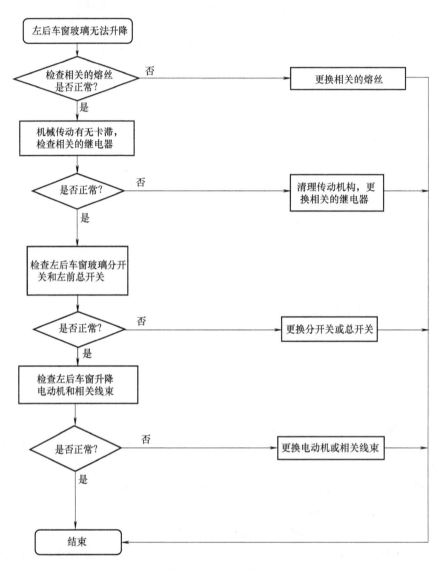

图 2-6　汽车电动车窗系统故障诊断流程图

 【任务实施】

一、实施准备

（1）学生组织　学生按照5～6人一组进行分组，每组内按照实训进行分工，主要有测量、工具准备和故障分析推导等工作。

（2）实训场地及工具准备　主要包括维修车间、丰田卡罗拉轿车整车、故障诊断仪、万用表、维修工具及设备。

二、实施步骤

1. 制订工作方案

1）检查 DTC。将智能检测仪连接到 DLC3。将点火开关置于"ON"位。按检测仪提示检查 DTC，见表 2-2。

表 2-2　检查 DTC

DTC	检 查 项 目
B2311	左前车窗电动机故障
B2312	左前车窗主开关故障
B2313	玻璃位置初始化未完成
B2321	左前侧车窗 ECU 通信终止

结论：

① 分析主开关控制的车窗电路。

② 分析分开关控制的车窗电路。

③ 从上述电路分析结合故障现象，可以判断出故障应该在＿＿＿＿＿＿＿＿电路上。该电路上的电路元件有＿＿＿＿＿＿＿＿。

2）检查电动车窗主开关与其线束工作情况。用万用表的电阻档按顺序检查主开关在车窗玻璃处于上升、下降和关闭状态时各个端子的导通情况，具体见表 2-3。若测得结果和标准不相符，说明车窗主开关损坏，要进行更换。

表 2-3　用万用表的电阻档按顺序检查主开关在车窗玻璃
处于上升、下降和关闭状态时各个端子的导通情况

查询插接器端子	条　件	规 定 状 态	查 询 结 果
	自动上升	小于 1Ω	
	手动上升	小于 1Ω	
	手动下降	小于 1Ω	
	自动下降	小于 1Ω	
	点火开关置于 ON（IG）位	11～14V	
	始终	小于 1Ω	
	始终	小于 1Ω	
	始终	小于 1Ω	
	始终	小于 1Ω	
	始终	小于 1Ω	
	始终	10kΩ 或更大	
	始终	10kΩ 或更大	
	始终	10kΩ 或更大	
	始终	10kΩ 或更大	

结论：车窗主开关好（　　　）或坏（　　　）。

3）通过对上述检查结果分析，得出结论并提出解决方案。

2. 具体实施方案

下面以一辆丰田卡罗拉轿车所有车窗玻璃用主开关控制均无法升降，用分开关控制也不可以升降故障为例，制订故障诊断与排除工作方案，并利用故障诊断仪、万用表对电动车窗及其电路元件进行检测，确定故障原因并维修更换损坏的元件，排除故障。

（1）操作电动车窗，查出故障

1）电动车窗控制现象描述。

① 电动车窗控制系统主要的控制装置包括＿＿＿＿＿＿＿＿＿（安装在驾驶人侧车门上）和＿＿＿＿＿＿＿＿＿（安装在乘客侧车门和后门上）。操作电动车窗开关后，相应的电动车窗升降器电动机随即通电。

② 检查图2-7中电动车窗主开关的车窗锁止开关，电动车窗主开关的车窗锁止开关检查见表2-4。

图2-7　电动车窗主开关的车窗锁止开关

表2-4　电动车窗主开关的车窗锁止开关检查

条　件	电动车窗开关（任选）	开关操作（任选）	电动车窗（升/降）
按下车窗锁止开关（ON）			
再次按下车窗锁止开关（OFF）			

③ 检查手动上升/下降功能，见表2-5。

表2-5　检查手动上升/下降功能

条　件	电动车窗开关	开关操作	电动车窗
点火开关置于ON（IG）位	驾驶人侧	部分拉起	
		部分按下	
	乘客侧	拉起	
		按下	
① 点火开关置于ON（IG）位 ② 车窗锁止开关置于OFF位	左后	拉起	
		按下	
	右后	拉起	
		按下	

④ 检查自动上升/下降功能，见表2-6。

表 2-6 检查自动上升/下降功能

条 件	电动车窗开关	开关操作	电动车窗
点火开关置于 ON（IG）位	驾驶人侧	完全拉起	
		完全按下	

⑤ 检查 KEY-OFF 功能，见表 2-7。

表 2-7 检查 KEY-OFF 功能

条 件	电动车窗开关	开关操作	电动车窗
点火开关置于 ON → OFF（45s 内）	驾驶人侧	部分拉起	
		部分按下	
① 点火开关置于 ON → OFF（45s 内）② 车窗锁止开关置于 OFF 位置	乘客侧	拉起	
		按下	
	左后	拉起	
		按下	
	右后	拉起	
		按下	

2）驾驶人侧电动车窗的查询。

① 实车查找电动车窗插接器。

② 电动车窗主开关性能查询见表 2-8。

表 2-8 电动车窗主开关性能查询

查询电动车窗主开关插接器端子	条 件	规定状态	查询结果
	自动上升	小于 1Ω	
	手动上升	小于 1Ω	
	手动下降	小于 1Ω	
	自动下降	小于 1Ω	

③ 电动车窗主开关插接器电源端子与搭铁端子的查询见表 2-9。电动车窗主开关插接器的电源端子与搭铁端子如图 2-8 所示。

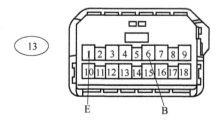

图 2-8 电动车窗主开关插接器的电源端子与搭铁端子

表 2-9　电动车窗主开关插接器电源端子与搭铁端子的查询

查 询 点	条 件	规定状态	查询结果
I3-6（B）—车身搭铁	点火开关置于 ON（IG）位	11～14V	
I3-1（E）—车身搭铁	始终	小于1Ω	

④ 电动车窗主开关电信号、电动车窗主开关-电动车窗 ECU 间线束的查询见表 2-10。电动车窗主开关-电动车窗 ECU 间线束连接图、线束端子如图 2-9 所示。

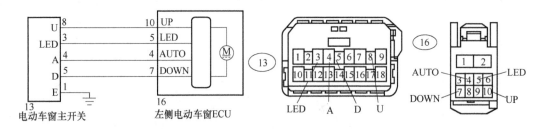

图 2-9　电动车窗主开关-电动车窗 ECU 间线束连接图、线束端子

表 2-10　电动车窗主开关电信号、电动车窗主开关-电动车窗 ECU 间线束查询

查询线束	条 件	规定状态	查询结果
I3-3（LED）—I6-5（LED）	始终	小于1Ω	
I3-4（A）—I6-4（AUTO）	始终	小于1Ω	
I3-5（D）—I6-7（DOWN）	始终	小于1Ω	
I3-8（U）—I6-10（UP）	始终	小于1Ω	
I3-3（LED）—车身搭铁	始终	10kΩ 或更大	
I3-4（A）—车身搭铁	始终	10kΩ 或更大	
I3-5（D）—车身搭铁	始终	10kΩ 或更大	
I3-8（U）—车身搭铁	始终	10kΩ 或更大	

3）前排乘客侧电动车窗的查询。

① 前排乘客侧电动车窗开关的查询见表 2-11。

表 2-11　前排乘客侧电动车窗开关的查询

查询 H7 端子	开关状态	规定状态	查询结果
1（D）—2（SD）	UP	小于1Ω	
3（B）—4（U）		小于1Ω	
1（D）—2（SD）	OFF	小于1Ω	
3（B）—4（U）		小于1Ω	
4（U）—5（SU）	DOWN	小于1Ω	
1（D）—3（B）		小于1Ω	

② 前排乘客侧电动车窗开关 H7 插接器的电源端子查询见表 2-12。前排乘客侧电动

车窗开关 H7 插接器的电源端子如图 2-10 所示。

表 2-12　前排乘客侧电动车窗开关 H7 插接器的电源端子查询

查询插接器端子	条　件	规定状态	查询结果
H7-3（B）—车身搭铁	点火开关置于 ON（IG）位	11～14V	

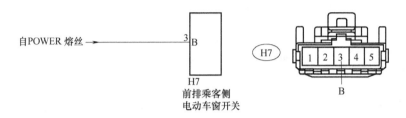

图 2-10　前排乘客侧电动车窗开关 H7 插接器的电源端子

③ 前排乘客侧电动车窗开关电信号，开关端子如图 2-11 所示，查询见表 2-13。

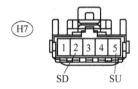

图 2-11　前排乘客侧电动车窗开关端子

表 2-13　前排乘客侧电动车窗开关端子查询

查询 H7 端子	条　件	规定状态	查询结果
+B-2（SD）	OFF	11～14V	
2（SD）—车身搭铁	DOWN	11～14V	
+B-5（SU）	OFF	11～14V	
5（SU）—车身搭铁	UP	11～14V	

④ 前排乘客侧电动车窗开关-电动车窗升降器电动机间线束查询见表 2-14。线束连接图、线束端子如图 2-12 所示。

表 2-14　前排乘客侧电动车窗开关-电动车窗升降器电动机间线束查询

查询线束	条　件	规定状态	查询结果
H7-1（D）—H8-1（D）	始终	小于1Ω	
H7-4（U）—H8-2（U）	始终	小于1Ω	
H7-1（D）—车身搭铁	始终	小于1Ω	
H7-4（U）—车身搭铁	始终	小于1Ω	

4）左后侧电动车窗的查询。

① 左后侧电动车窗开关的查询，见表 2-15。

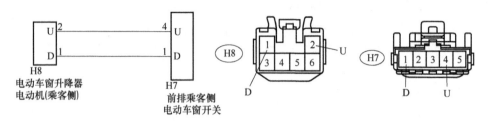

图 2-12　前排乘客侧电动车窗开关-电动车窗升降器电动机间线束连接图、线束端子

表 2-15　左后侧电动车窗开关的查询

查询 K1 端子	开关状态	规定状态	查询结果
1（D）—2（SD）	UP	小于 1Ω	
3（B）—4（U）		小于 1Ω	
1（D）—2（SD）	OFF	小于 1Ω	
3（B）—4（U）		小于 1Ω	
4（U）—5（SU）	DOWN	小于 1Ω	
1（D）—3（B）		小于 1Ω	

② 左后侧电动车窗开关插接器 K1 电源端子的查询，见表 2-16。左后侧电动车窗开关插接器 K1 的电源端子如图 2-13 所示。

表 2-16　左后侧电动车窗开关插接器 K1 电源端子的查询

查询插接器端子	条　件	规定状态	查询结果
K1-3（B）—车身搭铁	点火开关置于 ON（IG）位	11～14V	

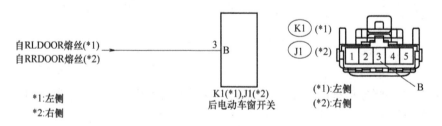

图 2-13　左后侧电动车窗开关插接器 K1 的电源端子

③ 左后侧电动车窗开关电信号，左后侧电动车窗开关端子如图 2-14 所示，端子查询见表 2-17。

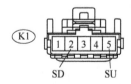

图 2-14　左后侧电动车窗开关端子

表 2-17 左后侧电动车窗开关端子查询

查询 K1 端子	条 件	规 定 状 态	查 询 结 果
+B-2（SD）	OFF	11~14V	
2（SD）—车身搭铁	DOWN	11~14V	
+B-5（SU）	OFF	11~14V	
5（SU）—车身搭铁	UP	11~14V	

④ 左后侧电动车窗开关-电动车窗升降器电动机间线束查询见表 2-18，线束连接图、线束端子如图 2-15 所示。

表 2-18　左后侧电动车窗开关-电动车窗升降器电动机间线束查询

查询线束	条 件	规 定 状 态	查 询 结 果
K1-1（D）—K2-2（D）	始终	小于 1Ω	
K1-4（U）—K2-1（U）	始终	小于 1Ω	
K1-1（D）—车身搭铁	始终	小于 1Ω	
K1-4（U）—车身搭铁	始终	小于 1Ω	

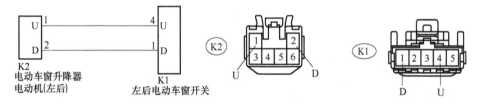

图 2-15　左后侧电动车窗开关-电动车窗升降器电动机间的线束连接图、线束端子

5）右后侧电动车窗的查询。

① 右后侧电动车窗开关的查询见表 2-19。

表 2-19　左后侧电动车窗开关的查询

查询 J1 端子	开 关 状 态	规 定 状 态	查 询 结 果
1（D）—2（SD）	UP	小于 1Ω	
3（B）—4（U）		小于 1Ω	
1（D）—2（SD）	OFF	小于 1Ω	
3（B）—4（U）		小于 1Ω	
4（U）—5（SU）	DOWN	小于 1Ω	
1（D）—3（B）		小于 1Ω	

② 右后侧电动车窗开关插接器 J1 电源端子的查询见表 2-20，电源端子如图 2-16 所示。

95

表 2-20　右后侧电动车窗开关插接器 J1 电源端子的查询

查询插接器端子	条　件	规定状态	查询结果
J1-3（B）—车身搭铁	点火开关置于 ON（IG）位	11～14V	

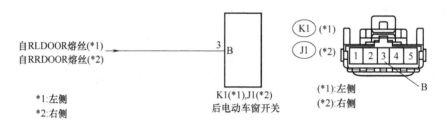

图 2-16　右后侧电动车窗开关插接器 J1 的电源端子

③ 右后侧电动车窗开关电信号，右后侧电动车窗开关端子如图 2-17 所示，查询见表 2-21。

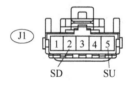

图 2-17　右后侧电动车窗开关端子

表 2-21　右后侧电动车窗开关端子查询

查询 J1 端子	条　件	规定状态	查询结果
+B-2（SD）	OFF	11～14V	
2（SD）—车身搭铁	DOWN	11～14V	
+B-5（SU）	OFF	11～14V	
5（SU）—车身搭铁	UP	11～14V	

④ 右后侧电动车窗开关-电动车窗升降器电动机间线束查询见表 2-22，线束连接图、线束端子如图 2-18 所示。

表 2-22　右后侧电动车窗开关-电动车窗升降器电动机间线束查询

查询线束	条　件	规定状态	查询结果
J1-1（D）—J2-2（D）	始终	小于 1Ω	
J1-4（U）—J2-1（U）	始终	小于 1Ω	
J1-1（D）—车身搭铁	始终	小于 1Ω	
J1-4（U）—车身搭铁	始终	小于 1Ω	

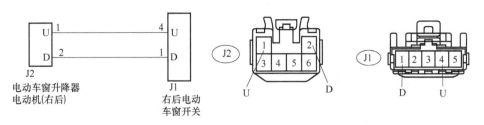

图 2-18　右后侧电动车窗开关-电动车窗升降器电动机间线束连接图、线束端子

（2）故障修复与排除

1）拆卸电动车窗的步骤和方法。

① 电动车窗玻璃升降器接线插头的分离与连接如图 2-19 所示。

分离时抓住插头（2 孔）的两侧向后拉，将其从插头外壳（3 孔）中拉出。当连接时，只要将插头从后向里推至定位处即可。

② 用扎带将驱动器盖和塑料轴承盖在两个钢绳出口处（箭头所指）连接固定（保险装置朝向凸起处），将驱动器盖固定，拧出螺钉（箭头处）。在整个修理过程中，均不允许去掉扎带，否则不可能修复，如图 2-20 所示。

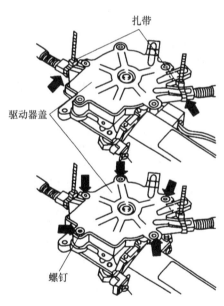

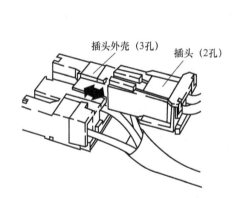

图 2-19　电动车窗玻璃升降器接线插头的分离与连接　　图 2-20　电动车窗玻璃升降器的分解（一）

③ 当拆下驱动器盖时，让驱动器盖与驱动器壳相互间稍微倾斜，用手将盘绳滚筒（在驱动器盖内）沿箭头方向从驱动器壳中拉出，不要损伤密封面，如图 2-21 所示。

2）更换故障件，装复电动车窗。

① 当更换新的驱动器时，沿箭头方向从新驱动器上将防尘和防止运输损伤防护盖拉下，注意保证法兰密封垫和扇支架成形件在驱动器壳上（保持表面清洁，使用专用油脂，不允许粘上灰尘和污物），将扇支架成形件沿箭头方向从驱动轴上拉出。橡胶成形垫必须留在驱动器壳体中，如图 2-22 所示。

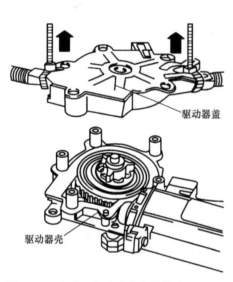

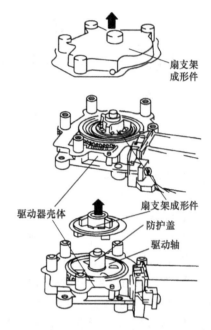

图 2-21　电动车窗玻璃升降器的分解（二）　　　图 2-22　电动车窗玻璃升降器的组装（一）

② 将扇支架成形件放入在驱动器盖内的盘绳滚筒内，三个缓冲件必须小心放入盘绳滚筒的空缺处，电动玻璃升降器驱动器壳沿箭头方向与盘绳滚筒相接合。扇支架成形件的四个卡鼻与驱动器壳中的橡胶成形垫上的空缺必须对齐。当安装时，法兰密封垫和驱动器壳中的齿轮，必要时可涂一层油脂，防止其掉出来，驱动器壳与盘绳滚筒相接合，但不能相互接触，可稍微移动夹子改变橡胶成形垫的位置，以达到相互配合（螺钉达到力矩要求）的目的，如图 2-23 所示。

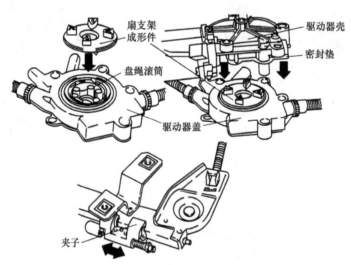

图 2-23　电动车窗玻璃升降器的组装（二）

③ 按规定顺序拧紧螺钉（力矩为 3N·m），将车窗玻璃升降器安装到定位支架上前，需进行功能检测，并割掉多余扎带（防止产生刮磨噪声）。

三、场地清理，现场5S

针对维修中更换的零部件和废气液体，要分门别类地进行处理，避免造成资源浪费和环境污染。

 【拓展训练】

一、电动天窗

电动天窗的作用有通风换气、节能、除雾、开阔视野、提升汽车的档次。

1. 电动天窗的结构

电动天窗是最受车主欢迎的汽车天窗。电动天窗主要由滑动机构、驱动机构、电动车、传动机构、开关和控制系统等组成，如图2-24所示。

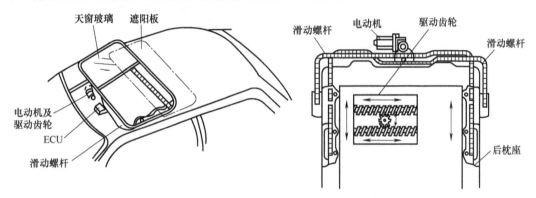

图2-24 电动天窗的组成

（1）滑动机构 主要由导向块、导向销、连杆、托架和前、后枕座等组成。

（2）驱动机构 主要由电动机、传动机构和滑动螺杆等组成。

（3）电动机 通过传动装置为天窗的开闭提供动力。电动机能双向转动，即通过改变电流的方向来改变电动机的旋转方向，实现天窗的开闭。

（4）传动机构 传动机构主要由蜗轮蜗杆传动机构、中间齿轮传动机构（主动中间齿轮、过渡中间齿轮）和驱动齿轮等组成。齿轮传动机构接受电动机的动力，改变旋转方向，并减速增矩后将动力传给滑动螺杆，使天窗实现开闭；同时又将动力传给凸轮，使凸轮顶动限位开关进行开闭。主动中间齿轮与蜗轮固装在同一轴上，并与蜗轮同步转动；过渡中间齿轮与驱动齿轮固装在同一输出轴上，由主动中间齿轮驱动，使驱动齿轮带动玻璃开闭。

（5）开关 电动天窗的开关由控制开关和限位开关组成。

① 控制开关。控制开关主要包括滑动开关和斜升开关。滑动开关有滑动打开、滑动关闭和断开（中间位置）三个档位。斜升开关也有斜升、斜降和断开（中间位置）三个档位。通过操作这些开关，令天窗驱动机构的电动机实现正反转，使天窗实现不同状态。

② 限位开关。限位开关主要用来检测天窗所处的位置，犹如一个行程开关。限位开关是靠凸轮转动来实现断开和闭合的，凸轮安装在驱动机构的动力输出端。当电动机将

动力输出时，通过驱动齿轮和滑动螺杆减速以后带动凸轮转动，于是凸轮周缘的凸起部位顶动限位开关使其开闭，以实现对天窗的自动控制。

（6）控制系统　控制系统 ECU 是一个数字控制电路，并设有定时器、蜂鸣器和继电器等，其作用是接收开关输入的信息，通过数字电路进行逻辑运算，确定继电器的动作，以控制天窗开闭。

2. 电动天窗电路

电动天窗玻璃具有遮挡视线（避免由外向内看）和前后倾斜功能。在没有打开任何车门的情况下，将点火开关从打开位置旋至关闭位置时，电动天窗仍能工作 10 min。本田雅阁轿车电动天窗控制电路如图 2-25 所示。

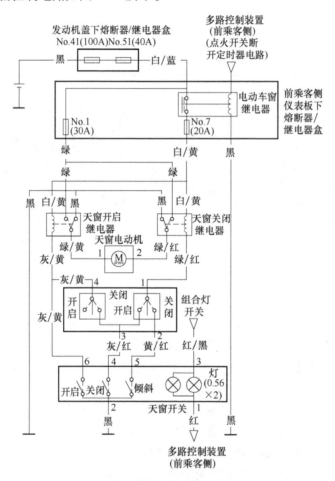

图 2-25　本田雅阁轿车电动天窗控制电路

二、电动后视镜

1. 电动后视镜的结构

如图 2-26 所示，电动后视镜的背后装有两套电动机和驱动器，可操纵反射镜上下及左右转动。通常上下方向的转动由一个电动机控制，左右方向的转动由另一个电动机控制。通过改变电动机的电流方向，即可完成后视镜的上下及左右调整。

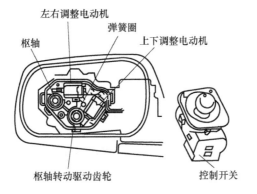

左右调整电动机
弹簧圈
上下调整电动机
枢轴
枢轴转动驱动齿轮
控制开关

图 2-26　电动后视镜的结构

2. 电动后视镜电路

红旗轿车电动后视镜控制系统电路如图 2-27 所示，其工作状态如图 2-28 所示。

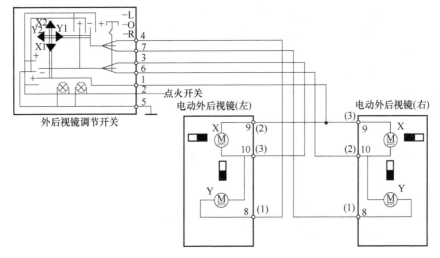

图 2-27　红旗轿车电动后视镜控制系统电路

左外后视镜调节工作表

	旋转	4	3	1
外	X1	0	—	+
里	X2	0	+	—
上	Y1	+	—	0
下	Y2	—	+	0

电动机X
电动机Y

外后视镜调节开关闭合表

	左外后视镜	右外后视镜
X1	5—3 2—1	5—6 2—1
X2	2—3 5—1	2—6 5—1
Y1	5—2 3—4	5—2 6—7
Y2	2—5 3—4	2—5 6—7

右外后视镜调节工作表

	旋转	7	6	1
外	X1	0	—	+
里	X2	0	+	—
上	Y1	+	—	0
下	Y2	—	+	0

电动机X
电动机Y

图 2-28　红旗轿车电动后视镜控制系统工作状态

101

【课后测评】

一、填空题

1. 电动车窗由_____、_____、_____、_____和_____等装置组成。

2. 电动车窗只升不能降的故障是_____的线路断路。

3. 电动天窗主要由_____、_____、_____等装置组成。

4. 一般每个电动后视镜后面安装_____套电动机和_____，操纵反射镜的上下及左右_____动。

二、选择题

1. 德国大众乘用车常用的车窗玻璃升降器是(   )式的。

A. 齿轮式　　　　　　　　B. 交叉臂式　　　　　　　　C. 绳轮式

2. 电动车窗的电动机一般为(   )。

A. 单向直流电动机　　　B. 双向直流电动机　　　　C. 永磁双向直流电动机

3. 检查电动车窗左后电动机时，用蓄电池的正负极分别接电动机连接端子后，电动机转动，互换正负极和端子的连接后，电动机反转，说明(   )。

A. 电动机状况良好　　　B. 不能判断电动机的好坏　　　C. 电动机损坏

4. 汽车电动天窗是利用(   )原理进行换气的。

A. 气流流动　　　　　　B. 负压　　　　　　　　　　C. 增压

5. 电动后视镜是通过改变电动机(   )来实现上下及左右调整的。

A. 电压大小　　　　　　B. 电流方向　　　　　　　　C. 电流大小

6. 每个电动后视镜的后面都有 (   ) 电动机。

A. 1个　　　　　　　　B. 2个　　　　　　　　　　C. 3个

三、简答题

1. 电动车窗主要由哪些部分组成？其作用是什么？

2. 电动车窗控制电路有何特点？怎样进行电路分析？

3. 简述电动车窗工作原理。

4. 简述电动车窗的故障及其排除方法。

5. 简述电动后视镜的组成、工作原理及检修方法。

【任务目标】

1. 知识目标
1）了解汽车电动座椅的结构原理。
2）能够识读汽车电动座椅的电路图。
2. 技能目标
1）确定汽车电动座椅调节功能异常的故障检修步骤。
2）使用专业仪器设备对系统进行检测。
3）使用电路图诊断电路故障。
4）更换部件或对部件进行检测和调整。

【任务描述】

一辆 2005 款的凯迪拉克 CTS 轿车，行驶里程为 12 000km。据车主反映，打开驾驶人侧车门，驾驶人侧座椅可以自动向后移，进入车内，打开点火开关，关上车门，驾驶人侧座椅无法恢复原位。

【知识储备】

一、电动座椅的功能

汽车座椅从开始的手动调节到后来的自动调节，一直在朝着更方便、更准确、更智能化的方向发展。当今的很多中高档轿车已经开始采用带记忆储存功能的微机控制型电动调节座椅，对于这种座椅它所实现的功能有以下三个方面：
1）能够调节座椅前端升降、垂直升降、水平滑动以及椅背角度等多个位置。
2）能够储存驾驶人调整后的座椅的位置。
3）能够调用驾驶人储存的座椅的位置。
现代汽车座椅还有以下扩展功能：
（1）加热功能 加热是利用座椅内的电加热丝对座椅内部加热，并通过热传递将热量传递给乘坐者，改善冬天时座椅因长时间停放后座椅过凉造成的乘坐不舒适感。
（2）记忆功能 当使用者在初次使用时，通过记忆设定，即先将座椅调节到让自己觉得最舒服的一个位置，然后通过功能，将这些位置信息储存在 ECU 里。电动座椅一般可实现 2~4 个记忆组数，前者调好的座椅状态，后者使用时为确保舒适会进行重新调整，当前者重新乘坐时，只需要按动一个按钮，如图 2-29 所示，便会自动调整到以前储存的适合个人需要的设定。

（3）按摩功能　如果选装按摩功能，则腰部支承可以移动，用于按摩腰部，如图2-30所示。

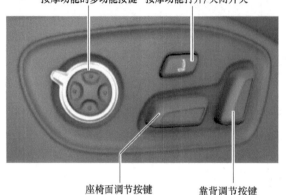

用于调节腰部支承和
按摩功能的多功能按键　按摩功能打开/关闭开关

座椅面调节按键　　　靠背调节按键

图2-29　座椅记忆按钮

操作：
按下开关：　按摩功能　开
再次按下开关：　按摩功能　关

图2-30　电动座椅的按摩功能

二、电动座椅的结构

图2-31为一款具有前端升降、后端升降、水平滑动、椅背倾角、头枕以及腰垫六个位置调节功能的带记忆储存的电动座椅的结构图。记忆储存式座椅控制系统的主要硬件元件包括电动机、传感器和ECU。控制系统以ECU为核心连接各个部件，控制座椅位置的调整。初始时，驾驶人通过按键操作，输入控制信号，信号通过ECU输出电动机驱动信号，驱动电动机，调整座椅，以获得座椅的最舒适位置。

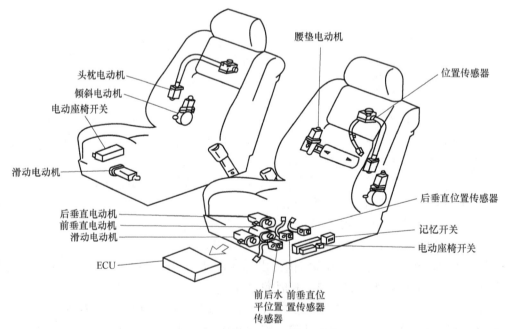

头枕电动机
倾斜电动机
电动座椅开关

滑动电动机

后垂直电动机
前垂直电动机
滑动电动机

ECU

腰垫电动机

位置传感器

后垂直位置传感器

记忆开关
电动座椅开关

前后水　前垂直位
平位置　置传感器
传感器

图2-31　带记忆储存的电动座椅的结构图

1. 双向直流电动机

座椅电动机分为永磁式和励磁式两种。

2. 电动座椅的调整机构

座椅电动机的旋转运动需要通过传动机构来改变座椅的空间位置。电动座椅的前后调整传动机构如图 2-32 所示，由蜗杆、蜗轮、齿条和导轨等组成，齿条装在导轨上。当调整时，直流电动机产生的力矩经蜗杆传至两侧的蜗轮上，经齿条的带动，使座椅前后移动。电动座椅的上下调整传动机构如图 2-33所示，由蜗杆轴、蜗轮和心轴等组成。调整时，直流电动机产生的力矩带动蜗

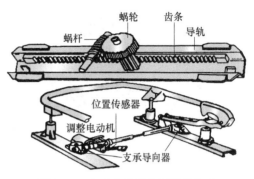

图 2-32　电动座椅的前后调整传动

杆轴，驱动蜗轮转动，使心轴在蜗轮内旋进或旋出，带动座椅上下移动。

3. 电动座椅调节开关

通过电动座椅调节开关，即可完成不同的调节功能，图 2-34 为奥迪 A7 电动座椅调节开关。

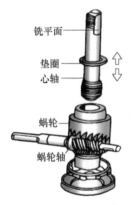

图 2-33　电动座椅的上下调整传动机构

图 2-34　奥迪 A7 电动座椅调节开关

三、电动座椅电路图

不同汽车所采用的电动座椅的控制电路不同，按调节功能有前端升降、后端升降、椅面平移及靠背倾角四位置调节型，或加上腰垫和头枕位置调节的六位置调节型；按记忆能力有 2 记忆组数、3 记忆组数或 4 记忆组数。图 2-35 为一具有前端升降、后端升降、椅面平移及靠背倾角四位置调节功能，并能储存 4 组记忆数据的电动座椅控制电路图。

在进行记忆设定之前先对系统进行初始化，初始化方法见具体车型的使用手册。打开自动调整开关中的 ON/OFF 键，打开对应的记忆功能键，然后通过手动调整开关对座椅的四个位置进行调节操作，ECU 接收到手动调节信号后控制对应电动机对座椅四个方向的位置进行调节，待调节到自己觉得最合适的位置时，停止手动调节开关的操作，此时松开记忆功能键，ECU 就将此刻的座椅位置传感器的输入信号进行储存。

待下次使用时，按一下相应的储存按钮，ECU 接收到记忆功能键的输入信号后，将自动根据记忆控制对应电动机将座椅的位置调节到原来设定的最合适的位置。凯迪拉克 CTS 轿车的电动座椅电路如图 2-36 所示。

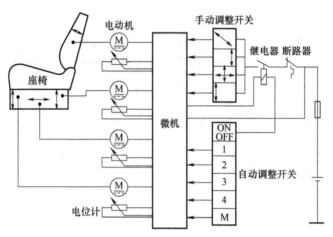

图 2-35　记忆储存式电动座椅控制电路原理图

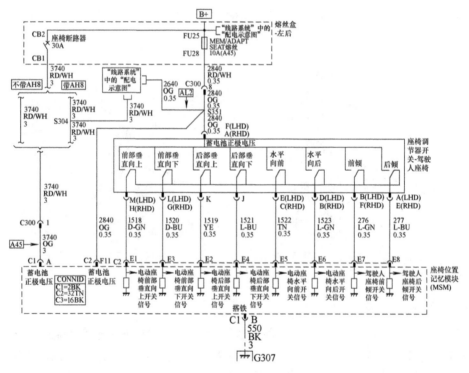

图 2-36　凯迪拉克 CTS 轿车的电动座椅电路图

四、电动座椅调节系统故障与分析

（1）电动座椅常见故障

① 座椅完全不能动作、某个方向不能动作或记忆功能混乱。

② 座椅完全不能动作的主要原因有：熔断器熔断、线路断路和座椅开关故障等。

③ 某个方向不能动作的主要原因有：该方向对应的电动机损坏、开关损坏和对应的线路断路等。

④ 记忆功能混乱主要是总线故障。

（2）电动座椅诊断步骤　电动座椅常见的调节功能故障简析及排除方法见表 2-23。

表 2-23　电动座椅常见的调节功能故障简析及排除方法

故障现象	原　因	方　法
座椅完全不能动作	熔断器烧断 线路断路 座椅开关故障等 ECU 的电源电路或搭铁异常	首先检查熔断器、断路器是否损坏 检查 ECU 电源电路及搭铁是否正常 检查线路及插接件是否正常 最后检查座椅开关
座椅某个方向不能动作	该方向电动机或开关损坏，对应线路断路	先检查所在线路是否正常，再检查对应开关和电动机
记忆功能混乱	数据总线故障，ECU 故障	检测总线波形

汽车电动座椅调节故障诊断流程如图 2-37 所示。

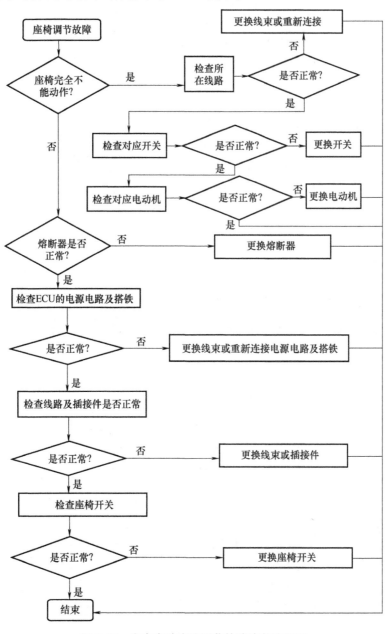

图 2-37　汽车电动座椅调节故障诊断流程图

下面以凯迪拉克 CTS 轿车为例，详细介绍其故障检修步骤，见表 2-24、表 2-25。

表 2-24　一个或多个电动座椅功能不工作的故障检修

步　骤	操　作	是	否
参考示意图：驾驶人座椅示意图（见图 2-31） 参考插接器端视图：电动座椅系统插接器端视图（见图 2-36） 定义：一个或多个电动座椅功能不工作			
1	是否执行了"诊断系统检查——车辆"	至步骤 2	至"车辆故障诊断码信息"中的"诊断系统检查——车辆"
2	① 核实电动座椅不工作的投诉 ② 尝试操作所有的电动座椅电动机，使其在整个调节范围下运行。电动座椅系统是否根据系统说明和操作中所描述的进行操作	至"线路系统"中的"检测间歇性和接触不良故障"	至步骤 3
3	所有的电动座椅电动机是否都不工作	至步骤 4	至步骤 7
4	① 安装故障诊断仪 ② 保持发动机关闭，并接通点火开关 ③ 使用故障诊断仪，观察"座椅位置记忆模块"数据列表中所有的座椅开关参数 ④ 以所观察参数的方向，操作座椅开关 所观察的座椅开关参数状态是否发生变化	至步骤 14	至步骤 5
5	用一端可靠搭铁的测试灯探测座椅调节器开关的蓄电池正极电压电路 测试灯是否点亮	至步骤 6	至步骤 15
6	① 用一端可靠搭铁的测试灯探测座椅调节器开关的任何一个座椅开关信号线路 ② 操作相应的座椅开关 测试灯是否点亮	至步骤 14	至步骤 13
7	① 安装故障诊断仪 ② 保持发动机关闭，并接通点火开关 ③ 使用故障诊断仪，观察"座椅位置记忆模块"数据列表中所有的座椅开关参数 ④ 在两个方向上操作相应的座椅开关 对于两个方向，座椅开关参数的状态是否都发生变化	至步骤 9	至步骤 8
8	① 断开座椅调节器开关 ② 在线束插接器的蓄电池电压电路电线和线束插接器的可疑开关信号电路电线之间，连接一条带 3A 熔丝的跨接线 ③ 用故障诊断仪，观察相应的座椅开关参数 座椅开关参数状态是否发生变化	至步骤 13	至步骤 10

汽车舒适与安全系统检修

步　骤	操　作	是	否
9	① 断开不工作的座椅电动机 ② 在线束插接器的电动机控制电路之间连接测试灯 ③ 在两个方向上操作相应的座椅开关 对于两个方向，测试灯是否都点亮	至步骤 12	至步骤 11
10	测试座椅调节器开关与座椅位置记忆模块之间的可疑开关信号电路是否断路。参见"线路系统"中的"电路测试"和"线路修理"或"插接器修理" 是否发现故障并加以排除	至步骤 19	至步骤 14
11	测试座椅位置记忆模块与不工作的座椅电动机控制电路是否对搭铁短路或者断路。参见"线路系统"中的"电路测试"和"线路修理"或"插接器修理" 是否发现故障并加以排除	至步骤 19	至步骤 14
12	检查不工作的座椅电动机的线束插接器是否接触不良。参见"线路系统"中的"检测间歇性和接触不良故障"和"插接器修理" 是否发现故障并加以排除	至步骤 19	至步骤 17
13	检查座椅调节器开关线束插接器是否接触不良。参见"线路系统"中的"检测间歇性和接触不良故障"和"插接器修理" 是否发现故障并加以排除	至步骤 19	至步骤 16
14	检查座椅位置记忆模块线束插接器是否存在接触不良。参见"线路系统"中的"检测间歇性和接触不良故障"和"插接器修理" 是否发现故障并加以排除	至步骤 19	至步骤 18
15	修理座椅调节器开关的蓄电池正极电路中的对搭铁短路或断路故障。参见"线路系统"中的"电路测试"和"线路修理"或"插接器修理" 是否发现故障并加以排除	至步骤 19	—
16	更换座椅调节器开关。参见"座椅开关的更换——电动" 是否完成了更换	至步骤 19	—

项目二　汽车电动车窗、电动座椅的检修

步　骤	操　作	是	否
17	更换不工作的座椅电动机。参见"座椅调节器电动机的更换——水平""座椅调节器电动机的更换——垂直"或者"电动靠背倾角调节电动机的更换——前排座椅" 是否完成了更换	至步骤19	—
18	更换座椅位置记忆模块。参见"计算机/集成系统"中的"控制模块参考信息"，获取有关更换、设置和编程信息 是否完成了更换	至步骤19	—
19	运行系统，检查修理结果 故障是否已排除	系统正常	系统正常

表2-25　记忆座椅功能不工作的故障检修

步　骤	操　作	是	否
	参考示意图：驾驶人座椅示意图（见图2-31） 参考插接器端视图：电动座椅系统插接器端视图（见图2-36）或者车门中的电动车门系统插接器端视图		
1	是否执行了"诊断系统检查——车辆"	至步骤2	至"车辆故障诊断码信息"中的"诊断系统检查——车辆"
2	核实记忆座椅功能不工作的投诉 记忆座椅系统的操作是否符合系统与操作中的描述	至"线路系统"中的"检测间歇性和接触不良故障"	至步骤3
3	① 保持发动机关闭，并接通点火开关 ② 按下收音机的"Tune/SEL（调谐/选择）"按钮，进入驾驶人信息中心（DIC）主菜单 ③ 使用"Tune/SEL（调谐/选择）"按钮滚动浏览，直到"SETUP（设置）"高亮显示 ④ 按下"Tune/SEL（调谐/选择）"按钮，进入"SETUP（设置）"菜单 ⑤ 使用"Tune/SEL（调谐/选择）"按钮，滚动至"Personalization（个性化）"菜单 ⑥ 通过按下"Tune/SEL（调谐/选择）"按钮直到"Personalization（个性化）"后面出现校核选中标志，确定个性化功能处于激活状态 个性化功能是否处于激活状态	至步骤4	至"个性化"中的"驾驶人个性化"

汽车舒适与安全系统检修

步　骤	操　作	是	否
4	① 安装故障诊断仪 ② 保持发动机关闭，并接通点火开关 ③ 使用故障诊断仪。通过选择以下选项进入 "Setting Options（设置选项）"屏幕： 仪表盘集成模块 特别功能 设置选项 个性化设置 ④ 根据屏幕上的说明确认个性化选项已激活 个性化选项是否激活	至步骤 5	至"计算机/集成系统"中的"控制模块参考"
5	① 将前照灯开关拨到 ON（接通）位 ② 使用故障诊断仪，观察"驾驶人侧车门开关"数据列表中的"记忆回忆开关"参数 ③ 按下记忆 1 按钮 故障诊断仪是否显示"Memory1（记忆 1）"	至步骤 6	至步骤 8
6	① 用故障诊断仪，观察"记忆回忆开关"参数 ② 按下记忆 2 按钮 故障诊断仪是否显示"Memory2（记忆 2）"	至步骤 7	至步骤 10
7	① 用故障诊断仪观察"记忆回忆开关"参数 ② 按下"EXIT（退出）"按钮 故障诊断仪是否显示"EXIT（退出）"	至步骤 15	至步骤 14
8	① 断开记忆功能开关线束插接器 ② 在记忆功能开关插接器的记忆 1 开关信号电路和可靠搭铁之间连接带 3A 熔丝的跨接线 ③ 用故障诊断仪观察"记忆回忆开关"参数 故障诊断仪是否显示"Memory1（记忆 1）"	至步骤 9	至步骤 11
9	① 在记忆功能开关插接器的记忆 1 开关信号电路和开关插接器的搭铁电路之间连接带 3A 熔丝的跨接线 ② 用故障诊断仪观察"记忆回忆开关"参数 故障诊断仪是否显示"Memory1（记忆 1）"	至步骤 14	至步骤 16
10	① 断开记忆功能开关线束插接器 ② 在记忆功能开关插接器的记忆 2 开关信号电路和可靠搭铁之间连接带 3A 熔丝的跨接线 ③ 故障诊断仪是否显示"Memory2（记忆 2）"	至步骤 14	至步骤 12

步　骤	操　作	是	否
11	测试驾驶人侧车门开关总成（DDSA）的记忆1开关信号电路是否断路。参见"线路系统"中的"电路测试"和"线路修理" 是否发现故障并加以排除	至步骤 20	至步骤 13
12	测试驾驶人侧车门开关总成（DDSA）的记忆2开关信号电路是否断路。参见"线路系统"中的"电路测试"和"线路修理" 是否发现故障并加以排除	至步骤 20	至步骤 13
13	检测驾驶人侧车门开关总成（DDSA）的线束插接器是否接触不良。参见"线路系统"中的"检测间歇性接触不良故障"和"线路修理" 是否发现故障并加以排除	至步骤 20	至步骤 13
14	检查记忆功能开关线束插接器是否接触不良。参见"线路系统"中的"检测间歇性接触不良故障"和"线路修理" 是否发现故障并加以排除	至步骤 20	至步骤 18
15	检查座椅位置记忆模块线束插接器是否存在接触不良。参见"线路系统"中的"检测间歇性接触不良故障"和"线路修理" 是否发现故障并加以排除	至步骤 20	至步骤 19
16	修理记忆功能开关搭铁电路中的断路故障。参见"线路系统"中的"线路修理" 是否完成了修理	至步骤 20	—
17	更换驾驶人侧车门开关总成（DDSA）。参见"车门"中的"前车门开关的更换" 是否完成了更换	至步骤 20	—
18	更换记忆功能开关。参见"记忆座椅开关的更换" 是否完成了更换	至步骤 20	—
19	更换座椅位置记忆模块。参见"计算机/集成系统"中的"控制模块参考信息"，获取有关更换、设置和编程的信息 是否完成了更换	至步骤 20	—
20	运行系统，检查修理结果 故障是否已排除	系统正常	系统正常

【任务实施】

一、实施准备

（1）学生组织　学生按照 5～6 人一组，小组内进行实训分工，主要有测量工具准备，故障分析推导等工作。

（2）实训场地及工具准备　主要包括维修车间、凯迪拉克 CTS 轿车整车、故障诊断仪、万用表、相关维修工具及设备。

二、实施步骤

1. 连接故障诊断仪（解码器），读取故障码

连接故障诊断仪，将点火开关转至 ON 位，首先进入舒适系统地址码 46，查询 DCT。凯迪拉克 CTS 车型的部分故障码见表 2-26。

表 2-26　凯迪拉克 CTS 车型的部分故障码

DCT	故障内容
B1336	座椅电动机过电流故障
B1327	蓄电池电压过低
B1420	座椅记忆模块电压故障
B1735/B1740/B1745/B1750/1755/1760/ B1815/B1820/B1830/B1835/B1845	座椅开关电路故障
B1825/B1850/B1860/B2355/B2365/B2375	位置传感器故障
B1826/B1851/B1861/B2356/B2366/B2376	位置传感器电路故障

检测结果：故障码为（　　　　　）。

2. 针对故障码做以下具体检测

（1）DCT B1336　对每个定向电动机，在两个方向操作座椅开关，针对＿＿＿＿电动机显示 B1336。断开可疑电动机的线束插接器，在两个方向操作可疑电动机开关，测试可疑电动机控制电路电流为＿＿＿＿，（电流超过 81A 持续时间超过 100ms）是否对搭铁短路。

（2）DCT B1420　测试座椅记忆模块插接器针脚 C2 针脚 F11 上的蓄电池正极电压，结果为＿＿＿＿。若低于 3V，则是记忆模块的蓄电池正极电压电路有断路故障。若高于 3V，则记忆模块线束插接器存在接触不良或导线损坏现象。

（3）DCT B1735/B1740/B1745/B1750/1755/1760/B1815/B1820/B1830/B1835/B1845接通点火开关，测试信号电路电压应为 12V。利用解码器观察"座椅位置记忆模块"数据列表中的相应座椅开关参数：＿＿＿＿。

1）若显示"启动"，则可能是其中一个座椅开关信号电路短路的触发对应的座椅开关，然后断开座椅调节器开关线束插接器，若诊断仪显示未通电，则表示插接器接触不良，若显示通电，则表示开关信号电路短路。

2）若显示"未启动"，触发座椅开关，若有变化，则为线路接触不良。

（4）DCT B1825/B1850/B1860/B2355/B2365/B2375　位置传感器电路电压应介于0.25～4.75V范围内，若不在规定范围，则：

1）断开相应的传感器插接器，接通点火开关，观察诊断仪上的传感器参数为_____，若低于2V，则在5V参考电压电路和传感器插接器信号电路之间采用3A熔丝跨接，再观察传感器参数_____。

2）若是4.75V，则测量传感器低压参考电路至搭铁端的电阻，应该为5Ω，若不是则为传感器线束插接器接触不良、传感器内部接触不良或传感器损坏。

3）若不是4.75V，则参考电路短路。

（5）DCT B1826/B1851/B1861/B2356/B2366/B2376　接通点火开关，利用故障诊断仪观察座椅位置记忆模块数据列表中传感器的参数，在"向前"或"向上"的方向触发座椅开关，电压应增加（"向后"或"向下"则应减小）；若不是，先检查座椅是否按指令方向动作，若没有则为链路连接不正确导致；再检查位置记忆模块插接器是否接触不良，若接触良好，则更换座椅记忆模块。

3. 具体维修方法

（1）斗式座椅更换方法

1）解除安全气囊，将座椅前移，以便接触前排座椅导轨装饰罩。

2）拆卸座椅导轨装饰罩。

3）从座椅导轨上拆卸座椅导轨紧固件。

4）断开座椅电气连接，从车上拆下座椅。

5）按照拆卸的相反顺序安装座椅，其中座椅导轨紧固力矩要求为30N·m。

（2）电动座椅开关的更换

1）解除安全气囊，从调节器导轨上拆卸座椅坐垫至足以接触到电动座椅开关。

2）用平刃工具轻轻撬开按钮，从开关上拆卸这些按钮。

3）在座椅的底面，找到将电动座椅开关钳框固定至座椅骨架的夹持器。

4）压动夹持器，同时轻撬钳框。

5）松开座椅垫罩J形夹持器。

6）拆卸电动座椅开关的紧固件，拆下开关。

7）从开关上断开电气插接器。

8）按拆卸的相反顺序安装新的座椅开关。

（3）座椅调节器电动机（及传感器）的更换（以水平方向为例）

1）解除安全气囊，拆卸坐垫。

2）从电动机上断开电气插接器。

3）从调节器电动机顶部拆卸螺钉。

4）拆卸座椅调节器传动拉线。

5）拆卸座椅调节器电动机（或传感器）。

6）拆卸调节器短传动拉线。

7）按拆卸的相反顺序安装新的电动机。其中电动机紧固螺钉拧紧力矩为5N·m。

（4）记忆座椅控制模块的更换

1）拆下座椅坐垫，断开电气插接器。

2）松开记忆模块紧固螺钉，拆卸座椅记忆模块。

3）按拆卸相反的顺序安装新的控制模块，其中紧固螺钉拧紧力矩要求为2N·m。

（5）座椅校准程序　对于记忆储存式电动座椅，任何一个部件更换后都应进行座椅校准工作，校准方法：使用座椅位置传感器传入的信号来确定座椅位置调节器电动机的"软停止位置"，即调节器总成时机限制位置前几毫米的位置。在更换座椅记忆模块或调节器部件之后，可能需要重新设置调节电动机的软停止位置。当完成修理工作时，应根据需要反复按下和释放座椅开关，在每个方向上操作座椅调节器开关，直到座椅位置到达机构上的硬停止位置。

 【拓展训练】

加热型座椅常见故障及诊断方法

座椅加热是利用座椅内的电加热丝对座椅内部加热，并通过热传递将热量传递给乘坐者，改善冬天时座椅因长时间停放后座椅过凉造成的乘坐不舒适感。

座椅加热器的基本结构是：下层是一层无纺布，加热丝布置在无纺布上，用固定胶带将加热丝固定在无纺布上，针织布盖在固定胶带上，并用针织线缝制成类似座椅坐垫处的形状，并缝合在座椅罩内。为了提高车内乘员的舒适性，控制座椅加热温度在一定的范围内，一般在座椅加热垫内布置了几个温度控制器，比如：

1）（50±5）℃断开，（30±5）℃接通。

2）（43±5）℃断开，（23±5）℃接通。

靠背加热器通过插接件连接到坐垫加热器电源上，坐垫加热器电源通过插接件连接到仪表板线束上，再经过座椅加热开关、熔丝、点火开关连接到蓄电池电源上。加热型座椅常见故障及诊断方法见表2-27、表2-28。

表2-27　加热型座椅一直启用

步骤	操作	是	否
参考示意图：驾驶人座椅示意图（见图2-31）或乘客座椅示意图 参考插接器端视图：电动座椅系统插接器端视图（见图2-36） 定义：驾驶人或乘客座椅保持温暖			
1	是否查阅了"加热型座椅的操作"并执行了必要的检查	至步骤2	至"症状–座椅"
2	核实加热型座椅温度调节功能不工作的投诉。加热型座椅系统的操作是否符合系统说明与操作中的描述	至"线路系统"中的"检测间歇性和接触不良故障"	至步骤3

步　骤	操　作	是	否
3	安装故障诊断仪。保持发动机关闭，并接通点火开关。使用故障诊断仪，观察"微风、通风与空调系统控制模块"数据列表中相应的"加热型座椅开关"参数	至步骤7	至步骤4
4	测试后集成模块和加热型座椅模块之间的加热型座椅控制模块高/低信号电路是否对搭铁短路。参见"线路系统"中的"电路测试"和"线路修理" 是否发现故障并加以排除	至步骤10	至步骤5
5	测试后集成模块和加热型座椅模块之间的加热型座椅控制模块状态信号电路是否对搭铁短路。参见"线路系统"中的"电路测试"和"线路修理" 是否发现故障并加以排除	至步骤10	至步骤6
6	检查加热型座椅模块线束插接器是否加热不良。参见"线路系统"中的"检测间歇性接触不良故障"和"插接器修理" 是否发现故障并加以排除	至步骤10	至步骤8
7	检查暖风、通风与空调系统控制模块线束插接器是否接触不良。参见"线路系统"中的"检测间歇性接触不良故障"和"插接器修理" 是否发现故障并加以排除	至步骤10	至步骤9
8	更换加热型座椅模块。参见"计算机/集成系统"中的"控制模块参考信息"，获取有关更换、设置和编程的信息 是否完成了更换	至步骤10	—
9	更换暖风、通风与空调系统控制模块。参见"计算机/集成系统"中的"控制模块参考信息"，获取有关更换、设置和编程的信息 是否完成了更换	至步骤10	—
10	运行系统，检查修理结果 故障是否已排除	系统正常	至步骤2

表 2-28 加热型座椅温度调节功能不工作

步 骤	操 作	是	否
参考示意图：驾驶人座椅示意图（见图 2-31）或乘客座椅示意图 参考插接器端视图：电动座椅系统插接器端视图（见图 2-36） 定义：加热型座椅或座椅靠背温度不能控制或者调节。加热型座椅系统不能打开和关闭			
1	是否查阅了"加热型座椅的操作"并执行了必要的检查	至步骤 2	至"症状 - 座椅"
2	核实加热型座椅温度调节功能不工作的投诉 加热型座椅系统的操作是否符合系统说明与操作中的描述	至"线路系统"中的"检测间歇性和接触不良故障"	至步骤 3
3	测试座椅加热型加热元件的控制电路是否对搭铁短路。参加"线路系统"中的"电路测试"和"线路修理" 是否发现故障并加以排除	至步骤 6	至步骤 4
4	检查加热型座椅模块线束插接器是否接触不良。参见"线路系统"中的"检测间歇性接触不良故障"和"插接器修理" 是否发现故障并加以排除	至步骤 6	至步骤 5
5	更换加热型座椅模块。参见"计算机/集成系统"中的"控制模块参考信息"，获取有关更换、设置和编程的信息 是否完成了更换	至步骤 6	—
6	运行系统，检查修理结果 故障是否已排除	系统正常	系统正常

 【课后测评】

一、填空题

1. 记忆储存式电动座椅完全不能动作的故障原因有_____。

2. 记忆储存式电动座椅某一方向不能动作的故障原因有_____
_____。

3. 记忆储存式电动座椅出现记忆功能混乱的可能原因有_____
_____。

4. 记忆储存式电动座椅的功能有_____、
_____。

二、选择题

1. 记忆储存式电动座椅的开关有(   )种。

A. 1 　　　　　　　　B. 2 　　　　　　　　C. 3 　　　　　　　　D. 4

2. 下列（　　）不属于电动座椅调节系统。

A. 纵向和垂向调节机构 　　　　　　B. 单向直流电动机

C. 座椅位置传感器 　　　　　　　　D. 座椅记忆控制模块

3. 下列（　　）可能导致座椅记忆功能混乱的原因。

A. 控制模块故障 　　　　　　　　　B. 记忆开关电路连接混乱

C. 熔断器烧坏 　　　　　　　　　　D. 座椅电动机损坏

三、简答题

1. 简述记忆储存式电动座椅控制电路的特点。

2. 简述记忆储存式电动座椅调节功能异常故障诊断方法。

3. 维修结束后，对于记忆座椅如何进行座椅校准？

项目三

汽车中控门锁与防盗系统的检修

【 项目描述 】

　　伴随轿车技术的发展和人们对车辆舒适性、安全性要求的不断提高，现在轿车已广泛应用中控门锁与防盗装置，技术含量越来越高，并向ECU控制多功能方向发展，这给汽车故障诊断与排除增加了一定难度。对此系统的检修应首先了解其功能，掌握其原理，再结合其控制电路进行有针对性地诊断，最后根据其检修要点进行相应的维修。本项目包含中控门锁失灵故障的检修和防盗系统功能异常引起发动机不能起动故障的检修两个任务模块。

 任务一 中控门锁失灵故障的检修

 【任务目标】

1. 知识目标
1）了解汽车中控门锁系统的结构和工作原理。
2）能够识读中控门锁系统的电路图。
2. 技能目标
1）确定中控门锁失灵故障的检修步骤。
2）使用仪器设备对中控门锁系统进行检测。
3）使用电路图进行线路检查。
4）掌握中控门锁系统各部件的检修方法与更换。

 【任务描述】

某客户来到4S店要求检查并排除车辆出现中控门锁失灵的故障，并要求详细计划每一个工作过程和步骤。

 【知识储备】

汽车上通过电动机或电磁铁操纵门锁继电器，从而控制门锁的开/关，称为电动门锁。随着对汽车安全性、可靠性和方便性要求的不断提高，现在一些中高档轿车都配置了中控门锁。这种门锁系统是在电动门锁的基础上采用 ECU 控制技术发展而来的，能够区分正常打开车门与非法打开车门。

一、中控门锁的功能和组成

1. 中控门锁系统的功能

中控门锁系统是由微机根据各个开关信号控制门锁的开、闭，可使驾驶人更加安全方便地使用汽车。汽车上装备中控门锁能给驾驶人带来方便，可以实现下列功能：

（1）手动锁定和解锁功能 当门锁控制开关被置于锁定或解锁侧时，所有的车门均被锁定或解锁。

（2）车门钥匙锁定/开锁功能 当钥匙插入到车门锁芯中顺时针或逆时针转动时，所有的车门均被锁定或解锁。

（3）两步开锁功能 在钥匙联动开锁功能中，一级开锁操作，只能以机械方式打开当前车门。二级开锁操作，则同时打开其他车门。一般来说，所有车门均可以通过前右或前左侧门上的钥匙来同时关闭和打开。

（4）防止钥匙遗忘功能 驾驶人侧的车门打开，当钥匙被遗忘在点火开关锁芯中时，

汽车舒适与安全系统检修

如操作门锁控制开关锁门，由于钥匙遗忘安全电路的存在，所有的车门先锁定，然后马上开启。

（5）安全功能 为了防止有人用棒或类似物从车门玻璃和车窗框之间的空隙拨动门锁控制开关来开启车门，可用车钥匙或发射机（无线门锁遥控器）设置门锁安全功能并且使门锁控制开关的开锁操作无效。

（6）无钥匙电动车窗的功能 在某些门锁控制系统中，如果车主下车锁车门时有车窗没有关闭，集成继电器中的无钥匙继电器就将控制电动车窗系统的电源，使电动车窗自动关闭。

2. 中控门锁系统的组成

中控门锁系统一般由门锁开关、门锁控制器和门锁执行机构组成，中控门锁系统零部件的位置如图3-1所示。

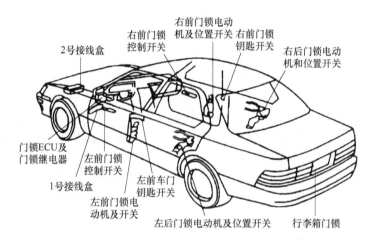

图3-1 中控门锁系统零部件的位置

（1）中央闭锁装置 中央闭锁装置由电动闭锁器、控制器和连接部件等组成，可以由驾驶人集中开闭汽车的前左、后左、前右、后右及行李箱五个门锁。

（2）门锁控制开关 主控开关一般安装在驾驶人侧前门内的扶手上，分控开关装在每个前门的钥匙门上，通过门锁控制开关可以同时锁上和打开所有的车门，如图3-2a所示。

钥匙操纵开关安装在每个前门的钥匙门上，当从外面用钥匙开门或关门时，钥匙控制开关便发出开门或锁门的信号给门锁控制 ECU 或门锁控制继电器，如图3-2b所示。

（3）门锁总成 门锁总成由门锁传动机构（主要由门锁电动机、蜗杆蜗轮机构等组成）、门锁位置开关和外壳等组成，如图3-3所示。门锁位置开关的作用是当锁杆推向锁门位置时开关断开，推向开门位置时接通。当车门关闭时，此开关断开；当车门打开时，此开关接通，如图3-4所示。

（4）门锁 ECU 及继电器 门锁 ECU 及继电器是中控门锁系统的控制中枢，接收门锁控制开关及钥匙操纵开关的信号，控制门锁电动机、行李箱门开启器等动作，实现锁门和开锁等动作。

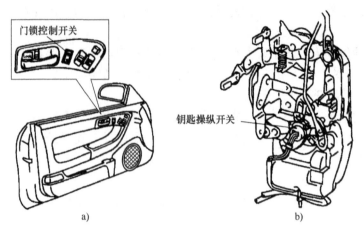

a) b)

图 3-2 门锁控制开关

a) 门锁主控开关 b) 钥匙操纵开关

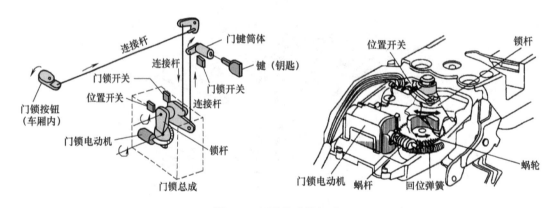

图 3-3 门锁总成的组成

二、中控门锁的结构

常用的中控门锁按驱动方式的不同可分为直流电动机式、电磁线圈式和双向压力泵式。在很多车辆上，中控门锁还与防盗系统一同工作。

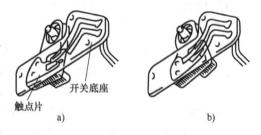

图 3-4 门锁位置开关

a) 锁紧（断开） b) 未锁（接通）

1. 直流电动机式

直流电动机式中控门锁主要由双向电动机、导线、继电器、门锁开关及连杆操纵机构组成，直流电动机式中控门锁的操纵机构如图 3-5 所示。执行机构的作用是根据电路中电流方向的不同而实现闭锁或开锁。当门锁电动机运转时，通过门锁操作连杆操纵门锁动作，电动机的旋转方向是由经过电枢的电流方向决定的。利用控制直流电动机的正反转来实现门锁的开、关动作。

2. 电磁线圈式

行李箱门开启器装在行李箱门上，一般用电磁线圈代替电动机，如图 3-6 所示。将钥匙插进钥匙门内顺时针旋转打开钥匙门，主开关接通，当电磁线圈通电时，插棒式活动铁心将轴拉入，这样便可用行李箱门开启器打开行李箱。

行李箱门控开关用来探测车门的开闭情况：当车门打开时，门控开关接通；当车门关闭时，门控开关断开。一般该开关位于仪表板下面或驾驶人座椅左侧车厢底板上，拉动此开关便能打开行李箱门。

电磁线圈式门锁执行机构如图3-7所示。当给锁门线圈通正向电流时，衔铁带动连杆左移，锁门；当给开门线圈通反向电流时，衔铁带动连杆右移，开门。

3. 双向压力泵式

双向压力泵式中控门锁利用双向空气压力泵产生压力或真空，通过膜盒来完成门锁的开关动作，其主要由机械部分、空气管路和电路三部分组成，是一个独立的控制系统。

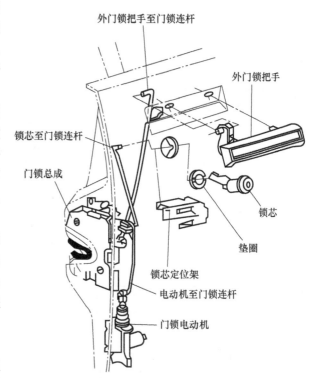

图3-5　直流电动机式中控门锁的操纵机构

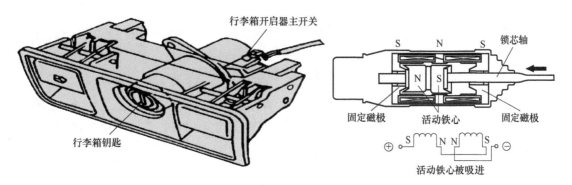

图3-6　行李箱门开启器开关

当用钥匙或用手拉起前门的任一门锁锁扣来打开门锁时，门锁执行元件中的门锁开关的开锁触点I闭合，如图3-8所示，中控门锁控制单元收到此信号后，立即控制双向压力泵转动以压缩空气，系统管路中的气体呈正压，气体进入四个车门及行李箱的执行元件（膜盒）内，膜片推动连接杆向上运动，把各门锁打开。

三、汽车中控门锁系统的工作原理

汽车门锁机构在工作时要消耗电能，为缩短工作时间，门锁电路装有定时装置。这

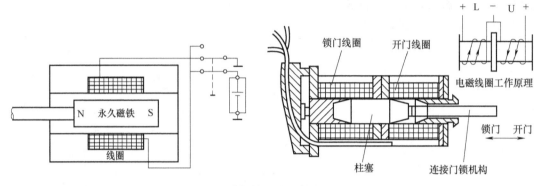

图 3-7 电磁线圈式门锁执行机构

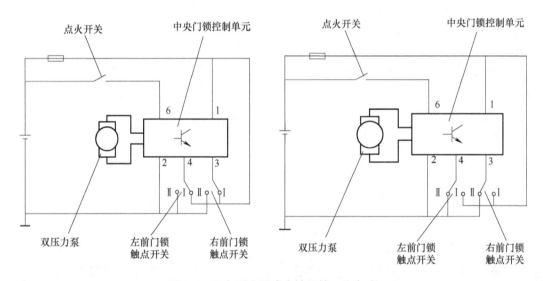

图 3-8 双向压力泵式中控门锁工作电路

种装置的工作原理一般是利用电容器的充放电特性，在超过规定时间后，输送给门锁机构的电流就自行中断，正常锁门或开门也如此，定时装置可以保护电路和用电器的安全。

四门轿车使用电动机多，为防止电控门锁开关过载，一般增装继电器，通过门锁开关控制继电器，再控制电动机。为门锁执行机构提供锁/开脉冲电流的控制装置称为门锁控制器，常用形式有以下三种：

1. 晶体管式门锁控制器

晶体管式门锁控制器内部有两个继电器：一个管锁门，另一个管开门。继电器由晶体管开关控制，它利用电容器的充放电过程控制一定的脉冲电流持续时间，使执行机构完成锁门和开门动作，其电路如图 3-9 所示。

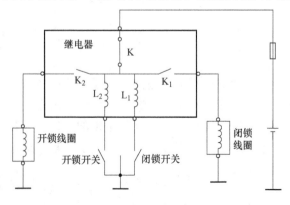

图 3-9 晶体管式门锁控制器电路图

2. 电容式门锁控制器

电容式门锁控制器是利用电容充放电特性，平时电容器充足电，工作时把它接入控制电路使电路放电，使两电路之一通电而短时吸合。电容器完全放电后，通过继电器的电容中断而使其触点断开，门锁系统不再工作，其电路如图3-10所示。

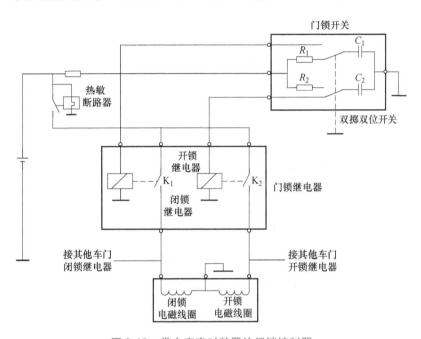

图 3-10 带电容定时装置的门锁控制器

3. 车速感应式门锁控制器

车速感应式门锁就是在中控门锁系统中加载车速为10km/h的感应开关，当车速在10km/h以上时，若车门未上锁，驾驶人不需动手，门锁控制器自动将门上锁。

如果个别车门要自行开门或锁门可分别操作，其电路如图3-11所示。当点火开关接通时，电流流经警告灯可使三个车门的警告灯开关（此时门未锁）搭铁，警告灯亮。若按下锁门开关，定时器使晶体管 VT_2 导通一下，在晶体管 VT_2 导通期间，锁定继电器线圈 K_1 通电，动合触点闭合，门锁执行机构通正向电流，执行锁门动作。当按下开锁开关，则开锁继电器线圈 K_2 通电，动合触点闭合，门锁执行机构通反向电流，执行开门动作。

当汽车行驶时，若车门未锁，且车速低于10km/h时，置于车速表内的10km开关闭合，此时稳态电路不向晶体管 VT_1 提供基极电流。当行车速度高于10km/h时，10km/h车速感应开关断开，此时稳态电路给晶体管 VT_1 提供基极电流，VT_1 导通，定时器触发端经 VT_1 和车门报警开关搭铁，如同按下锁门开关一样，使车门锁定，从而保证行车安全。

四、典型中控门锁的组成和控制电路

1. 桑塔纳2000中控门锁

（1）桑塔纳2000汽车中控门锁的组成及布置 中控门锁的锁闭与开启方式有两种，

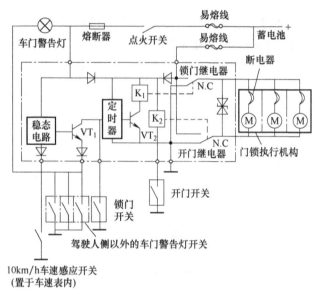

图 3-11　车速感应式中控门锁电路图

如图 3-12 所示。一种方式是独立地按下或提起右前、右后和左后车门上的门锁提钮可分别锁闭或开启这三个车门的门锁。另一种方式是通过设在左前门上的闭锁提钮或门锁钥匙，对四个车门门锁的锁闭和开启进行集中控制。

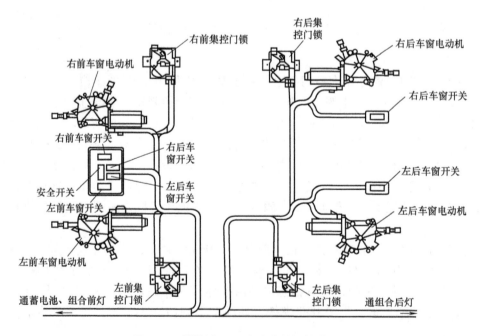

图 3-12　桑塔纳 2000 汽车中控门锁的组成

　　（2）中控门锁的电路分析及控制元器件检测　中控门锁的锁闭与开启控制电路如图 3-13 所示。

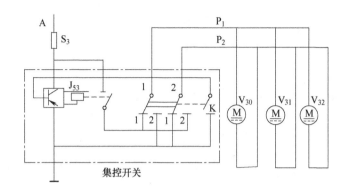

图 3-13　中控门锁的锁闭与开启控制电路

P₁、P₂—内部电源线　J₅₃—左前中控门锁控制器　V₃₀—左前中控门锁电动机

V₃₁—右后中控门锁电动机　V₃₂—左后中控门锁电动机

如果将左前门门锁操纵提钮拔起，集控开关第 2 位触点被断开，第 1 位触点闭合。集控开关附带的控制触点 K 又被短暂闭合，从而使 J₅₃ 的触点再次闭合 1 ~ 2s，则电源经 J₅₃ 的闭合触点和集控开关第一掷第 1 位加至内部电源线 P₁，而电源的负极经集控开关第二掷第 1 位加至内部电源线 P₂。内部电源的供电电压极性改变。电动机 V₃₀、V₃₁ 和 V₃₂ 正转，带动各自的门锁开启 1 ~ 2s 后，J₅₃ 控制其已闭合的触点断开，电动机停转。

如果将左前门门锁提钮压下，集控开关第 2 位触点被接通。电源经熔丝并通过 J₅₃ 的闭合触点及集控开关第二掷第 2 位加至中控门锁内部电源线 P₂，与此同时电源的负极经集控开关第一掷第 2 位加至中控门锁内部电源线 P₁。电动机 V₃₀、V₃₁ 和 V₃₂ 反转，带动各自门锁锁闭。1 ~ 2s 后，J₅₃ 控制其已闭合的触点断开，从而切断电动机供电电源，电动机停转，并一直保持此状态。由于电源为车内相线，与蓄电池直接相连，所以中控门锁对门锁的控制与点火开关的位置无关。

2. 别克凯越中控门锁

别克凯越中控门锁的控制电路图如图 3-14 所示，其工作过程如下：

（1）用门锁控制开关锁门和开锁

① 锁门 LOCK　端子 10 搭铁，将 Tr₁ 导通，电流流至锁止继电器线圈，锁止继电器开关闭合，电流自上而下流至门锁电动机，所有车门均被锁住。

② 开锁 UNLOCK　端子 11 搭铁，将 Tr₂ 导通，电流流至解锁继电器线圈，解锁继电器开关闭合，电流自下而上流至门锁电动机，所有的车门打开。

（2）用钥匙操纵开关锁门和开锁

① 锁门　端子 12 搭铁，将 Tr₁ 导通，电流流至锁止继电器线圈，锁止继电器开关闭合，电流自上而下流至门锁电动机，所有车门均被锁住。

② 开锁　端子 9 搭铁，将 Tr₂ 导通，电流流至解锁继电器线圈，解锁继电器开关闭合，电流自下而上流至门锁电动机，所有的车门打开。

3. 丰田 VIOS 中控门锁

丰田 VIOS 中控门锁控制电路图如图 3-15 所示。

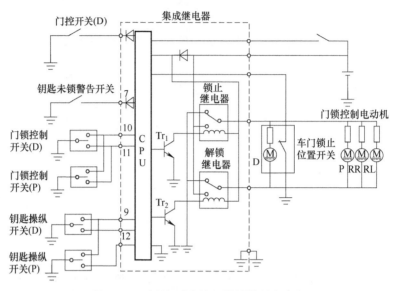

图 3-14　别克凯越中控门锁的控制电路图

五、中控门锁的常见故障检修

中控门锁的故障现象、可能原因及排除方法见表3-1，故障诊断流程如图3-16、图3-17和图3-18所示。

表3-1　中控门锁的故障现象、可能原因及排除方法

故障现象	可能原因	排除方法
当用钥匙转动驾驶人侧的门锁时或操作驾驶人侧门锁内侧的车门锁钮时，其他车门锁不住或不能开锁	插接器连接不正确或配线错误 门锁促动器失灵 驾驶人侧车门促动器开关失灵 电动车窗开关失灵	检查按如图3-16所示的流程进行
当用钥匙转动乘客侧的门锁时，其他车门锁不住或不能开锁（当用钥匙转动驾驶人侧的门锁时能锁住和开锁）	插接器连接不正确或配线失误 乘客侧车门锁芯开关失灵 门锁促动器失灵	检查按如图3-17所示的流程进行
所有门锁都不动作	控制ECU供电电路故障 控制ECU搭铁电路故障 控制ECU故障	检查按如图3-18所示的流程进行
操纵门锁控制开关，不能开门（或锁门）	门锁控制开关接触不良 门锁继电器工作不良	—
操纵门锁控制开关，某个车门锁不动作	门锁电动机损坏、门锁电动机线束断路或松脱、连杆操纵机构损坏	—

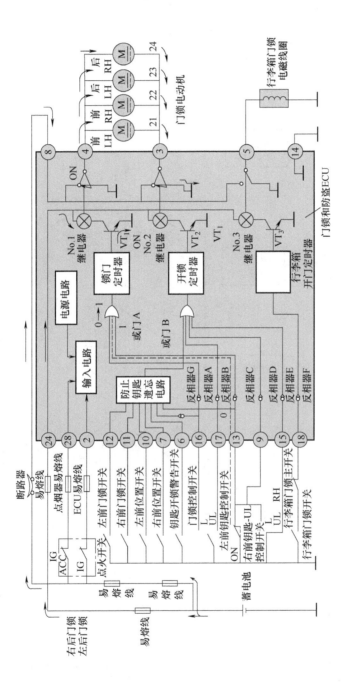

图 3-15 丰田 VIOS 中控门锁控制电路图

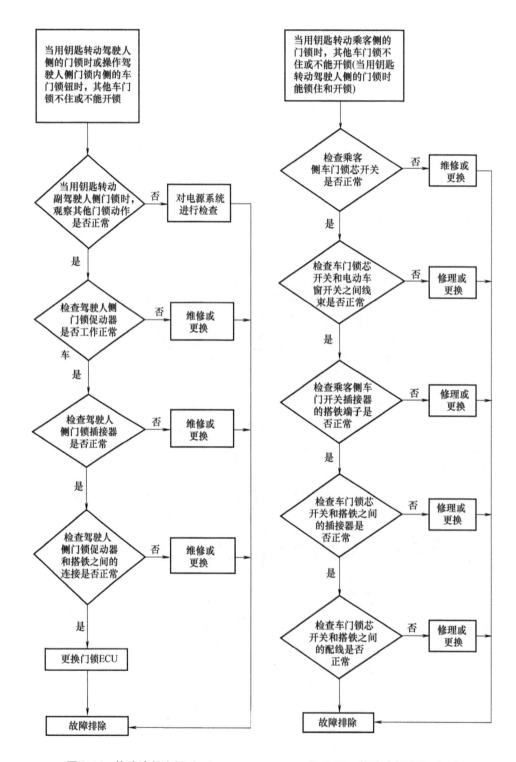

图 3-16　故障诊断流程（一）　　　　　图 3-17　故障诊断流程（二）

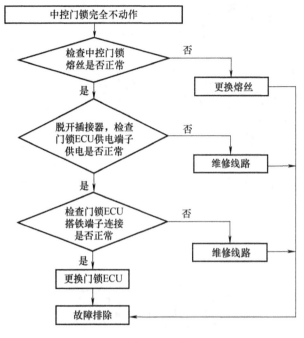

图 3-18 故障诊断流程（三）

 【任务实施】

一、实施准备

（1）学生组织 学生按照 5～6 人一组，小组内进行实训分工，主要有测量工具准备、故障分析推导等工作。

（2）实训场地及工具准备 主要包括维修车间、整车一辆、故障诊断仪、万用表、相关维修工具及设备。

二、实施步骤

以中华汽车为例，介绍中控门锁元器件的检查方法。

1. 车门锁芯开关的检查

可利用万用表检查端子的导通规律，中华汽车车门锁芯开关结构及导通规律如图 3-19 所示。

2. 车门锁电动机的检查

车门锁电动机的安装位置如图 3-20 所示。可利用蓄电池进行直接驱动，观察其正反转运转状态是否正常，操作方法如图 3-21 所示。

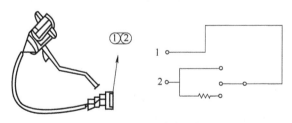

图 3-19 中华汽车车门锁芯开关结构及导通规律

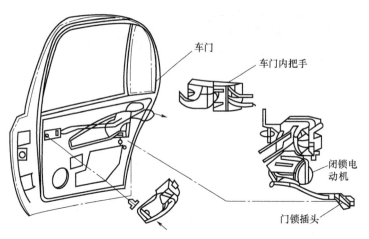

图 3-20 车门锁电动机的安装位置

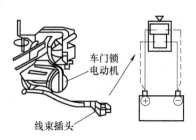

图 3-21 车门锁电动机的检查

3. 填写实训记录单

实训记录单见表 3-2。

表 3-2 实训记录单

班级		车型	
姓名		发动机型号	
学号		VIN 码	
年款		行驶里程	

1）用万用表检测中控门锁电动机的电阻为（　　）Ω，标准值为（　　）Ω。判断一下是否正常？

2）将后门锁电动机插接器断开，将万用表调整到 20V 电压档，检测线束侧的电压，用钥匙进行开闭锁控制，描述电压的变化。

_____

_____

是否符合变化规律？

_____

3）简述门锁电动机的更换流程：_____

_____

_____

_____

4）如何确定某个门锁电动机故障？

_____

5）如何确定集控开关故障？

_____

6）本次实训存在的疑问有哪些？最大的难点是什么？

_____

_____

_____

三、场地清理，现场 5S

针对维修中更换的零部件和废气液体，要分门别类地进行处理，避免造成资源浪费和环境污染。

【拓展训练】

无线遥控门锁系统

中控门锁的无线遥控功能是指不用把钥匙键插入锁孔中就可以远距离开门和锁门。遥控的基本原理：从车主身边发出微弱的电波，由汽车天线接收该电波的信号，经 ECU 识别信号代码，再由该系统的执行器（电动机或电磁线圈）执行启、闭锁的动作。无线遥控系统为车主打开门锁提供了一个方便手段，同时，这个系统还可以提供相关的行李箱、灯光和喇叭的控制功能。

1. 遥控门锁系统的组成

遥控门锁系统包括遥控钥匙（发射器）、车门控制接收器（天线）、集成继电器和门锁总成等组成，如图 3-22 所示。

遥控门锁系统的工作过程如图 3-23 所示，车门控制接收器接收发射器发出的信号，并将操作信号送到集成继电器。集成继电器收到操作信号时控制门锁电动机，除这一功能外，集成继电器还有自动锁定功能、重复功能、应答及其他功能。

发射器在键板上与通信电路组成一体，如图 3-24 所示。从识别代码储存回路到 FSK 调制回路，由于采用单芯片集成电路而使体积小型化，集成电路的背面为锂离子蓄电池。发射开关每按一次，接收器便接收一次上锁或解锁命令。发射器将次载波的频率按照数字识别代码信号进行频率偏移调制（FSK），再进行 FM 调制和发射，而不受外来杂音的干扰。FM 波由汽车无线电调频机的 FM 天线进行接收，通过分配器进入接收机 ECU 的高频增幅处理器进行处理，与储存的识别代码进行比较。如果正确，则输入控制电路，控制执行元件工作。

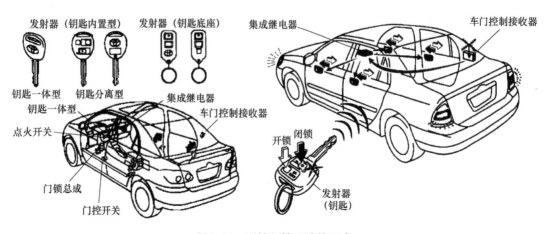

图 3-22　遥控门锁系统的组成

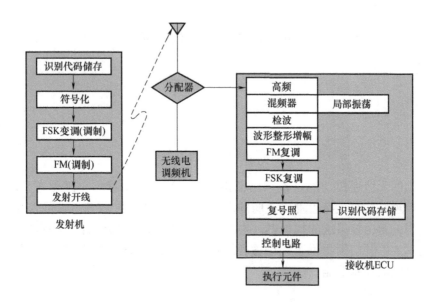

图 3-23　遥控门锁系统的工作过程

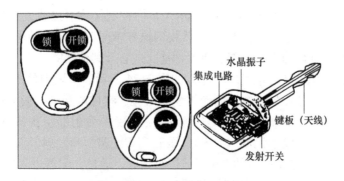

图 3-24　遥控钥匙（发射器）

2. 遥控门锁系统电路（图3-25）

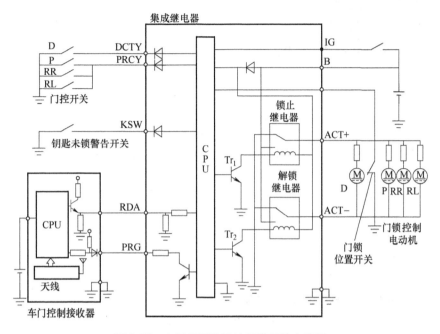

图3-25　丰田VIOS遥控门锁系统电路图

3. 遥控门锁系统典型故障分析（表3-3）

表3-3　遥控门锁系统典型故障分析

故障现象	故障原因分析
仅遥控控制功能不工作	遥控器电池缺电 发射器损坏 DOME、ECU-IG熔丝损坏 钥匙未锁警告开关损坏 门锁继电器总成损坏 门锁和防盗ECU损坏 线束损坏

4. 遥控器基本功能的检查

1）将钥匙上的任何开关按三次，检查发射器的发光二极管是否亮三次。若发光二极管没有闪烁，说明遥控器缺电，应更换遥控器电池。

2）检查能否用遥控器锁上和打开所有的车门。

3）当按下LOCK按钮时，检查警告灯应闪烁一次，同时锁上所有的车门。

4）当按下UNLOCK按钮时，检查警告灯应闪烁两次，同时打开所有的车门。

5）当按住PANIC按钮时长不少于1.5s时，检查防盗警报器应该鸣叫，警告灯开始闪烁；当再次按下UNLOCK按钮或PANIC按钮时，声音和闪烁应停止。

6）将钥匙插入点火开关，钥匙未锁报警开关接通，拔出钥匙，钥匙未锁报警开关断开。

当检查无线门锁的工作情况时应注意以下问题：

1）电动门锁系统工作正常。

2）所有的车门均关闭（若有任意一个门开着，则其他的车门无法锁上）。

3）点火开关钥匙孔里没有钥匙。

 【课后测评】

一、填空题

门锁控制器常见的有_____、_____和_____三种类型。

二、选择题

1. 中控门锁系统中的门锁控制开关用于控制所有车门锁的开关，安装在（　　　）。

A. 驾驶人侧门的内侧扶手上

B. 每个车门上

C. 门锁总成中

2. 门锁控制开关的作用是（　　　）。

A. 在任意一车门外侧实现开锁和锁门动作

B. 在任意一车门内侧实现开锁和锁门动作

C. 在驾驶人侧车门内侧实现开锁和锁门动作

三、简答题

1. 简述中控门锁的作用。

2. 简述中控门锁系统的组成和工作原理。

3. 丰田 VIOS 轿车中控门锁系统能开锁而不能上锁，请写出诊断流程。

4. 丰田威驰轿车遥控门锁系统失灵，请写出检查步骤。

【任务目标】

1. 知识目标
1) 了解防盗系统的结构和工作原理。
2) 能够正确识读该系统的电路图。
2. 技能目标
1) 确定防盗系统故障的检修步骤。
2) 使用仪器设备对系统进行检测。
3) 使用电路图进行线路检查。
4) 掌握各部件的检修方法与更换。

【任务描述】

加装了防盗报警器的汽车，防盗系统报警，发动机无法正常工作，要求检查并排除该车防盗系统的故障，并要求详细计划每一个工作过程和步骤。

【知识储备】

一、防盗系统基础知识

汽车防盗系统是指汽车本身或车上的物品被盗所设置的系统。电子防盗控制系统使盗车人无法用通常的机械或电器方法起动发动机，同时防盗代码可随机产生。轿车防盗系统的组成及安装位置如图3-26所示。钥匙防盗系统又称为发动机电子防盗系统，可以起到很好的防盗作用。除非使用的点火开关钥匙为本车辆注册的钥匙，否则钥匙防盗系统控制车辆不能起动。除了当前配备的遥控防盗系统外，钥匙防盗系统更大程度上降低了汽车被偷窃率。

1. 钥匙防盗系统的工作原理

点火钥匙拥有特定的电阻片，点火锁芯含有电阻感应触点，两个触点与点火钥匙上的电阻片相接触。当点火钥匙插入锁芯时，电阻片形成钥匙检测电路；当点火钥匙处于 ON 位时，车身控制模块便向检测电路提供5V参考电压，车身控制模块通过判断钥匙电阻的所降电压，判断电阻片的代码，并将其与所保存的代码比较，检查是否一致。如果两个代码一致车辆便能顺利起动，否则车身控制模块便通过二级数据串行线与动力系统控制模块通信，便中止防盗继电器且停止向发动机供油，使发动机不能起动，从而达到车辆防盗的作用。在实际工作中，常会出现点火锁芯触点及钥匙上的电阻片接触不良的故障，导致汽车不能起动。

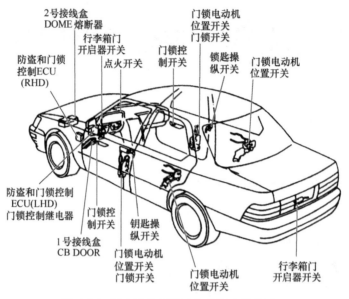

图 3-26 轿车防盗系统的组成及安装位置

高级钥匙第一次作为可选设备出现在新款奥迪 A5 中，在车门外把手上，不再配备任何中控锁按键。触摸外把手上的电容传感器即可打开和关闭车门，如图 3-27 所示。通过车主随身携带的智能卡里的芯片感应自动开关门锁；当车主走进车辆一定距离时，门锁会自动打开并解除防盗。当车主离开车辆时，门锁会自动锁上并进入防盗状态。一般装备有遥控门锁系统的车辆，其车门把手上有感应按钮和接近传感器，同时也有钥匙孔，以防智能卡损坏或没电时，车主仍能用普通方式开启车门。每把钥匙内嵌有一个防盗转换器（发射器），将钥匙插入点火开关锁芯并将其旋转至 ON 位时，电子防盗 ECU 与钥匙之

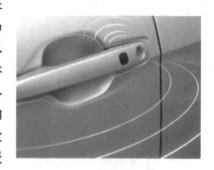

图 3-27 钥匙开关

间通过无线射频的方式进行通信。如果钥匙被认为是合法的，则防盗 ECU 与发动机 ECU 进行密码验证。如果密码验证正确，则允许发动机起动，即点火和喷油。

2. 钥匙防盗系统的部件

钥匙防盗系统包括位于点火钥匙内的发射器、点火开关内的天线线圈、编码的钥匙防盗模块（电子防盗 ECU）、指示灯、发动机 ECU。

（1）发射器　发射器有一个高级加密法则。当注册钥匙时，在发射器内进行编程，即设定车辆特定信息代码。车辆特定信息代码记录在发射器的永久存储器中。

（2）天线线圈　天线线圈具有提供电源至发射器、接收来自发射器的信号、传送发射器信号至钥匙防盗模块等功能。

（3）钥匙防盗模块　钥匙防盗模块与点火钥匙内的发射器之间进行无线射频通信，把来自发射器的由天线线圈捕捉的无线射频信号转换为串行通信信号。

（4）发动机 ECU　发动机 ECU 利用指定的加密法则进行点火开关钥匙的认证。在发射器进行编程时，ECU 同时也进行相同的编码。只有结果相等时，发动机才能起动。所

有对车辆有效的发射器数据都储存在 ECU 中。

3. 汽车防盗报警器的功能

汽车防盗报警器的主要功能如下：

1）防盗设定与解除。其主要作用是警戒车辆，以防被盗或受侵害。

2）全自动设防。若车主忘记设防，报警器将自动进入防盗警戒状态。

3）静音设置与静音解除。适合夜间、医院等特殊环境下使用。

4）二次设防。设防解除后，若 30s 内车主未打开车门，则主机自动进入防盗状态。

5）寻找车辆功能。在停车场内帮助车主寻找车辆。

6）求救。在紧急事态发生时，能设定紧急呼救。

7）振动感应器暂时关闭。遇到恶劣天气，但车辆处于安全环境下，使用此功能可减少误报警和噪声。

8）进厂维修模式。适用于车辆进厂维修，遥控器无须交给维修厂，安全方便。

9）行车时控制功能。点火后车门自动落锁，熄火后车门自动开锁，车辆使用安全方便。

10）密码抗扫描。ECU 自动判别密码正确与否，并过滤扫描器信号；杜绝扫描密码，故可防止使用扫描器扫描报警密码盗车。

11）跳码防止拷贝。当每次进行设防和解除警戒时，主机及遥控器都同时更改密码，防止盗贼使用无线电解码器解码盗车。

12）遥控功能。提高效率，节省暖车时间。

二、大众防盗系统

1. 第四代防盗系统

（1）第四代防盗系统的组成　第四代防盗系统与第三代防盗系统功能形式上基本一致，只是部件的匹配需要在线进行，第四代防盗报警器不是一个单独的控制单元，而是一项功能。如图 3-28 所示，该防盗系统由 FAZIT 中心数据库、防盗控制单元（J518）、转向柱锁控制单元（J533）、进入起动授权开关（E415）、芯片钥匙识别线圈、发动机控制单元（J623）组成。发动机控制单元（J623）如图 3-29 所示。钥匙码的发射和接收过程如图 3-30 所示。

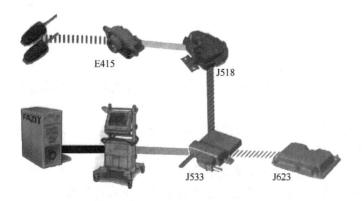

图 3-28　大众第四代防盗系统

图 3-29　发动机控制单元（J623）

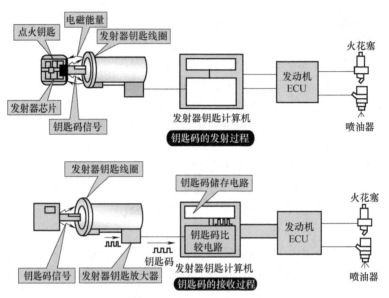

图 3-30 钥匙码的发射和接收过程

防盗控制单元内集成有机电式转向柱锁止机构。

1）接线柱控制。使用和起动授权控制单元将接线柱 15/75X、50、S 和 P 的信息放到 CAN 舒适总线上。然后控制单元操纵接线柱 15 和 75X 的继电器，并将起动请求信号发送给发动机控制单元。

2）锁止转向柱。在使用和起动授权控制单元内集成有用于锁止转向柱的电动机和传动机构。有两个集成的微开关用于检查锁止位置，只有当转向系统完全开锁时，15 号接线柱才接通。

3）防盗锁和元件保护。控制单元 J518 是上述这些功能的主控单元，包括"部件保护功能"。"部件保护功能"需要上网在线进行解除，不再是简单的密码解除了。

（2）第四代防盗系统的特点

1）第四代防盗系统与发动机控制模块之间的数据通过动力 CAN 总线进行传输，数据传输的安全性得到提高。

2）由于每一辆车的防盗数据储存在大众总部的 FAZIT 中央数据库，而不是储存在车辆上的防盗控制单元内，并且经 FAZIT 数据库只能通过大众专用的测试仪，所以钥匙供应/更换过程中的安全性得到提高。

（3）第四代防盗系统的诊断与维修

第四代防盗系统遥控器的匹配程序如下：

1）将相应的带遥控器的车辆钥匙插入点火开关，通过系统键盘输入带遥控器功能钥匙的数据。

2）在系统激活适配功能时，依次按一下待匹配钥匙的开锁或闭锁键至少 1s 以上，随着 15s 的适配时间上限截止，钥匙的匹配过程自动结束。

3）尽管显示遥控器已经成功匹配，如果出现操作遥控器不能开、闭锁的现象，进入舒适系统中央控制单元数据模块，读取开锁、闭锁遥控信号是否处于正常接收状态。

4）此时如操作左前门的车内中控制键也同样失效，说明新更换的舒适系统中央控制单元处于工厂模式。

5）通过 V. A. S505X 功能引导关闭工厂模式，完成后车辆开/闭锁功能恢复正常。

6）至此工作并没有结束。因为此时进入 J393 查询故障码，通常会有左、右后门 ECU 无信号/通信的故障储存，且无法清除，这是因为新的舒适系统中央控制单元预置的长编码与本车实际配置不符，需要按原来记录的长编码重新更改。改写编码后故障码自动变为偶发故障，可以清除。

7）退出功能引导，进入系统收集服务功能清除所有 ECU 的故障码，确认无故障码储存后，起动车辆，确认是否正常，此时利用引导功能中的测量数据功能，再读取舒适系统中央控制单元内防盗模块数据流。

① 显示防盗锁止系统使用状态为正常值"6"。

② 防盗锁止系统状态为正常值"0"。

③ 授权钥匙为"是"。

④ 已配的钥匙为"1"。

⑤ 发动机控制单元应答为"是"。

⑥ 许可起动过程为"是"。

至此，完成更换舒适系统中央控制单元，结束防盗匹配，恢复车辆运行。

2. 第五代防盗系统

（1）第五代防盗系统的组成　大众第五代防盗报警器主要由舒适系统控制单元、转向柱锁控制单元、遥控钥匙、发动机控制单元、变速器控制单元、FAZIT 中心数据库组成。

（2）第五代防盗系统的特点　作为第四代防盗报警器的升级版，第五代防盗报警器在维修服务上与第四代基本保持一致，只是在使用诊断仪进行有关防盗报警器方面的工作程序得到了极大简化。防盗控制单元集成在舒适系统控制单元 J393 内，取消了车门外把手上的中控门锁按钮。车门的闭锁过程和解锁过程通过触摸车门外把手上的电容传感器激活，与第四代防盗报警器相比，第五代防盗报警器有如下特点：

1）第五代防盗报警器内的部件，除了钥匙外，可以在不同车辆之间互换。

2）刚刚订购的新钥匙在没有匹配前，插入点火开关，按下一键自动按钮也可以起动车辆。

3）如果钥匙丢失，仍然可以通过诊断仪连接到数据库 FAZIT，打开点火开关。

4）没有使用过的新部件是可以在大众所有品牌适用车型内互换的。但如果完成了匹配，则只能在该品牌的车辆之间互换。

5）在第五代防盗报警器中，执行在线部件匹配时，中心数据库 FAZIT 会等待匹配是否成功的反馈信息，所以与第四代防盗报警器相比，匹配成功的可信度更高。

（3）如何进行第五代车辆锁定及解锁

1）驾驶人将手放入车门把手的凹槽内，车门外把手接触传感器 G605 就会将"手指已放入把手凹槽"这个信息发送给舒适系统中央控制单元 J393，如图 3-31 所示。

2）天线通过智能进入起动装置，车内天线 R138 将一个唤醒信号发送到车钥匙上。

3）车钥匙根据这些信号确定钥匙在车上的位置，并将这个信息发送到中控门锁和防盗警报装置天线 R47。

4）中控门锁和防盗警报装置天线接收到信息，然后把这个信息传送给舒适系统中央

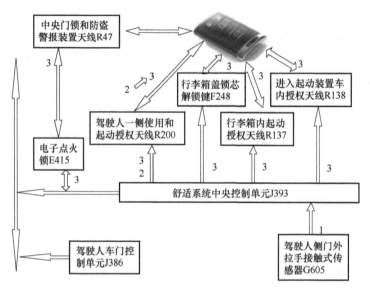

图 3-31　第五代防盗系统车辆锁定及解锁过程

控制单元 J393。

5）收到舒适系统中央控制单元 J393 命令的车门控制单元再授权相应的锁芯，这样就打开了该车门。

6）舒适系统中央控制单元 J393 将"打开车门"信息发送到舒适 CAN 总线上。

三、电子防盗系统的检修

在正常情况下，如果有人采取非法手段企图起动进入防盗状态的发动机，防盗控制模块将采取干扰措施，关闭发动机的点火电路或喷油器电路，并设置故障码。

1. 电子防盗系统被触发的特征

当配置电子防盗系统的汽车出现无法起动的故障时，首先需要判断是电子防盗系统锁死，还是发动机本身存在故障。如果发动机起动 2s 后熄火，就要考虑电子防盗系统是否被触发，不要匆忙拆卸无关部位。

判断电子防盗系统是否锁死的简便方法如下：

1）看发动机是否一会容易起动，一会又不容易起动。如果这样，说明不是防盗系统锁死。电子防盗系统锁死的特征是发动机能够起动，但 2～10s 后自动熄火，并再不能起动。

2）看组合仪表上的防盗指示灯是否点亮。如果该指示灯点亮，说明防盗系统已经锁死；如果该指示灯不亮，有喷油信号但较弱，并不是电子防盗系统锁死。

3）检测组合仪表控制单元，如果有相关的故障码储存，说明电子防盗系统已经锁死。

电子防盗系统锁死后，一般需要采用故障诊断仪并输入特定的密码，才能解锁。

2. 防盗密码的获取途径

防盗密码是防盗控制模块识别是否属于合法用户的主要依据，其功能是用于解密和重新配置钥匙。在许多情况下，所谓"防盗密码"，其实就是钥匙的电阻值。

防盗密码的获取途径有以下几种：

1）在防盗控制模块上贴有 14 位识别码和 4 位数密码。

2）从钥匙牌上找。新车的防盗密码隐含在汽车的钥匙牌上，刮去钥匙牌上的黑胶就会显示 4 位数防盗密码。

3）从杂物箱内寻找。有的轿车的防盗密码粘贴在前排乘员座前面的杂物箱左侧。

4）有的轿车的防盗密码夹在用户手册中。

5）有的轿车的防盗密码粘贴在新车的行李箱内。

6）如果以上位置都找不到防盗密码，可以直接连接故障诊断仪，进入"防盗系统"，几秒后就会显示防盗控制模块的 14 位识别码，然后据此向销售商服务热线查询防盗密码。

3. 防盗系统失常的解决办法

（1）报警喇叭经常鸣叫　有的轿车停放在路边并设定防盗状态后，当大型车辆或重型车辆经过时，就会引起报警喇叭鸣叫，这是由于振动感应器太灵敏的缘故。在电子防盗系统中，安装了一个振动感应器，用于感测车身振动的强度。如果它的灵敏度过高，一旦有动静就会引起鸣叫报警，可以调整其灵敏度。调整旋钮安装在振动感应器上或主机盒内。可以取下防盗系统的感应器，或将防盗报警器主机插扣板连线取下。一般都留有调整孔，当调整安装在主机盒内的调整旋钮时，不必拆开主机。

如果车辆没有明显振动，过一段时间报警喇叭自动鸣叫，这种现象往往是因为车门没有关闭好、车灯开关不良和连接线短路造成的。

（2）防盗状态无法解除　故障现象是，在冬季的早晨，用遥控器发出解锁信号时，系统没有正常的反应，车门无法打开，车辆无法起动。这种现象可能是蓄电池的电压达不到防盗报警器的启动电压造成的。处理方法是，确认蓄电池的存电量，检查接线柱是否松动和被腐蚀，电解液是否缺失，必要时更换蓄电池。如果遥控器上的电池亏电，信号弱，也会造成防盗状态无法解除，此情况只需更换纽扣电池。

4. 电子防盗指示灯识读要领

在轿车仪表板上安装有防盗指示灯，当电子防盗系统出现故障时，利用防盗指示灯的不同显示可以初步判断故障原因。

1）将点火开关转到 ON 位，如果防盗指示灯点亮 3s 后熄灭，说明电子防盗系统正常。

2）将点火开关转到 ON 位，如果防盗指示灯持续点亮 60s，说明点火钥匙的匹配过程有误。

3）将点火开关转到 ON 位 2.5s 后，如果防盗指示灯开始闪烁并持续 60s，说明点火钥匙中没有密码芯片，或者使用了没有授权的钥匙。

4）将点火开关转到 ON 位，如果防盗指示灯立即闪烁并持续 60s，说明识读线圈或数据线出现功能性故障。

5. 电子防盗系统锁死后的匹配

所谓匹配，是指 ECU 与电子元件之间的相互适应和确认，即在发动机 ECU、防盗控制模块和钥匙之间相互移除旧代码，并写入新的代码。防盗控制模块与发动机 ECU 匹配后，即纳入发动机电子管理系统范围内。

在下列情况下，电子防盗系统需要进行匹配：

1）更换蓄电池。

2）更换发动机 ECU。

3）更换新的防盗控制模块（包括第三代电子防盗系统的组合仪表）、更换从其他汽车拆下的防盗控制模块。

4）更换、增加或者丢失汽车点火钥匙。

5）使用不当方式打开车门，包括在车内用手打开门锁，再打开车门；在车外打碎车窗玻璃。

6）使用未经注册的钥匙进行五次以上的起动操作。

6. 电子防盗系统检修注意事项

1）由于防起动信息传输的缘故，与没有安装电子防盗系统的汽车相比，发动机起动的时间可能稍微长一点。

2）对于电子防盗系统的故障，采用换件修理的方法往往是无效的。

3）当汽车需要较长时间停放时，应当进入防盗状态，其操作方法是按下遥控器的闭锁按钮。此操作会产生三个效果：锁闭车门，转向信号灯闪烁一次，启用防盗功能。如果车辆已处于防盗状态，左前车门的小红灯（LED 灯）会定期闪烁。停放后，如果不让车辆进入防盗状态，不但不安全，而且整车的电气系统一直处于待命状态，这一时间过长会造成蓄电池电量的大量消耗（即漏电）。有的汽车停放数天后却发现没电了，维修人员检查可能无故障，往往就是这种原因造成的。

4）轿车不要随意加装防盗报警器，理由如下：

① 加装防盗报警器必须要改动门锁的控制电路，而门锁控制电路的好坏直接影响防盗报警器的工作，并间接影响发动机的正常工作。具体地说，如果车门已经打开但是门锁开关失常，防盗控制模块接收不到门锁开关的搭铁信号，则防盗控制模块会认定车门没有打开，驾驶人没有进入车内，大约25s 后又自动进入防盗警戒状态，使4 个车门锁重新锁定，并锁定发动机，使发动机无法起动。

② 额外加装的防盗报警器容易与车上的控制系统发生系统冲突，导致发动机无法起动，因为这种加装操作往往不规范，造成电流过大，对原车的控制系统产生干扰。如果一定要加装防盗报警器，要与点火系统分离，否则容易造成发动机无法起动的现象。

 【任务实施】

一、实施准备

（1）学生组织　学生按照5 ~ 6 人一组，小组内进行实训分工，主要有测量工具准备、故障分析推导等工作。

（2）实训场地及工具准备　主要包括维修车间、大众捷达 Ci 整车、故障诊断仪、万用表、相关维修工具及设备。

二、实施步骤

1. 故障检修过程

（1）故障现象　一辆行驶里程超 21 万 km 的大众捷达 Ci 轿车，该车发动机能起动，但起动后会立即熄火，反复起动多次，均是如此。

（2）故障检修

1）故障原因。由于发动机能顺利起动，因此，初步判断为发动机起动后熄火与该车的防盗系统有关。可能的故障原因如下：

① 防盗系统电源线路有断路或接触不良之处。

② 防盗系统控制线路有断路或接触不良之处。

③ 防盗报警器控制单元有故障。

④ 发动机电子控制系统有故障。

2）故障检修方法。

① 进行故障自诊断操作。用故障诊断仪进行读取故障码操作，但仪器显示屏无显示，发动机 ECU 和防盗 ECU 均无法进入。

② 检查防盗报警器警告灯。注意到了仪表板上的防盗报警器警告灯始终不亮，该警告灯在关闭点火开关时应该闪亮，打开点火开关时应该常亮，起动发动机后才熄灭。

③ 检查防盗系统电源。基于上述现象，故障可能性最大的就是防盗系统电源，因此，对照电路图（图3-32），对电源线路进行了检查，发现蓄电池处的一根红色导线已断裂，

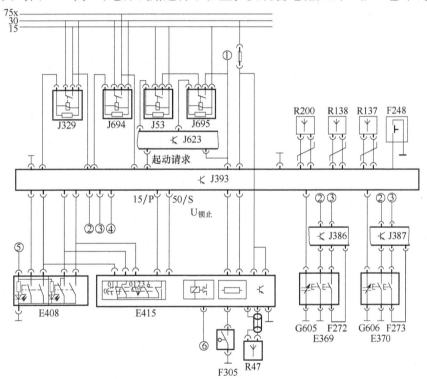

图 3-32 大众捷达 Ci 轿车防盗系统电路图

E369—驾驶人车门中控门锁外把手按钮　E370—前排乘客车门中控门锁外把手按钮　E408—使用和起动授权按钮　E415—使用和起动授权开关　F272—驾驶人车门上的外把手开关　F273—前排乘客车门上的外把手开关　F305—变速器档位 P 的开关　G605—驾驶人车门外把手接触传感器　G606—前排乘客车门外把手接触传感器　J53—起动机继电器　J329—15 号接线柱供电继电器　J623—发动机控制单元　J694—75X 号接线柱供电控制单元　J695—起动机继电器 2　R47—中控门锁和防盗系统天线　R200—驾驶人侧使用和起动授权天线　R138—进入起动装置授权车内天线 1　R137—行李箱使用和起动授权天线　F248—行李箱锁芯解锁键

①—接线柱 50　②—CAN 舒适 High 线　③—CAN 舒适 Low 线　④—自动变速器 J217 控制单元 P/N 信号　⑤—接线柱 58 照明　⑥—制动灯开关 F 信号

该导线就是防盗系统的电源线，故障原因找到。

3）故障处理措施。将断裂的电源线重新接好，防盗报警器警告灯工作正常，故障诊断仪也可进入发动机 ECU 和防盗 ECU，发动机起动后不再熄火，工作正常，故障排除。

4）故障结果分析。捷达轿车的防盗系统可防止未被授权的钥匙起动发动机和开走车辆，具体的防盗原理为：当带有送码器的钥匙插入装备有接收和发射天线的锁腔内时，就会与防盗 ECU 进行互相通信，当相互识别时，防盗 ECU 就会向发动机 ECU 发出解除防盗信息，发动机 ECU 继续输出点火和喷油控制信号，发动机不会熄火。如果防盗 ECU 不能识别钥匙的合法性，就不会向发动机 ECU 输出解除防盗信号，发动机就会在 2s 后熄火。

由于是防盗系统因电源异常而不能工作，发动机虽能用合法的钥匙起动，但发动机 ECU 不能接收到防盗 ECU 发出的解除防盗信息，故而会使发动机起动后又会立即熄火。图 3-33 为带防止点火钥匙留在车内功能的电动机式电子门锁控制电路。

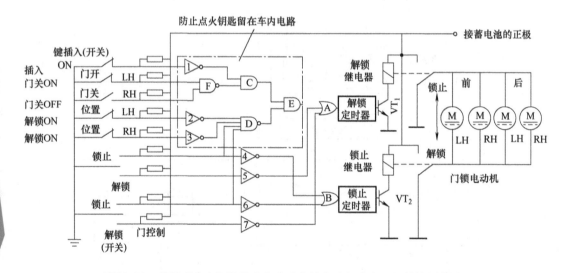

图 3-33　带防止点火钥匙留在车内功能的电动机式电子门锁控制电路

正常打开车门过程包括停用安全装置、开门、确认闪光及接通车内灯。

2. 防盗系统车间维修应用要点

本任务以维修报告单形式分析车间维修实际问题，维修现场采集报告单见表 3-4 ~ 表 3-7。

表 3-4　维修现场采集报告单（一）

车　　型	帕　萨　特	车　　龄	5 年	行驶里程	63 000km
发动机形式	1.8T 发动机	变速器形式	手自一体变速器	行驶环境	城市综合道路
故障现象	车辆进水，导致中控锁控制单元损坏，更换中控锁控制单元后组合仪表车门开启显示不正常				
初诊纪要	造成该故障的原因在中控锁控制单元，也不排除相关线束存在故障				

现场诊断维修过程纪要	检查和分析 1. 执行故障诊断仪检测 使用车辆诊断仪进入中控锁控制单元检查，控制单元没有故障码 检查控制单元的编码为19，编码正常，使用读取测量值功能，查看显示组10的车门状态 开启左前车门后，屏幕显示开启左后车门打开；关闭左前车门，显示车门关闭。初步分析造成该故障的原因在中控锁控制单元，也不排除相关线束存在故障 2. 电气分析 开启左前车门后发现车门下方的灯点亮，关闭车门后，灯熄灭，这表明左前车门锁块中的微动开关正常，测量 T24d/7 端子对正极的电压为蓄电池电压；关闭车门，电压为0，这表明线束正常。再次更换中控锁控制单元，故障没有变化。使用引导性功能检查，发现存在调整控制器内部编码 3. 排除过程 选择调整控制器内部编码功能，故障诊断仪屏幕提示继续执行程序以恢复功能，功能启用→设置成功，调整控制器内部编码
涉及应用原理知识概要	经检查测量线束发现线束正常，再次更换控制单元并编码后，故障没有消失。最终在引导性功能中发现调整控制器内部编码选项，成功执行该功能，故障消失 左前车门开启后，组合仪表车门显示的过程是，开启左前车门→锁块中的微动开关闭合→微动开关搭铁→通过 T8bi/8 将搭铁的电压传送给左前车门控制单元 J386→J386 通过 T18x/16 将搭铁的电压传送给中控锁控制单元→中控锁控制单元 T24d/7 端子接收到搭铁电压通过舒适系统 CAN 总线将左前车门开启的信号传送给组合仪表→组合仪表显示对应的车门

表 3-5 维修现场采集报告单（二）

车型	上海大众朗逸	车龄	2 年	行驶里程	11 000km
发动机形式	CPJ1.6L 发动机	变速器形式	手动变速器	行驶环境	城市综合道路
故障现象	遥控器不起作用				
初诊纪要	该车型配有两把遥控器钥匙，按下遥控器上的闭锁键，发现所有车门不能闭锁；将钥匙插入驾驶人侧车门上的机械锁内将所有车门锁闭，再按下遥控器上的开锁键，所有车门也不能开锁				
现场诊断维修过程纪要	检查和分析 1. 执行故障诊断仪检测 使用车辆诊断仪检查，发现所有控制单元不存在故障。进入电子中央电气系统（BCM）重新对所有遥控器进行匹配，匹配完成后经检查遥控器还是不起作用。接通收音机开关使收音机在工作状态，然后将钥匙从点火开关中拔出，发现收音机不能关机，表明点火开关的S触点没有断开 2. 故障判断 使用诊断仪的引导性功能查看点火开关的状态，点火开关的状态在显示组 001，该显示组的 1 显示区是 S 端子的状态，2 显示区是 50 端子的状态，3 显示区是 X 端子的状态，4 显示区是 15 端子的状态。接通点火开关发现 S、X 及 15 号端子均显示接通状态，50、X 及 15 号端子处于切断状态，表明点火开关的 S 触点没有切断，点火开关可能存在故障 3. 排除过程 更换点火开关，故障排除				

涉及应用原理知识概要	S 触点断开是使用遥控器控制中控锁的条件之一，该维修案例是在 S 触点没有断开时进行检查的 该点火开关的 S 触点是由点火开关的 T6a/4 端子→仪表板左侧熔断器支架上的熔断器 SC10→BCM 的 T73a/42 端子。从点火开关中拔出点火钥匙，再拔下熔断器 SC10 发现收音机能关闭。接通点火开关使用诊断仪检查 BCM 控制单元的故障，发现存在一个故障码 03444［起动机点火开关不可靠信号（静态）］，从点火开关中拔出钥匙查看显示组 001 中 S 触点的状态，显示切断，再将熔断器 SC10 装回，S 触点显示断开。电路图中已显示熔断器 SC10 的一端是连接点火开关中的 S 触点，表明点火开关中的 S 触点不能断开

表 3-6　维修现场采集报告单（三）

车　　型	上海大众途观	车　龄	2 年	行驶里程	5000km
发动机形式	1.8TSI 发动机	变速器形式	手自一体变速器	行驶环境	城市综合道路
故障现象		左后门落锁异常			
初诊纪要	车辆在行驶中车速达到 18km/h，自动落锁时左后门锁两次，使用驾驶人侧车门内饰板上的车内联锁按钮 E308 闭锁，所有车门都能闭锁，而 E308 的闭锁按键指示灯不亮，反复按下闭锁按钮时能听到左后门锁止电动机工作的声音，但闭锁指示灯依然不亮				
现场诊断维修过程纪要	检查和分析 　1. 执行故障诊断仪检测 　使用车辆诊断仪进入网关安装列表检查故障，发现左后车门电子设备存在故障。进入左后车门电子设备发现存在两个故障码，00093［中控锁锁止单元 F222 不可靠信号（静态）］、00107［左后中控锁熔丝/锁止信号不可靠信号（间歇式）］ 　通过引导性功能选择读取测量数据块查看左后车门的供电、数据线状态及门锁反馈状态是否正常，屏幕上的显示内容说明供电及数据线通信均正常；当使用开关 E308 闭锁时，听到左后车门锁止电动机工作的声音，而且左后车门无法打开，说明车门已经闭锁，屏幕上的显示结果为解锁状态，在正常状态时车门闭锁显示结果为锁止 　2. 故障分析 　通过以上检查说明左后车门控制单元没有接收门锁闭锁的反馈信号，控制单元认为车门一直处于解锁状态。在车辆闭锁时，左前、右前及右后车门处于闭锁状态，只有左后车门处于解锁状态，不是所有车门都能闭锁，在这种状态下闭锁指示灯是不会亮的，造成该故障的原因可能是左后门锁、左后车门控制单元及控制单元至门锁的线束存在故障 　3. 排除过程 　更换左后门锁。更换门锁后检查所有的故障已经排除，查看门锁的状态为锁止。当开关处于断开状态时，车门控制单元认为车门锁闭；当开关处于接通状态时，车门控制单元认为车门解锁				
涉及应用原理知识概要	根据该门锁的控制原理进行分析，排除故障 　该门锁的反馈信息是由门锁内的开关触点的状态来实现的，当开关的状态处于接通或断开时，控制单元认为门锁的状态为解锁或锁止。通过了解这种控制方式，对接下来的检查起到了很大的帮助。拆下左后车门饰板及塑料内板，然后拔下门锁上的 6 针插头，此时用于反馈信号的开关处于断开的状态。按下 E308 的闭锁键，发现闭锁指示灯点亮，这说明控制单元认为所有车门都处于闭锁状态。将插头插回门锁，再按下闭锁键，发现闭锁指示灯不亮，说明故障出现在门锁内部				

汽车舒适与安全系统检修

表 3-7　第五代防盗系统部件

部　件	在引导型故障查询中使用的编码	K 组件编号诊断地址	说　明
发动机控制单元 J623	MSG1（发动机控制单元 1）	K01 01-发动机电子系统	MSG1 是防盗报警器的主动用户，在更换后必须进行自适应匹配 通信联系是通过驱动数据总线实现的
舒适系统中央控制单元 J623	IMS（防盗报警器控制单元，相当于防盗系统主控制单元）	K05 05-进入和起动授权	IMS2 包含诊断地址 05-进入和起动授权以及 46-舒适系统中央模块，因此就有两个 K 部件号：K05 和 K46 防盗报警器功能和元件保护由地址 05-进入和起动授权接管，如果更换 IMS2 必须进行自适应匹配 通信联系是通过驱动数据总线实现的
进入和起动授权开关 E415	点火锁	—	电子点火器，通过 LIN 总线与 BCM2 连接，如果更换了电子点火器，不必进行自适应匹配，因为它只是传送点火钥匙的防盗信息
电子转向盘锁控制单元 J764	ELV（电子转向盘锁）	KG1 05-进入和起动授权	ELV 与点火锁采用同一条 LIN 总线与 BCM2 连接，没有专用的诊断地址，在更换后必须与防盗报警器进行自适应匹配 诊断是用地址 05-进入和起动授权进行的 ELV 是一个组件，只能与转向柱一同更换
自动变速器控制单元 J217	GSG（自动变速器控制单元）	K02 02-变速器电子装置	GSG 是防盗报警器的主动用户，在更换后必须进行自适应匹配 GSG 是选装件 通信联系是通过驱动数据总线实现的
数据总线接口 J533	Gateway（网关）	K19 19-数据总线接口	Gateway 是防盗报警器的被动用户，在更换后不必进行自适应匹配 Gateway 是舒适数据总线和驱动数据总线之间的支持部件
车钥匙 KDS708	Schossel（钥匙）	—	车钥匙是防盗报警器的主动用户，在更换后必须进行自适应匹配，可以匹配 0~8 把车钥匙

部　件	在引导型故障查询中使用的编码	K 组件编号诊断地址	说　　明
发动机控制单元2-J624	MSG2（发动机控制单元2）	K11 11-发动机电子系统	MSG2 是防盗报警器的主动用户，在更换后必须进行自适应匹配 MSG2 是选装件，它与发动机代码有关 通信联系是通过驱动数据总线实现的

3. 电子防盗系统的解锁技巧

如果由于种种原因造成电子防盗系统锁死，车门无法打开，发动机不能起动，音响无法正常使用，则需要采用专用仪器和特殊程序，并输入密码，才能恢复其工作性能。

在不知道防盗密码、基本不改变防盗系统硬件的前提下的解锁方法称为"软解锁"，这种解锁方法既省时又省力。

（1）让钥匙停留在点火开关0.5h　对于采用第二代电子防盗系统（识读线圈式）的车辆，可以用原配钥匙将点火开关接通，并使钥匙停留在点火档0.5～1h，发动机有可能起动。这一停留过程的本质是让防盗控制模块和发动机 ECU 对钥匙重新进行识别，在等待期间，不要关闭点火开关，也不要起动发动机。

（2）使用密码解读器获取密码　发动机控制单元的防盗密码与防盗控制模块芯片的密码是一致的，因此可以将发动机控制单元的芯片拆下，用密码解读设备读取其密码，然后按照更换组合仪表的程序，将发动机控制单元的密码输入防盗控制模块，然后起动发动机，被锁死的发动机一般能够起动。

（3）互换防盗芯片　对于大众车系，在更换损坏的点火开关后，用新钥匙试着起动，如果防盗报警器锁死发动机（具体表现为防盗指示灯闪烁），可以用小号一字螺钉旋具撬开原车钥匙柄部的塑胶，取出其中的送码芯片（即柱状转发器，长约13mm，直径3mm），然后安装到新钥匙（非原厂件）柄部的塑胶内，再用新钥匙起动发动机，用故障诊断仪清除故障记忆，并进行新钥匙的匹配。如果需要应急，也可以把上述柱状转发器用胶带直接粘在识读线圈上，就可以使发动机起动。

一辆宝来1.6L轿车，更换仪表板总成后，起动发动机运转2s后熄火，防盗指示灯点亮。该车采用第三代电子防盗系统，防盗控制模块嵌入在组合仪表中。发动机进入防盗状态，是由于没有对新组合仪表中的防盗控制模块进行匹配的缘故。但是，按照维修手册介绍的方法输入密码"13861"后，依然不能起动。既然原装组合仪表时可以起动，说明原来的防盗控制模块没有损坏，因此可以在原组合仪表上找到一块型号为93C86的芯片（8脚），进行切割，然后将新旧仪表板上这两块芯片互换安装。由于使用的是原来的芯片，所以防盗密码没有改变（而且里程数还是原来的数字），装复后起动，发动机恢复正常。

（4）串联变阻器查询防盗钥匙的电阻　对于采用 PASS. KEY 防盗系统的通用汽车，可以将从点火开关至防盗控制模块的反馈信号线断开，在中间串联一个电阻值为5～10kΩ

的可变电阻，并将点火开关旋转至起动位置，然后慢慢地调节可变电阻，直到发动机起动为止，再测量能够起动时的可变电阻值，这就是防盗钥匙的电阻值，最后在反馈信号线上接一个相同阻值的固定电阻，即可解锁。也可采用通用汽车防盗系统查询器J-35628，查询点火钥匙电阻值的档次。凯迪拉克 Fleetwood 轿车电子钥匙电阻编号与电阻值对照表参见表3-8。

表3-8 凯迪拉克 Fleetwood 轿车电子钥匙电阻编号与电阻值对照表

钥匙电阻编号	标准电阻值/Ω		
	平　　均	最　　低	最　　高
1	402	386	438
2	523	502	564
3	681	645	728
4	887	852	942
5	1130	1085	1195
6	1470	1411	1549
7	1870	1795	1965
8	2370	2275	2485
9	3010	2890	3150
10	3740	3590	3910
11	4750	4560	4960
12	6040	5798	6302
13	7500	7200	7820
14	9530	9149	9931
15	11 800	11 328	12 292

注：普通钥匙的电阻值约为0.8Ω。

（5）因蓄电池亏电造成车门打不开的处理　因蓄电池亏电造成车门不能正常开启，遥控器不起作用的故障，对于奔驰 S600 轿车，可以将尾灯拆开，用12V 蓄电池的正极接尾灯、负极搭铁，此时尾灯应该点亮，再按压遥控器的开锁按钮，一般可以把车门打开。

对于宝马轿车，可以将车钥匙插入驾驶人侧车门，顺时针旋转30°~45°，然后将车门把手拉起，再将钥匙旋转90°，即可打开车门。

（6）模拟5V 脉冲方波信号　对于美国产雪佛兰跑车，如果因为缺失解锁脉冲信号引起锁死，可以拆下防盗控制模块，在线束插接器中找到 A3 端子，并从 A3 端子引出一根备用线，再找到一个螺栓，使螺栓的一头搭铁，然后让备用线的线头在螺纹区域通过，模拟出一串5V 脉冲方波，反复调整备用线划过螺纹区的速率，直到发动机可以起动。

（7）用导线短接断路继电器的触点　对于本田雅阁2.3L 轿车，如果在行驶中因路面振动造成或发动机锁死而熄火，可以将防盗系统的断路继电器拔下，然后用导线短接该继电器的插头，直到发动机可以起动。

（8）使遥控器尽量靠近车门　对于凯迪拉克轿车，若因某种原因造成控制系统发射、接收双方的信号数码不一致，将不能打开车门和起动发动机。此时可以将遥控器尽量靠近车门，按住遥控器上的开门键 5s 以上，以便建立起防盗系统发射、接收双方的确认关系。

（9）使用紧急钥匙片开启车门　对于捷豹路虎 XK 车，当电子门锁系统无法工作（原因是蓄电池亏电、遥控钥匙无电、电子门锁系统有故障）时，可以使用智能钥匙里的紧急钥匙片开启左前车门和行李箱盖。具体方法如下：

1）将紧急钥匙片插入车门把手盖底部的插槽内。

2）轻轻地向上撬动紧急钥匙片。

3）小心地转动紧急钥匙片，撬出固定卡和盖。

4）转动左前车门锁内的紧急钥匙片，以解锁车门。

要重新安装车门锁盖，可以用力将盖按压在原处，直到卡入位，确保三个定位凸耳都卡到位。

（10）使用红外线信号解锁　有的奔驰轿车采用"Keyless go"钥匙识别卡代替点火钥匙，读卡可以起动发动机（需先按下变速杆上的"Keyless go"键），可以开、锁车门和行李箱。有时"Keyless go"卡无法识别，且在仪表板的多功能显示屏上出现"CARD RECOGNIZED"（不认卡）字样。

对于 2010 改款后的奔驰 C200 轿车的电子钥匙，可以使用以下两种信号来解锁车门：

1）采用无线电信号。按下电子钥匙上的遥控器，发射无线电信号，由无线放大器接收，并将信号传送到后 SAM（信息采集和促动模块），再由 CAN-B 数据总线将电子钥匙的请求车门解锁信号传输给电子点火开关（EIS），EIS 对电子钥匙的身份进行认证。如果确认电子钥匙为该车的合法钥匙，再通过 CAN-B 数据总线将车门解锁指令传输给左前、右前、左后、右后门控制单元，各门控制单元通过"线控"，使各门锁机构解锁。

2）采用红外线信号。在无线电遥控信号失效的情况下，可以用电子钥匙上的红外线发射窗口对准左前车门把手上的红外线接收器，发射解锁信号。红外线接收器将解锁信号转送到左前门控制单元，再由 CAN-B 数据总线将电子钥匙的请求车门解锁信号传输给 EIS，EIS 对电子钥匙的身份进行认证一级一系列解锁过程。

4. 汽车遥控器的检修要点

汽车遥控器又称为防盗钥匙，它实质上是一个无线电频率发射器。装备电子发射系统的汽车大多数安装有遥控器，与钥匙连成一体，并做成手持钥匙的形式。

（1）遥控器的结构与功能　汽车遥控器（图 3-34）由信号调制解码部分、调频发射部分、按键以及电池四部分组成。比较高档的汽车遥控钥匙的材料是合金的，普通的是杂钢的。合金钥匙的使用寿命是普通钥匙的长 5~6 倍，且与锁芯的磨损程度基本同步。

汽车遥控器的功能可以归纳为以下四个方面：

1）开、闭车门。中、高档轿车的钥匙一般分为两种：一种是黑色的主钥匙，用于车门锁、点火开关和行李箱盖锁；另一种是灰色的副钥匙，用于点火开关和车门锁，它不能打开行李箱和杂物箱。遥控开、闭车门的实质是利用遥控器对中控门锁系统的执行器进行无线控制。

2）检测性能。以上海通用凯越轿车为例，按压遥控器上的开锁键，汽车的转向信号灯会闪烁。通过转向信号灯会闪烁的持续时间和两次闪烁之间的间隔时间，可以判断汽车当前的状态。如果闪烁两次，每次闪烁0.5s，两次闪烁之间间隔0.5s，说明汽车正常，没有被侵入，也没有检测到故障；如果闪烁两次，每次闪烁15s，两次闪烁之间间隔0.5s，说明电子防盗系统有故障；如果闪烁两次，两次闪烁之间间隔1.5s，说明车门锁闭后曾经被入侵过，应当加强检查和防范。

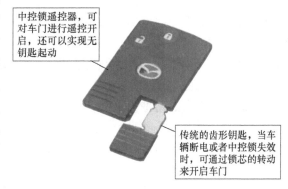

中控锁遥控器，可对车门进行遥控开启，还可以实现无钥匙起动

传统的齿形钥匙，当车辆断电或者中控锁失效时，可通过锁芯的转动来开启车门

图3-34　汽车遥控器

3）寻车报警。以别克君威车为例，按一下遥控器上的寻车紧急按钮"PANIC"（红色喇叭形状），车上的喇叭会间断地鸣响，车内灯点亮，同时前照灯闪烁2min。一方面对窃贼起到恐吓作用，另一方面让车主发现自己的车辆。直到再次按压寻车紧急按钮，或者将点火开关转到"RUN"，上述报警动作停止。

4）其他功能。以奥迪A5轿车装备的第五代电子防盗系统为例，它的智能钥匙的功能更强大。

① 发送无线电信号，以激活中控门锁系统。

② 储存防盗系统所需的数据。

③ 储存车辆数据，以便运行"奥迪服务密钥"功能。

④ 定位智能进入/起动天线的信号，以便确定开关的位置。

⑤ 包含一个机械式应急钥匙，如果遥控开门失效，可以使用应急钥匙打开驾驶人侧车门上的机械锁，应急钥匙还可以用于关闭和开启乘客侧安全气囊。

（2）汽车遥控器的常见故障　从维修实践看，遥控器损坏大多数发生在调频发射部分和按键上，信号调制解码部分比较稳定。因此，可以首先检测遥控器是否有高频信号输出，如果有，说明遥控器正常，是接收方面的问题。

检测遥控器是否有高频信号输出的简便方法是，找一个工业用对讲机，将其发射和接收频率调到450～470MHz范围内，并设置为接收功能，然后在对讲机附件按压遥控器的按键，如果对讲机内发出"咔啦咔啦"声或者啸叫声，松开遥控器的按键，对讲机的这种"咔啦咔啦"声或者啸叫声停止，说明遥控器的发射功能基本正常。

遥控器常见的故障现象有以下几种：

1）遥控钥匙上的"电阻球"与点火开关锁芯上的两个感应触点接触不良。

2）遥控器受到强力碰撞或者跌落在坚硬的地面上，造成遥控器中的电阻断裂，或者被消磁。遥控器从高处跌落，外表面似乎没损伤，但内部芯片被摔坏了，可能造成起动不到2s发动机就熄火。

3）遥控芯片受潮或脏污，造成短路或断路，从而导致发动机不能起动。

4）遥控器本身的电阻值发生了变化，造成遥控失灵。

（3）遥控器检修注意事项

1）按压遥控器上的按键，如果遥控器上的红色指示灯点亮，可判定遥控器基本正常。

2）有的车辆在使用主钥匙起动发动机并运行一定里程后，主钥匙会发热，是正常现象，对车辆没有损害。

3）当遥控起动车辆时，防盗控制模块必须收到车门闭锁的信号。如果车门是开着的，则无法实现遥控起动。

4）同一辆汽车的两种钥匙不能用错。

5）要防止汽车遥控器受潮、浸水、跌落在坚硬的地面上以及靠近外界强磁场，以免被消磁，或对钥匙柄内的芯片造成损害，使遥控器失效。

6）务必避免维修时一直把钥匙插在点火开关锁芯内，以及遥控器拆掉电池的时间过长，这些做法都可能使芯片记忆丢失，使遥控器失效。

7）遥控器起作用的有效范围是 5～10m。不要在有效范围之外频繁地操作遥控器。否则容易造成红外线钥匙密码与中控门锁控制模块不同步，导致遥控器功能失效。

 【拓展训练】

防盗系统功能异常引起发动机不能起动的故障实例

一、如何诊断奔驰 E240 无钥匙（KG）功能失效不能起动车辆的故障

一辆奔驰 E240，配置 112 型发动机，行驶里程 13.7 万 km。无钥匙（KG）功能失效，不能起动车辆。

驾驶人描述用无钥匙（KG）功能失效不能起动车辆。根据驾驶人描述做了以下工作：

1）检查遥控钥匙，电量充足。

2）用遥控钥匙开启、关闭车门都没问题。

3）检测便携式进入功能，正常。

4）把遥控钥匙放在车内，把变速杆置于 P 位或 N 位，踩住制动踏板，按下无钥匙起动按钮 S2/3，起动车辆，没反应。

经过上述步骤检测后，得出结论为驾驶人描述的故障现象属实，排除由于驾驶人操作不当造成这种故障现象的可能性。连接诊断仪对整车进行快速测试，发现 EIS、KG 无钥匙起动功能没有故障码。

进入诊断仪的 KG 无钥匙起动选项，看无钥匙起动按钮 S2/3 的设计值。操纵按钮 S2/3，实际值正常，证明 S2/3 没有问题。在诊断仪上对 KG 系统天线进行测试，正常。诊断仪没有故障码，只能查看它的工作原理，根据其工作原理：

1）按下变速杆上的无钥匙起动和停止按钮 S2/3。

2）将唤醒信号传送到遥控钥匙 A8/1。

3）位置查找信号由无钥匙系统行李箱天线 A2/35、左右前车门无钥匙起动系统控制模块 N69/8、右后车门无钥匙起动系统控制模块 N69/9 和车内无钥匙起动系统控制模块 N103 传送。

4）遥控钥匙 A8/1 的位置通过右侧天线放大器模块 A2/65 传送到车尾无钥匙起动系统控制模块 N102。

5）检查车尾无钥匙起动系统控制模块 N102 是否存在合法的遥控钥匙 A8/1。

6）将驾驶认可代码传送到电子点火开关 EIS 控制模块 N73 和电动转向锁控制模块 N26/5。

7）如果测试结果正常，则电路 15R 和电路 15 接通，转向锁通过电动转向锁控制模块 N26/5 解锁，且发动机起动。

通过对原理分析，以及在诊断仪上看相应模块的实际值，把检查重点放在了电子点火开关和电动转向锁控制模块上。

二、如何解决宝来轿车发动机防盗锁死故障

一辆宝来 1.6L 手动档轿车，行驶里程 1 万 km 以上，因事故引起仪表板损坏。驾驶人要求更换仪表板总成，更换完毕，却出现了防盗报警器警告灯常亮不灭，起动后只维持 2s 便熄火的故障，在未更换仪表板之前，车辆能正常起动。

宝来轿车采用的是第三代防盗系统，其主要由嵌入组合仪表中的防盗系统控制单元、组合仪表中的防盗警告灯 K117（位于组合仪表中的车速表上）、匹配好的发动机控制单元、点火开关上的识别线圈 D2 和匹配好的带有发送/应答器的钥匙构成。正常情况下，打开点火开关后，组合仪表中的防盗警告灯 K117 会点亮 3s 后熄灭。如果发生下列故障：钥匙适配有误，钥匙内无发送/应答器，钥匙未经授权，发动机控制单元未经授权，识别线圈 D2 有故障或数据线有故障等，则打开点火开关后，防盗警告灯 K117 将闪烁或持续点亮。

通过对该车故障进行分析，认为车辆进入防盗状态，主要是因为没有对新仪表中的防盗系统控制单元进行匹配引起的。查阅资料，得知如果新仪表是 VDD 公司生产的，则匹配时可以不输入密码，只需输入固定码 13861，按资料中所述方法输入固定码，却依然不能起动发动机。

既然原装仪表可以起动发动机，而新仪表不能起动，这表明旧仪表的防盗系统控制单元并未损坏，拆开原仪表，找到了一块型号为 93C86 的 8 端子芯片，把芯片进行了互换，正确焊好芯片并将仪表装复后，发动机起动正常。此故障排除。

三、奥迪 A5 发动机起动时防盗锁的工作流程

如果奥迪 A5 使用电子点火锁中的汽车钥匙起动，发动机起动前防盗锁将发出若干个问询信号并做出相应的反应。

1）检测到常开触点后，汽车钥匙将和舒适系统控制单元 J393 互换防盗数据，然后舒适系统控制单元确定该钥匙是否通过车辆认证。

2）舒适系统控制单元与电子转向柱锁控制单元 J764 互换防盗数据。若该转向柱锁已在该车辆上匹配，那么舒适系统控制单元将激活转向柱控制单元。

3）然后舒适系统控制单元将接线端 15 连接起来。

4）接线端 15 连接后，舒适系统控制单元会与发动机和变速器控制单元进行通信。若这些设备同样适用于该车辆，则可起动发动机。

【课后测评】

一、填空题

钥匙防盗系统包括位于点火钥匙内的发射器、点火开关内的_____、编码的钥匙防盗模块（电子防盗 ECU）、指示灯、_____。

二、简答题

1. 钥匙防盗系统是怎样工作的？
2. 简述钥匙防盗系统的组成。
3. 汽车防盗报警器有哪些功能？
4. 简述电子防盗系统的解锁技巧。
5. 简述汽车遥控器的检修要点。

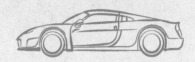

项目四

汽车巡航控制系统的检修

【 项目描述 】

　　汽车巡航控制系统又称为恒速行驶系统。当汽车在高速公路上长时间行驶时，打开该系统的自动操纵开关后，巡航控制系统将根据行驶阻力自动增减节气门开度，使汽车行驶速度保持一定，可以减轻驾驶人长途驾驶的疲劳。汽车巡航控制系统经历了机械控制系统、晶体管控制系统、模拟集成电路控制系统和微机控制系统等几个阶段。本项目主要介绍微机控制的汽车巡航控制系统，以汽车在行驶中进行巡航系统设定，出现功能异常，不能保持车速恒定的典型故障为检修任务载体，通过制订故障诊断与排除工作方案，并利用故障诊断仪、万用表对巡航控制系统及其电路元件进行检测，确定故障原因并维修更换损坏的元件，排除故障。

任　务　汽车巡航控制系统功能异常故障的检修

【任务目标】

1. 知识目标
1）了解巡航控制系统的结构和工作原理。
2）能够识读巡航控制系统的电路图。
2. 技能目标
1）确定汽车巡航控制系统的故障检修步骤。
2）使用专用仪器设备对系统进行检测。
3）使用电路图进行线路检查。
4）更换部件及对部件进行检测和调整。

【任务描述】

　　某客户在高速公路上驾车时由于路况很好，于是准备启用巡航功能。但是在进行巡航控制系统设定时，发现巡航功能异常，不能保持车速恒定。客户无奈放弃了启用巡航功能，后来到了汽车维修站要求找出故障原因，排除故障并修复此车辆。

【知识储备】

一、汽车巡航控制系统概述

　　汽车巡航控制系统的英文为 Cruise Control System，缩写为 CCS。巡航控制系统又称为恒速行驶系统、速度控制系统（Speed Control System）和自动驾驶系统（Auto Drive System）等。

　　汽车巡航控制系统经历了机械控制系统、晶体管控制系统、模拟集成电路控制系统和微机控制系统等几个阶段。微机控制的汽车巡航控制系统自从 1981 年应用于汽车后发展迅速。现在的汽车基本上都采用微机控制的汽车巡航控制系统。

　　巡航控制系统主要具有以下特点：

　　① 提高汽车行驶时的舒适性：特别是在郊外或高速公路上行驶，这种优越性更为显著。另外，当汽车以一定的速度行驶时，减少了驾驶人的负担，使其可以轻松地驾驶。

　　② 节省燃料，具有一定的经济性和环保性：在同样的行驶条件下，对一个有经验的驾驶人来说，可节省燃料 15%。这是因为在使用了这一速度稳定器以后，可使汽车的燃料供给与发动机功率之间处于最佳的配合状态，并减少了废气中 CO、HC、NO_x 的排放。

　　③ 保持汽车车速的稳定：汽车无论是在平路上还是在坡道行驶，或是在风速变化的情况下行驶，只要在发动机功率允许的范围内，汽车的行驶速度保持不变。

汽车舒适与安全系统检修

二、巡航控制系统的功能

巡航控制系统是一种利用电子控制技术保持汽车自动等速行驶的系统。当汽车在高速公路上长时间行驶时，接通巡航控制主开关，设定希望的车速，巡航控制系统将根据汽车行驶阻力的变化，自动增大或减小节气门开度，使汽车按设定的速度等速行驶，驾驶人不必操纵加速踏板。因此，巡航控制系统可以减轻驾驶人的疲劳。由于巡航控制系统能够使汽车自动地以等速行驶，避免了驾驶人操纵加速踏板使汽车行驶速度反复变化的情况，因而，使发动机的运行工况变化平稳，改善了汽车的燃料经济性和发动机的排放性能。另外，由于巡航控制系统工作时汽车等速行驶，因此当汽车巡航行驶时可以改善汽车行驶的平顺性，提高汽车的舒适性。

（1）车速设定　能储存某一时间的行驶速度，并能保持这一速度行驶。当在高速公路或高等级道路上行驶时（路面质量好，没有人流，分道行车，无逆向车流）或适宜较长时间稳定行驶时，可按下车速调制设定开关，设定一个稳定行驶的车速，使驾驶人不必再踩加速踏板和换档，汽车一直以设定的车速稳定运行。

（2）消除功能　当踩下制动踏板时，上述功能立即消失，但是前述设置速度继续储存。

（3）恢复功能　当按恢复开关（Resume Function）时，则能恢复原来储存的车速。

除了以上三种基本功能，还可以增加以下功能：

1）滑行功能。继续按下开关进行减速，以离开开关时的速度作为巡航行驶。

2）加速功能。继续按下开关进行加速，以不操纵开关时的车速进入巡航行驶。

3）速度微调升高。在巡航速度行驶中，当操纵开关以 ON-OFF（接通—断开）方式变换时，使车速稍稍上升。

4）低速自动消除功能。当车速低于 40km/h 时，储存的车速消失，且不能再恢复此速度。

5）制动踏板消除功能。在制动踏板上装有两种开关，一种用于对微机的信号消除，另一种是直接使执行元件工作停止。

6）各种消除开关。除了利用制动踏板的消除功能外，还有驻车制动、离合器（M/T）、变速杆（A/T）等操作开关的消除功能。

巡航控制系统的使用方法如下：

① 设定巡航车速。巡航控制系统工作时的最低车速一般为 40km/h，这是为了防止汽车转弯时，由于巡航行驶而发生危险。设定巡航车速的方法是：按下巡航控制主开关，踩下加速踏板使汽车加速。当达到希望的车速时（必须高于巡航控制系统工作时的最低车速），将巡航控制开关推至设定/减速位置后放松；开关放松时的车速即被巡航控制ECU 记忆为设定车速，巡航系统开始工作。此时驾驶人可以放松加速踏板，巡航控制系统控制节气门按设定车速等速行驶。

② 加速。当汽车巡航行驶时，如果要使巡航设定车速提高，应将巡航控制开关置于恢复/加速位置保持不动，汽车将逐渐加速。当汽车加速至所希望的车速时，放松巡航控制开关，汽车将按新的较高的设定车速等速行驶。当汽车巡航行驶时，如果需要使汽车临时加速（如超车），则只踩踏下加速踏板，汽车即可加速，放松加速踏板后，汽车仍按

原来设定的车速巡航行驶。

③ 减速。当汽车巡航行驶时，如果要使巡航设定车速降低，应将巡航控制开关置于设定/减速位置保持不动，汽车将逐渐减速。当汽车减速至所希望的车速时，放松巡航控制开关，汽车将按新的较低的设定车速等速行驶。

④ 点动升速和点动降速。当汽车以巡航控制模式行驶时，如果需要对巡航设定车速进行微调，只要点动一次恢复/加速开关（接通恢复/加速开关后立即放松开关，时间不超过0.6s），巡航设定车速就升高约1.6km/h；只要点动一次设定/减速开关，车速就降低约1.6km/h。

⑤ 取消巡航控制。取消巡航控制有几种方式可以选择：一是将巡航控制开关的取消开关接通然后释放，二是踏下制动踏板，三是对于装有手动变速器的汽车可以踏下离合器踏板，四是对于装有自动变速器的汽车可以将变速杆置于空档位置。

⑥ 恢复巡航行驶。如果通过操作退出巡航控制开关中的任何一个开关使巡航控制取消，要恢复巡航行驶，只要将恢复/加速开关接通然后放松开关，汽车将恢复原来巡航行驶。但如果车速已降低至40km/h以下，或实际车速低于设定车速16km/h以上，ECU将不能恢复巡航行驶。

三、巡航控制系统的组成

汽车巡航控制系统和其他电控系统一样，也是由ECU、传感器和执行机构等元件组成的。掌握系统基本工作原理对巡航控制系统的故障诊断与检修有相当大的帮助。另外，除了熟悉其基本工作原理，还应对汽车巡航控制系统的开关及其使用有所了解。

汽车巡航控制系统主要由主控开关（包括控制开关和解除开关）、车速传感器、巡航控制ECU和执行机构四部分组成，如图4-1所示。

1. 主控开关

主控开关包括控制开关和解除开关。控制开关是杆式或按键式组合开关，装在转向柱或转向盘等驾驶人容易接近的地方；控制开关用于打开和关闭系统，设置希望的车速以及选择其他的控制细节。控制开关（图4-2所示为别克君威轿车巡航控制开关）包括主开关和选择开关，主开关是巡航控制系统的按钮式电源开关。选择开关为手柄式控制开关，一般有五种选择功能：SET

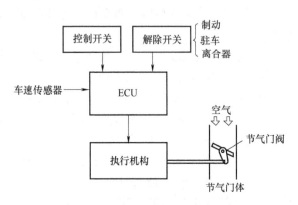

图4-1 汽车巡航控制系统的组成

（设置）、COAST（减速或滑行）、ACC（加速）、RES（恢复或再设置）和CANCEL（取消）。其中，SET/COAST使用同一开关，RES/ACC使用同一开关。它们可实现的功能为设定车速、加速、减速、恢复和解除等。

① SET（设置）。在主开关接通的情况下，当车速在巡航控制范围（40~200km/h）内时，按下SET/COAST开关，巡航控制单元储存此时的车速，并以此车速稳速行驶，即进行巡航行驶。

② COAST（减速或滑行）。当汽车巡航行驶时，按下 SET/COAST 开关，执行元件的电动机关闭节气门，汽车不断减速。当松开开关时，控制单元储存此时的车速，并以此车速稳速行驶。

③ ACC（加速）。当汽车巡航行驶时，按下 RES/ACC 开关，执行元件将节气门开大，汽车加速。当松开开关时，控制单元储存此时的车速，并以此车速稳速行驶。

④ RES（恢复或再设置）。按下 RES/ACC 开关，可恢复巡航控制方式，并以设置的车速行驶。

解除开关　选择开关　主开关

图 4-2　别克君威轿车巡航控制开关

⑤ CANCEL（取消）。按下该开关，可将汽车从巡航行驶状态解除出来。

巡航控制系统还有其他几个解除开关：制动开关、离合器开关、驻车制动开关和空档开关。在汽车巡航行驶过程中，当驾驶人踩下制动踏板或离合器踏板、拉驻车制动器或将变速器挂入空档，都将使汽车从巡航控制过程中解除出来。

2. 车速传感器

车速传感器装于变速器输出轴端，由输出轴齿轮驱动。车速传感器有多种结构形式：磁脉冲式、光电式、霍尔式和磁阻式等。这与其他电子系统相同，将车速信号输送给 ECU。

3. 巡航控制 ECU

ECU 接收控制开关及车速传感器的信号。当设置车速时，ECU 先根据车速传感器信号计算车速，并与所设置的车速相比较后产生一个偏差信号，然后控制执行机构，通过一套连杆机构驱动节气门，使实际车速与所设置的车速一致，从而保持车速恒定。ECU 接收到解除开关 CANCEL、制动开关、离合器开关、驻车制动开关或空档开关信号时，即结束巡航控制，如图 4-3 所示。

4. 执行机构

执行机构是一种将 ECU 输出的电信号转变为机械运动的装置。其作用是接收 ECU 的控制信号，控制节气门的开度。节气门执行机构有电动式和气动式两种形式。电动式一般采用步进电动机或直流电动机控制，而气动式采用由进气歧管真空度控制的气动活塞式结构。

（1）电动式执行机构　如图 4-4 所示，它是由安全电磁离合器、控制电动机、蜗轮蜗杆机构、末端齿轮、连杆机构和电位计等组成的。

其工作原理：当电磁离合器通电接合后，控制电流通过控制电动机依次驱动蜗轮、蜗杆和末端齿轮，然后再通过一个连杆机构驱动发动机节气门。连杆的位置由连杆轴上的传感器进行检测，并将控制臂的位置信号反馈给巡航控制系统 ECU。ECU 通过比较连杆的实际运动和控制目标，来控制电动机的旋转。连杆轴上设有对应节气门完全关闭和完全打开的开关，当这些开关闭合时，电动机控制电流切断。当汽车制动或处于空档位置时，节气门完全关闭。当巡航控制系统出现故障，而节气门处于全开位置时，汽车将失控而飞驰。所以，当驾驶人踩下离合器踏板或制动踏板，或变速器处于空档，或拉起驻车制动器时，由离合器开关、制动开关、空档开关或驻车制动开关等信号直接控制离

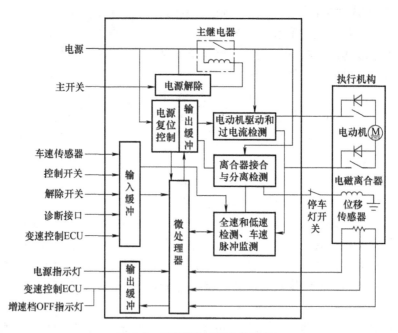

图4-3 巡航控制ECU的结构

合器，使其分离，使巡航控制执行机构对节气门控制不起作用。安全电磁离合器能够保证在车速超过巡航控制期间设定的车速约15km/h以上，或电动机、电路发生故障和电动机锁死等情况下，能够使电动机与控制臂脱离并且关闭发动机。

（2）气动式执行机构　如图4-5所示，它是由真空膜片盒、拉索、空气电磁阀、真空电磁阀和释放电磁阀等组成的。

其工作原理：执行器膜盒内的膜片与节气门拉索相连，当线圈通电时，大气口关闭，真空口打开，发动机真空压力输入，执行机构内部产生真空度，吸出膜片，使节气门开度增大。当线圈不通电时，真空口关闭，大气口打开，空气进入执行机构内，膜片被弹簧拉回。ECU通过改变控制线圈信号的占空比来控制真空度的变化，从而控制膜片来控制节气门开度的变化，进而控制车速。占空比越大，阀口打开的时间越长，空气室空气量越小，膜片室的真空度越大，节气门在膜片作用下的开度也越大。

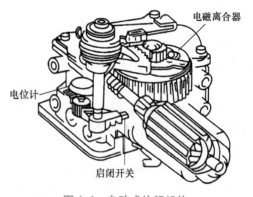

图4-4　电动式执行机构

四、巡航控制系统电路

不同汽车所采用的巡航控制电路有所不同，但其基本控制原理类似，如图4-6所示。

驾驶人操纵巡航控制开关，将车速设定、减速、恢复、加速和取消等命令输入ECU。当驾驶人通过巡航控制开关输入了设定命令时，ECU便记忆此时车速传感器输入ECU的车速，并按该车速对汽车进行等速行驶控制。汽车在巡航行驶过程中，不断通过比较电路将实

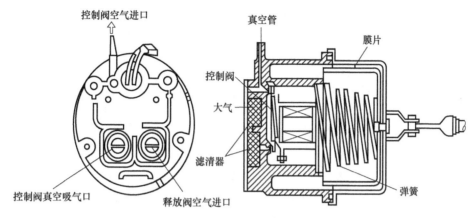

控制阀空气进口

真空管

膜片

控制阀

大气

滤清器

控制阀真空吸气口

释放阀空气进口

弹簧

图 4-5　气动式执行机构

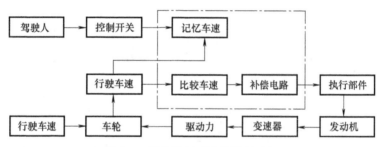

图 4-6　巡航控制系统的控制过程

际车速与设定车速进行比较，计算出实际车速与设定车速的差值，然后通过补偿电路输出对执行部件的命令，执行部件控制发动机节气门开大或关小，使实际车速接近设定车速。

别克君威轿车巡航控制系统线路图如图 4-7 所示。

巡航控制释放开关和停车灯开关用于断开巡航控制系统，这两个开关就安装在制动踏板支架上。当制动踏板被踩下时巡航控制功能便会被这些开关自动取消，节气门就会返回到怠速位置。巡航控制系统中包括一个电子控制器和一个电动机。控制器用于监控车速和操作电动机，电动机根据控制器的指令移动一根与巡航控制电缆连接的导线，而巡航控制电缆则移动节气门连接杆件，以改变节气门的位置，从而保持所需的巡航速度。巡航控制模块包含一个低速度极限，该极限用于避免在车速低于最低值，即 40km/h 的情况下，接合巡航控制系统。巡航控制模块由位于巡航控制开关的各个模式控制开关来控制。巡航控制一直处于待命禁止状态，直到与巡航控制操作不符的情况全部被清除。点火电压由 CRUISE（巡航）熔丝经电路 341 被供给到巡航控制模块的终端 F。巡航控制模块在终端 E 经电路 1750 与搭铁部件 G201 连接。当滑动开关被移动到 ON（接通）位时，电池电压经电路 397 被供给到巡航控制模块插接器的终端 A。如果不踩下制动踏板，电池电压从电路 341 经巡航控制释放开关和电路 86 供给到巡航控制模块的终端 D。如果踩下制动踏板，电池电压将从停车灯熔丝经电路 17 供给到巡航控制模块的终端 G。终端 G 必须确保电流流经位于中心的高挂式停车灯（CHMSL）灯泡，以便巡航控制系统能正确地工作（禁止）。当滑动开关被移动到 R/A 位时，电池电压经电路 87 被供给到巡航控制模块的终端 C。当按下设置开关时，电池电压经电路 84 被供给到巡航控制模块的终端 B。

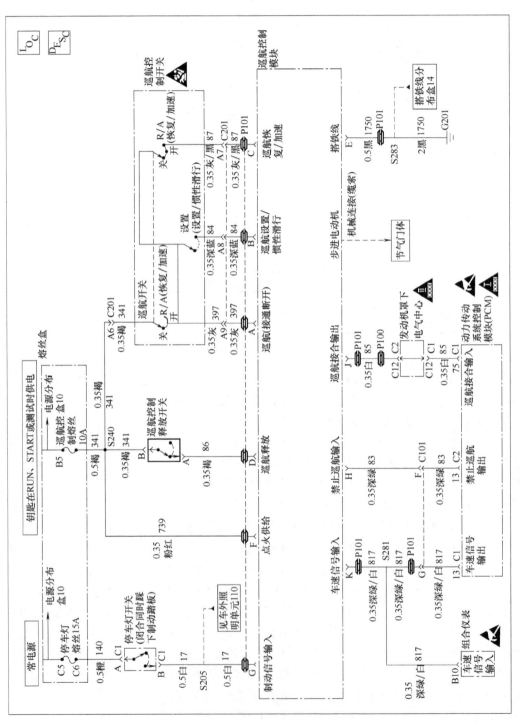

图 4-7 别克君威轿车巡航控制系统线路图

巡航控制模块终端 K 是经由电路 817 的速度信号终端。在工作状态下，电压将在 4～5V 的高压和接近搭铁的低压之间摆动。当巡航控制系统经电路 85 被接合时，巡航控制模块终端 J 用于向动力传动系统控制模块（PCM）发出信号，然后再由动力传动系统控制模块确定变速器的正确变换模式。巡航控制模块的终端 H 经电路 83 被动力传动系统控制模块所使用，用于在出现与巡航操作不一致的情况时，禁止巡航控制功能。这些情况是禁止巡航控制的标准。当出现以下情况时，动力传动系统控制模块将禁止巡航控制功能：①当车速低于 40km/h（25mile/h）时；②当变速驱动桥档位开关指示为 PARK 驻车或 REVERSE 倒档或 NEUTRAL 空档或 1 档时；③当蓄电池出现电压过高或过低的情况时；④当发动机转速过低时；⑤当发动机转速过高（燃油切断）时。

五、巡航控制系统故障诊断与分析

首先应检查相关熔丝，然后进行目测检查，主要检查真空管有无断裂、夹住及接头有无松动等，检查所有的线束是否紧固，连接点是否清洁，还要检查导线是否良好及走向是否妥当；检查熔丝有无断路并根据需要进行更换；必要时检查并调整连杆或链条。如果目测检查没有发现异常，应进行"故障自诊断"检查：在汽车巡航行驶期间，如果车速传感器执行机构等部件发生故障，则巡航控制系统 ECU 将自动解除巡航控制功能，并发出指令使巡航指示灯闪亮报警，提醒驾驶人系统出现故障，应及时进行检修。与此同时，巡航控制系统 ECU 还将故障内容编成故障码存入随机存储器 RAM 中。汽车巡航控制系统一般都具有故障自诊断功能，可利用自诊断系统读取故障码，根据故障码提示的原因，即可排除故障。

汽车巡航控制系统常见故障原因及其排除方法见表 4-1。

表 4-1　汽车巡航控制系统常见故障原因及其排除方法

故障现象	故障原因	故障排除方法
巡航控制系统不能工作	1) 巡航控制开关故障 2) 节气门位置传感器没有信号 3) 车速传感器没有信号 4) 执行机构不工作 5) 自由拉杆和节气门拉索卡死 6) 安全系统不复位 7) ECU 工作不良	1) 检查巡航控制开关状态及线束是否短路、断路 2) 检查节气门位置传感器及其线束 3) 检查车速传感器及其线束 4) 检查执行机构动力源的供电情况，检查真空泵或步进电动机的工作情况，检查橡胶是否老化或有机械损伤 5) 检查自由拉杆和节气门拉索 6) 检查巡航控制释放开关和停车灯开关 7) 更换 ECU
巡航控制系统间歇性工作	巡航控制系统在某些时候不能正常工作	1) 检查控制开关 2) 检查伺服机构 3) 检查控制器是否失效 4) 检查线束搭铁连接情况 5) 检查控制电路的连接情况 6) 检查断路器 7) 检查车速传感器

故障现象	故障原因	故障排除方法
安全系统故障	1）车速信号不正确或没有车速信号 2）低速限制电路故障 3）高速限制电路故障 4）安全离合器工作不良 5）没有制动信号 6）没有空档起动信号 7）ECU 不工作	1）检查车速传感器及线束 2）检查低速限制开关及其线束 3）检查高速限制开关及其线束 4）检查安全离合器及其线束 5）检查制动灯电路、熔断器及其线束 6）检查空档开关、熔断器及其线束 7）更换 ECU

 【任务实施】

一、实施准备

（1）学生组织　学生按照5~6人一组进行分组，每组内按照实训进行分工，主要有测量、工具准备和故障分析推导等工作。

（2）实训场地及工具准备　主要包括维修车间、别克君威轿车整车、故障诊断仪、万用表、维修工具及设备。

二、实施步骤

1. 制订工作方案

1）检查 DTC（表4-2）。智能检测仪连接到 DTC。将点火开关置于 ON 位。按检测仪提示检查 DTC。

表4-2　检查 DTC

DTC	检测项目
B3794 08	巡航控制功能请求电路信号无效
B3794 61	巡航控制功能请求电路执行器卡滞
P0564	巡航控制多功能开关电路
P0567	巡航控制恢复开关电路
P0568	巡航控制设置开关电路
P0571 – 3	制动开关电路
P0575	巡航控制开关信号电路

结论：_____。

2）分析巡航控制系统电路。

3）从上述电路分析结合故障现象，判断出故障应该在_____电路上。该电路上的电路元件有_____。

4）检查巡航控制开关与其线束工作情况。用万用表在电阻档测量巡航控制开关处于不同工作状态下的各个端子的导通情况，具体见表4-3。若测试结果和标准不符，说明巡航控制开关损坏，需要进行更换。

表4-3 用万用表在电阻档测量巡航控制开关处于不同工作状态下的各个端子的导通情况

查询连接端子	控制开关	最小电阻值	最大电阻值
341—397	关闭	无穷大	无限大
341—397	接通	6.5kΩ	7.1kΩ
341—397	−设置	2.2kΩ	2.4kΩ
341—397	+恢复	3.7kΩ	3.9kΩ
341—397	取消	1.4kΩ	1.6kΩ

结论：巡航控制开关好（　　　）或坏（　　　）。

5）通过对上述检查结果分析，得出结论并提出解决方案。

2. 具体实施方案

本任务以一辆别克君威轿车巡航控制系统不正常工作故障为例，制订故障诊断与排除工作方案，并利用故障诊断仪、万用表对巡航控制系统及其电路元件进行检测，确定故障原因并维修更换损坏的元件，排除故障。

（1）查出故障　为避免误诊，应先执行以下操作：①检查制动灯工作是否正常；②检查节气门连接杆件是否有机械卡住现象，若有卡住现象会使系统出现故障；③检查巡航控制电缆的调节情况，该电缆应尽量没有松弛现象；④检查动力传动系统模块中是否储存有诊断故障码。

然后根据表4-4，按顺序检查故障。

表4-4 别克君威轿车巡航控制系统不正常工作的故障检修步骤

步　骤	操　　作	规　定　值	是	否
1	是否进行过巡航控制系统的诊断系统检查	—	至第2步	至"诊断系统检查－巡航控制"
2	1）断开点火开关 2）断开巡航控制模块 3）保持发动机关闭状态接通点火开关 4）使用与安全搭铁相连接的测试灯检测巡航控制模块的电源供给电路（341）。测试灯是否发亮	—	至第3步	至第36步
3	使用与巡航控制模块搭铁电路相连接的测试灯检测电源供给电路（341）。测试灯是否发亮	—	至第4步	至第37步
4	1）保持发动机关闭状态并接通点火开关 2）断开巡航控制 3）使用与安全搭铁相连接的测试灯检测ON/OFF（397）（接通/断开）、SET/COAST（84）（设置/滑行）以及恢复/加速（87）电路。测试灯是否在上述任何电路中发亮	—	至第16步	至第5步

步　骤	操　　作	规　定　值	是	否
5	1）保持发动机关闭状态并接通点火开关 2）接通巡航控制 3）使用与安全搭铁相连接的测试灯检测 ON/OFF（397）（接通/断开）电路。测试灯是否发亮	—	至第 6 步	至第 17 步
6	1）使用与安全搭铁相连接的测试灯检测设置/滑行（84）电路 2）按下设置/滑行开关并保持在此位置。测试灯是否发亮		至第 7 步	至第 19 步
7	1）使用与安全搭铁相连接的测试灯检测恢复/加速（87）电路 2）按下恢复/加速开关并保持在此位置。测试灯是否发亮	—	至第 8 步	至第 20 步
8	使用与安全搭铁相连接的测试灯检测巡航控制释放开关电路。测试灯是否发亮	—	至第 9 步	至第 21 步
9	踩下制动踏板并监视测试灯。测试灯是否发亮	—	至第 22 步	至第 10 步
10	使用与安全搭铁相连接的测试灯检测制动开关电路。测试灯是否发亮	—	至第 23 步	至第 11 步
11	踩下制动踏板并监视测试灯。测试灯是否发亮	—	至第 12 步	至第 24 步
12	使用与 B + 连接的测试灯探测巡航禁止/启动（83）电路。测试灯是否发亮	—	至第 25 步	至第 13 步
13	使用检测仪以命令巡航禁止/启动开关 OFF（断开）。测试灯是否发亮	—	至第 14 步	至第 26 步
14	使用与安全搭铁相连接的数字式万用表检测巡航接合输出（85）电路。电压测量值是否与规定值接近	B +	至第 15 步	至第 27 步
15	1）举升并用适当方式支承汽车 2）阻塞一个驱动轮 3）把驱动桥/变速器选择开关设置到驱动 4）把数字式万用表设置到 AC（直流电）刻度 5）使用与安全搭铁相连接的数字式万用表探测 VSS 信号电路 6）旋转其中一个驱动轮 7）观察数字式万用表。数字式万用表上显示的电压是否发生变化	—	至第 35 步	至第 28 步

步　骤	操　　作	规 定 值	是	否
16	检查使测试灯发亮的电路是否出现和电源短路的情况。是否发现并纠正了上述情况	—	至第 43 步	至第 34 步
17	测试 ON/OFF（接通/断开）（397）电路是否存在断路或高电阻。是否发现并纠正了上述情况	—	至第 43 步	至第 18 步
18	测试电源供给电路（341）在巡航控制模块和巡航控制开关之间是否存在断路或高电阻。是否发现并纠正了上述情况	—	至第 43 步	至第 34 步
19	测试设置/滑行电路（84）是否存在断路或高电阻。是否发现并纠正了上述情况	—	至第 43 步	至第 34 步
20	测试恢复/加速（87）电路是否存在断路或高电阻。是否发现并纠正了上述情况	—	至第 43 步	至第 34 步
21	测试巡航控制释放开关电路是否存在断路或高电阻。是否发现并纠正了上述情况	—	至第 43 步	至第 34 步
22	检查巡航控制释放开关电路是否出现和电源短路的情况。是否发现并纠正了上述情况	—	至第 43 步	至第 29 步
23	检查制动（停车灯）开关电路是否出现和电源短路的情况。是否发现并纠正了上述情况	—	至第 43 步	至第 30 步
24	测试制动（停车灯）开关电路是否存在断路或高电阻。是否发现并纠正了上述情况	—	至第 43 步	至第 30 步
25	测试巡航禁止/启动（83）电路是否出现和搭铁短路的情况。是否发现并纠正了上述情况	—	至第 43 步	至第 33 步
26	检查巡航禁止/启动（83）电路是否存在断路或高电阻，或者是否出现和电源短路的情况。是否发现并纠正了上述情况	—	至第 43 步	至第 33 步
27	检查巡航接合输出（85）电路是否存在断路或高电阻，或者是否出现和电源短路的情况。是否发现并纠正了上述情况	—	至第 43 步	至第 33 步
28	测试车速传感器（817）电路是否存在断路或高电阻。是否发现并纠正了上述情况	—	至第 43 步	至第 33 步
29	检查巡航控制释放开关是否已正确调节。是否发现并纠正了上述情况	—	至第 43 步	至第 31 步
30	检查制动（停车灯）开关是否已正确调节。是否发现并纠正了上述情况	—	至第 43 步	至第 32 步

步 骤	操 作	规 定 值	是	否
31	检查巡航控制释放开关的线束插头是否连接不当。是否发现并纠正了上述情况	—	至第43步	至第38步
32	检查制动（停车灯）开关的线束插头是否连接不当。是否发现并纠正了上述情况	—	至第43步	至第39步
33	检查动力传动系统模块的线束插头是否连接不当。是否发现并纠正了上述情况	—	至第43步	至第40步
34	检查巡航控制开关的线束插头是否连接不当。是否发现并纠正了上述情况	—	至第43步	至第41步
35	检查巡航控制模块的线束插头是否连接不当。是否发现并纠正了上述情况	—	至第43步	至第42步
36	维修巡航控制模块的电源供给电路（341）。是否完成了维修	—	至第43步	—
37	维修巡航控制释放开关。是否完成了维修	—	至第43步	—
38	更换巡航控制释放开关。是否完成了更换	—	至第43步	—
39	更换制动（停车灯）开关。是否完成了更换	—	至第43步	—
40	更换动力传动系统模块。是否完成了更换	—	至第43步	—
41	更换多功能转向信号操纵杆。是否完成了更换	—	至第43步	—
42	更换巡航控制模块。是否完成了更换	—	至第43步	—
43	在适合巡航控制系统工作的条件下开动汽车。巡航控制系统工作是否正常	—	系统正常	至第2步

结果记录：故障现象为_____，主要故障部位在_____。

（2）故障修复与排除

1）巡航控制开关的更换。更换示意图如图4-8所示。先使用平刃工具从左侧拆下巡航控制开关，然后松开所有的固定件和插接器，最后拆下巡航控制开关。

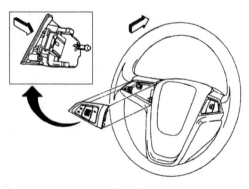

2）巡航控制模块的更换。巡航控制模块安装在制动控制杆支柱的左侧而且必须作为一个成套部件来维护，其拆装如图4-9所示。当拆卸时，先从巡航控制模块上断开巡航控制电缆，接着从巡航控制模块上断开电路插头，然后断开防振塔形螺母与巡航控制模块

图4-8 巡航控制开关更换示意图

的连接，最后断开巡航控制模块。当安装时，先把巡航控制模块安装到安装柱螺栓上，然后把巡航控制模块连接到防振塔形螺母上（注意螺母的紧固力矩为2N·m），接着把电

路插头固定到巡航控制模块上，最后把巡航控制电缆固定到巡航控制模块上。

3）巡航释放开关的更换。如图 4-10 所示。当拆卸时，首先拆除左侧仪表板绝缘体，然后从开关上断开电路插头，接着拉出开关，以便从制动踏板支架的座圈上拆除开关。当安装时，首先推入开关，以便把开关安装到制动踏板支架的座圈上，然后把电路插头连接到开关，接着调节巡航控制释放开关和停车灯开关，最后安装左侧仪表板绝缘体。

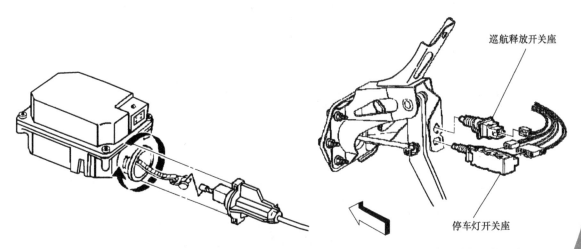

图 4-9　巡航控制模块的更换示意图　　　图 4-10　巡航释放开关的更换示意图

三、场地清理，现场 5S

针对维修中更换的零部件和废气液体，要分门别类地进行处理，避免造成资源浪费和环境污染。

【拓展训练】

一、自适应巡航控制系统简介

自适应巡航控制（Adaptive Cruise Control，ACC）系统是一种构想于 20 世纪 70 年代末期的汽车安全性辅助行驶系统。它将汽车自动巡航控制系统和车辆前向撞击报警系统（Forward Collision Warning System，FCWS）有机地结合起来，既有自动巡航功能，又有防止前向撞击功能。由于当时传感器技术、信号处理技术、汽车电子技术以及交通设施等方面的因素阻碍了 ACC 系统的发展，直到 20 世纪 90 年代中期，随着各项技术的进步和对汽车行驶安全性要求的提高，特别是对有效地防止追尾碰撞要求的不断提高，才使得ACC 系统迅速发展起来。ACC 系统共有四种典型的操作，如图 4-11 所示。

二、ACC 系统的组成及工作原理

ACC 系统的组成如图 4-12 所示。

ACC 系统一般使用的是微波雷达系统，其短波长电磁波的特性，使其拥有较佳的穿透力以及与光速相同的传播速度，让其拥有更远的使用范围与更快的侦测速度。丰田凯

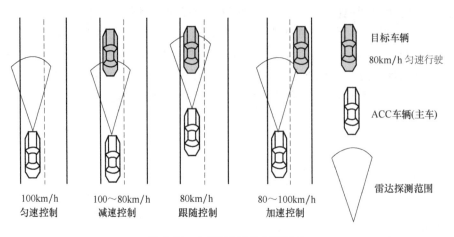

图 4-11　ACC 系统的典型操作

| 100km/h
匀速控制 | 100～80km/h
减速控制 | 80km/h
跟随控制 | 80～100km/h
加速控制 |

目标车辆
80km/h 匀速行驶

ACC车辆(主车)

雷达探测范围

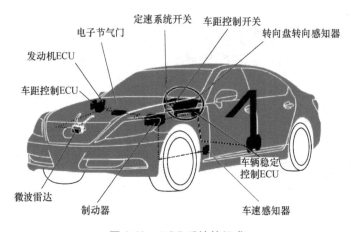

图 4-12　ACC 系统的组成

定速系统开关　车距控制开关
电子节气门　　　　　　　转向盘转向感知器
发动机ECU
车距控制ECU
车辆稳定控制ECU
微波雷达
制动器　　　车速感知器

美瑞所使用的 ACC 雷达系统的侦测范围可达 120m，能提供驾驶人极大的侦测范围。ACC 系统会依驾驶所设定的车速与侦测得到的车距数据，判断本车是否处于安全状态。若前方保有充足的车距，ACC 系统将依驾驶所设定的速度，自动控制节气门与发动机的喷油量，使得车辆能以稳定速度前进，降低驾驶人的操作疲劳。当雷达侦测前方有慢速车辆时，ACC 系统将发信号给制动器，利用精密的控制技术，一方面降低发动机的输出，另一方面进行制动，使得车辆能够降至与前车相同的速度，以固定的安全距离前进，确保驾驶人的安全。而当前方车辆开始加速，或是前方的障碍物排除时，ACC 系统会在第一时间侦测出路况的净空，自动提高发动机的输出，让车辆加速至所设定的速度。在整个过程之中，驾驶人除了需要握住转向盘之外，完全不需要任何操作。

【课后测评】

一、填空题

1. 巡航控制系统主要由_____、_____、_____、_____等组成。

2. 巡航控制系统的主控开关包括_____和_____。

3. 巡航选择开关一般有_____、_____、_____、_____和_____五种选择功能。

4. 巡航控制 ECU 接收_____传感器信号用于巡航车速的设定及将实际车速与设定车速进行比较，以便实现等速控制。

二、选择题

1. 气动式执行机构利用真空力和( )力之间的关系操作内置膜片。

A. 重力　　　　　　B. 电磁　　　　　　C. 弹簧

2. 巡航控制系统的操作控制通常布置在( )。

A. 汽车行李箱内　　B. 汽车转向盘上　　C. 前排乘客座椅旁边

3. 可以代替一些汽车上的真空伺服器的装置是( )。

A. 电磁阀　　　　　B. 电动机　　　　　C. 离合开关

三、简答题

1. 简述巡航控制系统的组成及工作原理。

2. 简述巡航控制系统的电路特点及分析方法。

3. 简述巡航控制系统不能正常工作故障的检修、排除方法。

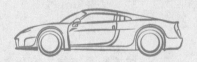

项目五

汽车安全气囊系统的检修

【项目描述】

　　汽车安全气囊系统（SRS，Supplemental Restraint System）是轿车上的一种辅助保护系统，也称为空气袋（AIR BAG）。当汽车遭到正面或侧面严重冲撞时能很快膨胀的缓冲垫，与座椅安全带配合使用，可以为乘员提供有效的防撞保护，可有效降低汽车乘员及驾驶人的伤亡率，是拯救乘员生命的重要装置。应该指出的是SRS实际上是安全带的辅助装置，只有在使用安全带的条件下，SRS才能充分发挥保护乘员的作用。

 **任 务** 汽车安全气囊系统警告灯常亮故障的检修

 【任务目标】

1. 知识目标

1）了解 SRS 的组成和工作原理。

2）能够识读 SRS 的电路图。

2. 技能目标

1）确定 SRS 故障警告灯常亮故障的检修步骤。

2）使用专用仪器设备对 SRS 进行检测。

3）使用电路图诊断 SRS 电路故障。

4）掌握 SRS 各部件的检修方法与更换。

 【任务描述】

一辆帕萨特轿车，打开点火开关一段时间后，SRS 警告灯不熄灭。要求检查并排除车辆出现安全气囊警告灯常亮的故障，并要求详细计划每一个工作过程和步骤。

 【知识储备】

一、概述

1. 安全气囊的功用

当汽车遭受碰撞导致减速度急剧变化时，气囊迅速膨胀，在驾驶人或乘员与车内构件之间铺垫一个气垫，利用气囊排气节流的阻尼作用来吸收人体惯性力产生的动能，从而减轻人体遭受伤害的程度。汽车安全气囊是当车辆发生碰撞事故时保护乘员的安全带辅助装置，如图 5-1 所示。安全气囊作为一个电子控制的系统，能够在汽车发生正面或侧面碰撞事故时根据所检测到的汽车冲击力（减速度）强度，由 ECU 判断，在极短的时间内接通引爆管电路，点燃气体发生剂，以大量气体瞬间填充气囊，冲破缓冲垫（装饰板），在乘员与车身之间形成一道柔软的弹性保护屏障，避免人与车之间发生剧烈的二次碰撞，使乘员免受伤害。当撞击发生后，气囊随即自动放气，它不会妨碍车内人员出逃，也不影响他们的视线。

2. 安全气囊的种类

（1）按碰撞类型分类　汽车安全气囊可分为正面碰撞防护 SRS、侧面碰撞防护 SRS 和顶部碰撞防护 SRS。正面碰撞防护 SRS 在大多数轿车的驾驶人和副驾驶人处有较高的安装率，在中高档轿车上也装备了侧面 SRS。

（2）按安全气囊安装数目分类　汽车 SRS 按安全气囊的安装数量可分为单 SRS、双

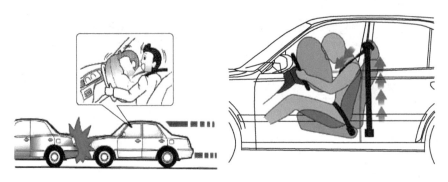

图 5-1　汽车安全气囊的作用

SRS 和多 SRS（包括后排乘员也有），如图 5-2 所示。单 SRS 只装在驾驶人侧转向盘中部，气囊盖板上标有"AIR BAG"字样。近几年生产的轿车大多数都采用了双 SRS，双SRS 在驾驶人侧和前乘客侧工具箱上方的仪表板内各装备有一个气囊。多 SRS 包括后排乘员也有气囊。无论 SRS 气囊数量多少，均可采用一个 SRS 专用 ECU 控制。

图 5-2　汽车安全气囊的类型

二、SRS 的组成与工作原理

1. SRS 的基本组成

目前，汽车 SRS 普遍都是电子式 SRS。电子式 SRS 的组成部件分布在汽车不同位置。虽然各型汽车 SRS 采用部件的结构和数量有所差异，但是其基本组成和工作原理都大致相同。

汽车 SRS 主要由若干加速度传感器、碰撞传感器（集中式系统安置于 ECU 内部，分散式系统安置在 ECU 外部）、ECU、气囊组件（含气体发生器）、系统指示灯、螺旋电缆线盘、SRS 插接件插头和线束等组成，如图 5-3 所示。

SRS 利用传感器检测碰撞信号并送往 SRS ECU，ECU 根据传感器信号并利用内部预先设置的程序不断进行数学计算和逻辑判断。当判断结果为发生碰撞时，ECU 立即发出点火指令引爆点火剂，点火剂引爆时产生大量热量使充气剂叠氮化钠药片受热分解，并产生大量氮气向 SRS 充气。

2. 汽车 SRS 的动作过程

汽车 SRS 在工作过程中，驾驶人气囊的动作过程如图 5-4 所示。

1）碰撞约 10ms 后，安全气囊达到引爆极限，气囊组件中的电雷管引爆点火剂并产生大量热量，使充气剂叠氮化钠药片受热分解；驾驶人由于惯性未动作，如图 5-4a 所示。

2）碰撞约 20ms 后驾驶人开始移动，但还没有到达气囊。

3）碰撞约 40ms 后，气囊完全充满胀起，体积最大；驾驶人逐渐向前移动，安全带斜系在驾驶人身上并收紧，部分冲击能量已被吸收，如图 5-4b 所示。

4）碰撞约 60ms 后，驾驶人头部及身体上部压向气囊，气囊背面的排气孔在气体和人体压力的作用下排气，利用排气节流的作用吸收人体与气囊之间弹性碰撞产生的动能，如图 5-4c 所示。

5）碰撞约 80ms 后驾驶人的头和身体上部沉向气囊。气囊的排气口打开，其中的气体在高压下匀速逸出，以吸收能量。

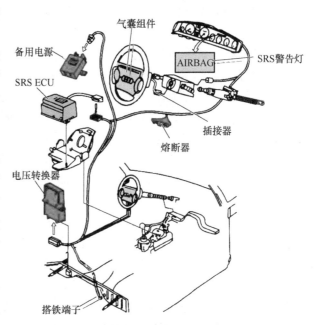

图 5-3　SRS 的基本组成和安装位置示意图

6）碰撞约 100ms 后车速已降为零，这时对车内的乘员来讲事故的危险期就已经结束。

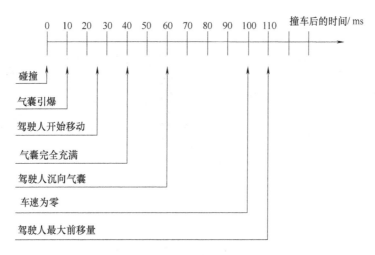

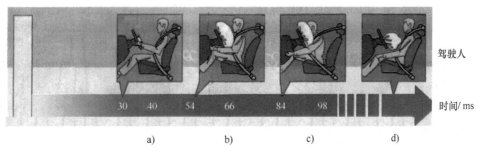

图 5-4　驾驶人气囊的动作过程

7）碰撞约110ms后，大部分气体已从气囊逸出，驾驶人向前移动达到最大距离，并身体开始后移，驾驶人身体上部回到座椅靠背上，这时大部分气体已从气囊中逸出，汽车前方恢复视野，如图5-4d所示。

8）碰撞约120ms后，碰撞危害解除，车速降低至零。

由此可见，在安全气囊动作过程中，气囊动作时间极短。从开始充气到完全充满的时间约为30 ms；从汽车遭受碰撞开始，到安全气囊收缩为止，所用的时间极为短暂，仅为120 ms左右，而人的眼皮眨一下所用的时间约为200ms。因此，安全气囊动作的状态和经历的时间无法用肉眼来确认。目前，世界上广泛采用模拟人体来进行碰撞试验，各汽车制造公司都用计算机模拟汽车遭受碰撞时，驾驶人安全气囊动作过程的模型与上述动作过程相似。

3. 安全气囊点火的判断条件

汽车SRS并非在所有碰撞情况下都能起作用。它是通过传感器感受车辆各个方向上的加速度，以逻辑方法可靠判别气囊打开的时机是安全气囊工作的前提条件。如图5-5所示，正面SRS在汽车从正前方或斜前方±30°角范围内发生碰撞且其纵向减速度达到某一值（通常称为减速率）时，才能引爆点火剂使充气剂受热分解给正面安全气囊充气。安全气囊触发与否取决于撞车时轿车的减速率（减速度）与控制单元设定的减速率。若撞车时轿车的减速率小于控制单元设定的基准值，则即使碰撞可能严重损坏轿车，系统也不会触发安全气囊。减速率由设计人员根据SRS的性能设定，不同车型SRS的减速度阈值可能有所不同。汽车遭受侧面碰撞超过斜前方±30°时，安全气囊不展开。

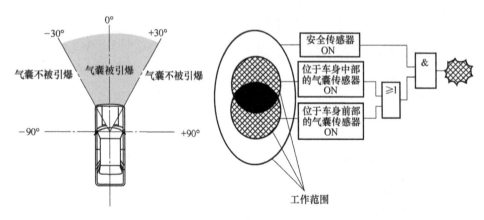

图5-5　正向引爆的安全气囊有效范围

如果撞击的强度大于设计的门限值，SRS前空气囊将展开，此门限值大约相当于以20~25km/h的速度与不移动或不变形的固定障碍物直接撞击。当汽车正常行驶、正常制动或在路面不平的条件下行驶，纵向减速度未达到设定值时，安全气囊不展开。

如果车辆发生侧面或后面碰撞、翻转或发生低速正面碰撞，在这些情况下SRS前空气囊不展开，如图5-6a所示。如果对车辆底部发生严重的撞击，SRS前空气囊可能展开，如图5-6b所示。

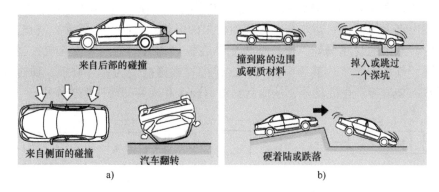

来自后部的碰撞

撞到路的边围
或硬质材料

掉入或跳过
一个深坑

来自侧面的碰撞

汽车翻转

硬着陆或跌落

a)   b)

图5-6 安全气囊的展开条件

a）不展开 b）展开

4. 侧面和帘式 SRS 空气囊展开条件

1）侧面空气囊＋帘式空气囊（只是前面有）。

① SRS 侧面空气囊和帘式空气囊被设计成当车辆受到侧面碰撞能展开。

② 当车辆受到来自对角线方向或如图 5-7a 中左方的侧面碰撞时，但是不是车厢处，SRS 面空气囊和帘式空气囊可能不会展开。

2）侧面空气囊＋帘式空气囊（前面＋后面）。

① SRS 空气囊和帘式空气囊被设计成当车厢受到侧面碰撞或后侧碰撞时能展开。

② 当车辆受到来自对角线方向或如图 5-7b 中左方的侧面碰撞时，但是不是车厢处，SRS 侧面空气囊和帘式空气囊可能不会展开。

3）当撞击发生在前面或尾部，或发生翻车、侧面低速碰撞，SRS 侧面空气囊和帘式空气囊不展开，如图 5-7c 所示。

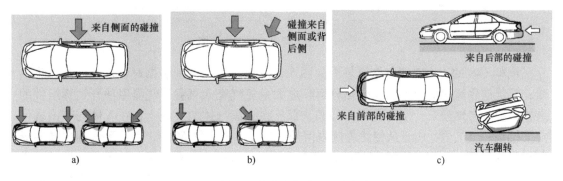

来自侧面的碰撞

碰撞来自
侧面或背
后侧

来自后部的碰撞

来自前部的碰撞

汽车翻转

a)   b)   c)

图5-7 侧面和帘式空气囊不展开的条件

a）侧面空气囊＋帘式空气囊（只是前面有） b）侧面空气囊＋帘式空气囊（前面＋后面）

c）前面或尾部撞击或翻车

5. 汽车 SRS 的工作原理

安全气囊的工作原理框图如图 5-8 所示。当汽车时速超过 30km/h 发生前碰撞事故时，装在汽车前端的碰撞传感器和装在汽车中部的安全传感器可检测到车速突然减速的信号，由碰撞传感器将撞击信息传给 ECU，也称为微处理器（CPU），SRS ECU 中预先设置的程序经过数学计算和逻辑判断撞击的严重程度，并在几毫秒内决定是否起动气囊。若需要则发出点火信号，立即向 SRS 气囊组件内的电热点火器（电雷管）发出点火指令，引爆电雷管，点火剂受热爆炸，使气体发生器在极短的时间内向气囊充气，当人体脸部一接触气囊，气囊的泄气孔就逐渐泄气，这样把硬性碰撞变为弹性碰撞，通过气囊产生变形来吸收人体碰撞产生的动能，从而起到对驾驶人和乘客的缓冲保护作用。

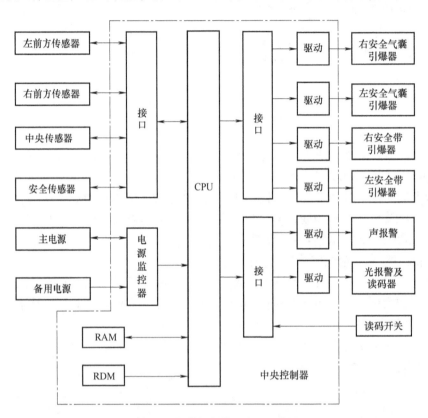

图 5-8 安全气囊的工作原理框图

汽车 SRS 的正面碰撞工作原理图如图 5-9 所示。当点火剂引爆时，迅速产生大量热量，充气剂叠氮化钠固体药片受热分解释放大量氮气充入气囊，气囊便冲开气囊组件的装饰盖板鼓向驾驶人，使驾驶人头部和胸部压在充满气体的气囊上，在人体与车内构件之间铺垫一个气垫，由于从传感器接收信号到气囊张开仅需 50ms，而驾驶人撞向转向盘的时间约为 60ms，故在发生碰撞时，能有效地保护驾驶人，避免了驾驶人直接撞转向盘的危险。安全气囊从触发，到充气膨胀，再到驾驶人头部陷入气囊，直至气囊被压扁的全过程，不超过 110ms。

当汽车遭受正面碰撞或侧面碰撞时，其 SRS 工作原理基本相同，如图 5-10 所示。

6. SRS 的主要元件

1. 碰撞传感器

碰撞传感器有机械式、机电式和电子式三种。

（1）机电式传感器

1）滚球式传感器。如图 5-11 所示，平时小钢球被磁场力约束，当碰撞时，在圆柱

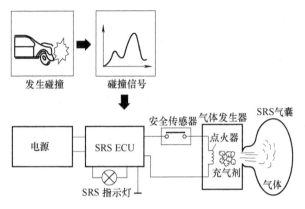

图 5-9　汽车 SRS 的正面碰撞工作原理图

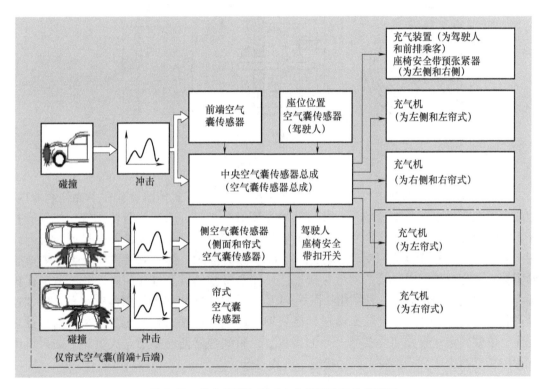

图 5-10　带有侧面和帘式安全气囊的工作原理图

形钢套内小钢球就向前运动，一旦接触到前面的触点，则将局部电路接通。这种传感器的灵敏度由三个参数确定，即磁场大小、小钢球和圆柱形钢套之间的间隙以及小钢球与触点间距离。这种传感器目前应用很广，可以检测各种撞击信号。

2）偏心式传感器。偏心式传感器为具有偏心转动质量的机电式加速度传感器，它是由外壳、偏心转子、偏心重块、旋转触点与固定触点、螺旋弹簧等构成的。如图 5-12 所示，偏心式传感器的外侧装有一个电阻，作为自检之用，检测中央气囊传感器总成与其之间的线路是否有断路或短路。

当汽车正常行驶时，偏心转子和偏心重块被螺旋弹簧拉回，处于平衡状态，此时转子上安装的旋转触点与固定触点不接触；当车辆受到正面碰撞且速度达到设定值时，由于偏心重块惯性的作用，使偏心重块连同偏心转子和旋转触点一起转动，旋转触点与固定触点发生接触，从而向 ECU 发出闭合电路信号。

3）水银开关式传感器。也称为安全传感器，如图 5-13 所示，安全传感器为防止碰撞传感器因短路故障而引爆点火器设置的。当汽车碰撞时，水银产生惯性力，上移而使两极接通，使点火器接通。安全传感器一般比碰撞传感器所需的惯性力或减速度小，以保证碰撞传感器可靠工作。

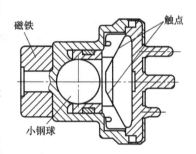

图 5-11　滚球式传感器

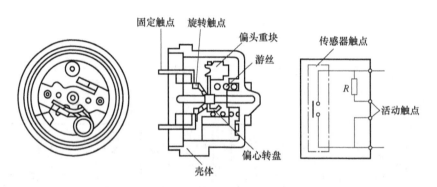

图 5-12　偏心式传感器的外形

（2）电子式传感器（中央安全辅助气囊传感器）　电子式传感器装在中央控制器内，用来测量汽车碰撞时急减速信号，并将其输送到微处理器，引爆气囊传爆管，使气囊打开。同时前方另一个传感器也引爆了预紧器的传爆管，即安全带预紧器同气囊一起起作用。有的前方传感器具有两对动、静触头，在低速碰撞时，第一对触头闭合引爆安全带预紧器；在高速碰撞时，第二对触头接通，使安全带预紧器及气囊同时动作。电子式传感器的作用是增加可靠性，其结构如图 5-14 所示。电子式加速度传感器对汽车正向加速度进行连续测量，并将测量结果输送给微处理器。微处理器内有一套复杂碰撞信号处理程序，能够判定气囊是否需要打开。如果需要，微处理器便会接通点火电路，如果机电式保险传感器也闭合，则将引发器接通，气囊打开。

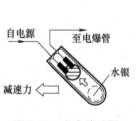

图 5-13　安全传感器

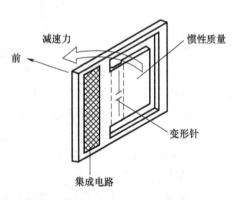

图 5-14　电子式传感器的结构

2. 安全气囊组件

气囊组件主要由气体发生器、点火器、气囊、饰盖和底板组成，如图 5-15 所示。图 5-16 为驾驶人侧转向盘中央气囊，金属滤网用以过滤充气剂和点火剂燃烧后的渣粒。

典型的驾驶人侧安全气囊组件由安全气囊饰罩、带涂敷层或不带涂敷层的织物折囊垫、充气器（即气体发生器、含引爆剂、扩爆剂和主推进剂）和将安全气囊组件安装在转向盘的连接组件等组成。

在气体发生器中，气袋位于转向盘中央部位，不可拆开。如图 5-17 所示，气体发生器内有一个发火极，其外围是点火剂，再外面布置的是气体发生剂。通过两层隔离板，最外侧和气体发生器

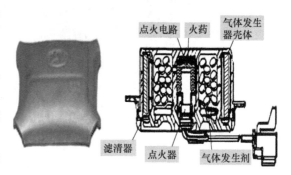

图 5-15　气囊组件

上部为一折叠着的气袋，气袋由尼龙材料制成。气囊传感器在撞击的减速力作用下接通电源，电流流入传爆管，使之迅速升温，并点燃点火剂及气体发生剂，使得大量氮气冲破隔离层，穿过过滤屏。被冷却后的气体全部进入气囊，气囊冲破转向盘中央盖板，在转向盘和驾驶人之间形成一个大气囊。由于传爆管会因流入很弱的电流而被点燃，因此不可用电流表来测量其电阻和电压，以免由于测量电流流入，引发气囊爆出。气体发生器的功能是使气囊在瞬间膨胀。通常它要在 1/100 ~ 1/20s 内产生气体，并向气囊供气。

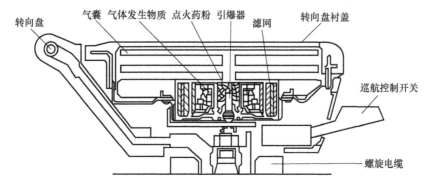

图 5-16　驾驶人侧转向盘中央气囊

点火器外包铝箔，安装在气体发生器内部中央位置。其功能是在前碰撞传感器和安全传感器将气囊电路接通时，引爆点火剂，产生热量使充气剂分解。点火器的所有部件均安装在药筒内。点火剂包括引爆炸药和引药。引出导线与气囊插接器插头连接，插接器（一般多为黄色）中设有短路片（铜质弹簧片）。当插接器插头拔下或插头与插座未完全接合时，短路片将两根引线短接，防止静电或误通电将电热丝电路接通而造成气囊误胀开。

3. 电子控制器 ECU

电子控制器 ECU 又称为安全辅助气囊 ECU 组件。电子控制器 ECU 是安全辅助气囊

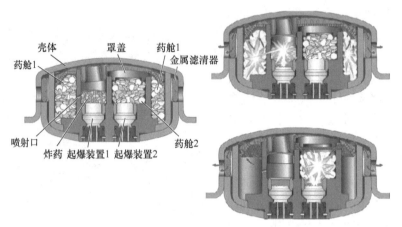

图 5-17　气体发生器

系统的核心部件，其安装位置因车型而异。当防护传感器与电子控制器组装在一起时，ECU 通常安装在驾驶室变速杆前、后的装饰板下面。当防护碰撞传感器与 ECU 分开安装时，ECU 的安装位置则因车型而异。图 5-18 为 SRS ECU 实物和内部结构。

　　ECU 主要由 SRS ECU 逻辑模块、信号处理电路、备用电源电路、保护电路和稳压电路等组成。防护传感器一般也与安全辅助气囊 ECU 一起设置在 ECU 中，其电路图如图 5-19 所示。

图 5-18　SRS ECU 实物和内部结构

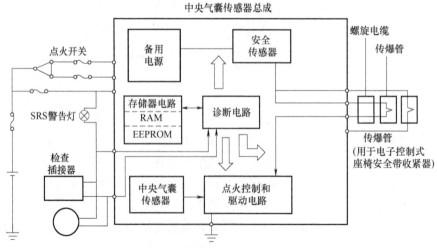

安全传感器、传爆管和中央气囊传感器是串联的
前气囊传感器和中央气囊传感器是并联的(仅限某些型号)
传爆管是并联的

图 5-19　安全辅助气囊电子控制器线路图

（1）ECU 模块（微处理器） ECU 模块的主要功能是监测汽车纵向减速度或惯性力是否达到设计阈值，控制气囊组件中的点火器引爆点火剂。在汽车行驶过程中，安全辅助气囊 ECU 不断接收前碰撞传感器和安全传感器传来的车速变化信号，经过数学计算和逻辑判断后，确定是否发生碰撞。当判断结果为发生碰撞时立即运行控制点火的程序，并向点火电路发出指令引爆点火剂，点火剂引爆时产生大量热量，使充气剂受热分解释放气体给安全辅助气囊充气。

除此之外，安全辅助气囊 ECU 还要对控制组件中关键部件的电路（如传感器电路、备用电源电路、点火电路、安全辅助气囊指示灯及其驱动电路）不断进行诊断测试，并通过安全辅助气囊指示灯和储存在存储器中的故障码来显示测试结果。仪表板上的安全辅助气囊指示灯可直接向驾驶人提供安全辅助气囊系统的状态信息。

（2）信号处理电路 信号处理电路是对传感器检测的信号进行整形、放大和滤波，以便安全辅助气囊 ECU 能够接收、识别和处理。

（3）备用电源电路 备用电源电路由电源控制电路和若干个电容器组成。在单个安全辅助气囊系统的控制组件中，设有一个 ECU 备用电源和一个点火备用电源。在双安全辅助气囊的控制模块中，设有一个 ECU 备用电源和两个点火备用电源，即两条点火电路各设一个备用电源。点火开关接通后，如果汽车电源电压高于安全辅助气囊 ECU 的最低工作电压，那么 ECU 备用电源和点火备用电源即可完成储能任务。

备用电源的作用是：在碰撞过程中，一旦蓄电池连接松脱，当汽车电源与安全辅助气囊 ECU 之间的电路切断后，在一定时间（一般为 6s）内维持安全辅助气囊系统供电，保持安全辅助气囊系统的正常功能。当汽车遭受碰撞而导致蓄电池和交流发电机与安全辅助气囊 ECU 之间的电路切断时，ECU 备用电源能在 6s 之内向 ECU 供给电能，保持ECU 测出碰撞、发出点火指令等正常功能。点火备用电源能在 6s 之内向点火器供给足够的点火能量引爆点火剂，使充气剂受热分解给气囊充气。时间超过 6s 之后，则丧失上述功能。

（4）保护电路和稳压电路 为了防止 SRS 元件遭受过电压损害，安全辅助气囊控制模块中必须设置保护电路。同时，为了保证汽车电源电压变化时，安全辅助气囊系统能够正常工作，还必须设置稳压电路。

4. 螺旋电缆线盘

螺旋电缆线盘用于转向盘上的电气开关到转向柱及车身侧的电气连接。它由旋转接线、螺旋电缆线盘壳、扁平电缆线盘和复位凸轮等构成。复位凸轮和螺旋线盘壳凹凸相嵌为一体。扁平电缆线长 4.8m，卷成一盘置于螺旋电缆盘壳内，一端与可转动的盘壳上的插头相连，另一端与盘壳固定件的插头相连，向左或向右转动三圈也不会使电缆有任何被拉紧的现象，如图 5-20 所示。如果点火开关转到 ACC 或 ON 位时，螺旋电缆线盘断开，SRS ECU 将判断为故障，并记入故障码。

5. SRS 插接件

许多轿车的 SRS 插接件及连线都为黄色且成单股，以示与其他电气系统区别，且所有插接件均使用耐久的铂金作为接触端子，以保证 SRS 的高度可靠性。插接件分为气囊控制 ECU 插接件、熔丝盒插接件、互联插接件、气囊插接件和前传感器插接件。

控制 ECU 插接件和前传感器插接件内有电气检测功能的机械结构，互联插接件和气囊插接件内有防止气囊意外引爆的机械结构，熔丝盒插接件、互联插接件和气囊插接件具有双重锁定的机械结构。

6. SRS 警告灯

SRS 警告灯位于仪表板上，如图 5-21 所示。当点火开关接通 ON 或 ACC 位后，如 SRS 指示灯发亮或闪亮约 6s 后（闪 6 下）自动熄灭，表示 SRS 功能正常。如 SRS 指示灯不亮、一直发亮或在汽车行驶中突然发亮或闪亮，表示自诊断系统发现 SRS 有故障，提示应进行检修。

若 ECU 出现异常，不能控制 SRS 警告灯，SRS 警告灯便在其他电路的直接控制下，做出异常显示。如 ECU 无点火电压，警告灯常亮；ECU 无内部工作电压，警告灯常亮；ECU 不工作，警告灯在看门狗电路的控制下，以 3 次/s 的频率闪烁；ECU 未接通，警告灯经线束插接器的短接条接通。

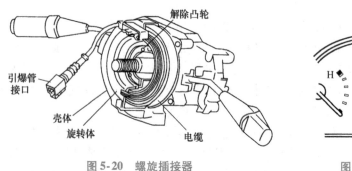

图 5-20　螺旋插接器　　　　　　图 5-21　SRS 警告灯

三、SRS 故障诊断方法

SRS 的传感器、充气装置和中央气囊传感器等元件均不能分解修理，所以，SRS 的故障诊断主要是电气方面的故障诊断。由于 SRS 平时不使用，一旦使用之后便报废，所以 SRS 不像汽车上的其他系统那样，在使用过程中出现故障会表现出来。因为没有异常现象的出现，SRS 的故障就难于发现。为此，SRS 本身设置了自诊断系统，若系统出现故障，即可通过故障警告灯反映出来。这样，SRS 的故障警告灯和故障码就成了最重要的故障信息来源和故障诊断依据。

由于 SRS 是一个独立系统，与汽车上的其他系统都没有关系，所以，若系统中存在故障，只需按照故障码所指示的内容进行诊断，找出故障是出在元件还是在导线或插接器上。

因为各充气装置的点火器不允许测量其电阻，点火器的断路或短路的判断必须利用自诊断系统来进行，这是 SRS 故障诊断的特殊性。SRS 的故障诊断可按图 5-22 所示进行。

四、SRS 的检修

SRS 的故障检测一般有三种方法，即保养指示灯法、参数测量法和诊断仪扫描法。现在车辆多用诊断仪扫描法。诊断仪扫描法的一般程序是当故障警告灯出现故障后，先用诊断仪扫描读取出故障码，再根据手册的指导进行具体的检查。开机时，故障警告灯如果闪 6s 后不熄灭，说明有故障存在，如果提示灯根本不亮，说明故障警告灯线路有故障。

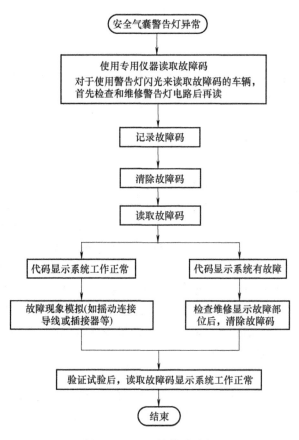

图 5-22　SRS 的故障诊断

诊断仪扫描法检查程序如下：

1）将点火开关置于 OFF 位。

2）将诊断仪电源线插到点烟器插座上。

3）将诊断仪接到熔断盒中的诊断插口上。

4）接通点火开关。

5）用诊断仪检查自诊断故障码。

6）断开点火开关排除故障，然后接通点火开关，用诊断仪清除所存的故障码。

7）摘下诊断仪。

　【任务实施】

一、实施准备

（1）学生组织　学生按照 3~4 人一组进行分组，每组内按照实训进行分工，主要有测量、工具准备和故障分析推导等工作。

（2）实训场地及工具准备　主要包括实训车辆（帕萨特轿车）一辆、维修实训车间、VAG 1551 诊断仪、开口扳手一套、棘轮扳手、套筒一套、检修工具及设备。

二、实施步骤

1. 资讯

首先倾听客户对故障的描述后再进行有针对性的询问，确认故障发生时的症状、故障发生的时间、出现在什么工况和环境条件以及故障发生前后的保养维修情况等。

2. 安全气囊警告灯常亮故障诊断分析

安置在仪表板上的安全气囊警告灯，功用是向驾驶人或维修人员指示整个 SRS 有否故障，或是在系统有故障时，通过闪码找出故障的部位。汽车在正常行驶中警告灯会熄灭，若发现警告灯在点火开关从 LOCK 转至 ON 位 4s 和 6s 后不熄灭，或在行驶中一直亮着，可能有两个原因：一是 SRS 曾发生故障，经拆修换件完毕后未清除故障码，可按该车型维修手册的规定进行清除；二是警告灯控制电路有故障，大多是警告灯搭铁短路。检查方法是拨开安全气囊 ECU 总插头，查找警告灯至 ECU 间线路的问题，还是 ECU 内部的问题。拨开 ECU 插头之前，需先将点火开关置于 LOCK 位，记下音响锁定密码再拆下蓄电池负极电缆。拨开 ECU 总插头后，再装回蓄电池负极电缆，如果这时警告灯熄灭，便说明 ECU 内部搭铁，应该更换 ECU 总成；如果警告灯仍亮，说明警告灯至 ECU 间的线路或 TDCL 及检查插头等处短路。

3. 制订检修方案

车辆要进行 SRS 的检查，或已受到碰撞的车辆要进行这方面的检查应按以下顺序进行，参见表5-1～表5-4。如果发现问题，就将其更换成新的。

表 5-1　转向盘衬垫（带安全气囊）、转向盘和螺旋形电缆的检查项目

检查部件	汽车碰撞情况	具体检查内容
转向盘衬垫（带安全气囊）、转向盘和螺旋形电缆	没有受到碰撞的汽车	1）进行诊断系统检查 2）对安装在汽车上的转向盘衬垫（带安全气囊）肉眼检查：转向盘上的表面凹槽部分是否有刻痕、微小裂纹或明显的污渍
	受到碰撞而安全气囊未张开的汽车	1）进行诊断系统检查 2）对从汽车上拆下的转向盘衬垫（带安全气囊）进行下述项目的肉眼检查： 检查转向盘衬垫上的表面凹槽部分是否有刻痕、裂纹或明显的污渍 检查插接器和配线是否有切痕、裂纹或碎片 检查转向盘喇叭按钮接触板是否变形 备注：如果转向盘的喇叭按钮接触板变形损坏，不要修理，更换一个新的转向盘总成。当把一新的转向盘衬垫安装到转向盘上时，转向盘衬垫和转向盘之间应没有干涉，其周围的间隙也应均匀

检查部件	汽车碰撞情况	具体检查内容
转向盘衬垫（带安全气囊）、转向盘和螺旋形电缆	受到碰撞而安全气囊已张开的汽车	1）进行诊断系统检查。 2）对从汽车上拆下的转向盘衬垫进行下述项目的肉眼检查： 检查转向盘喇叭按钮接触板是否变形 检查螺旋形电缆插接器和配线是否损坏 备注：如果转向盘的喇叭按钮接触板变形，切勿修理，应更换一个新的转向盘总成。当把一新的转向盘衬垫安装到转向盘上时，转向盘衬垫和转向盘之间应没有干涉，其四周的间隙也应均匀

在下述情况下，更换转向盘衬垫、转向盘或螺旋形电缆：

1）安全气囊已张开。

2）在故障排除中发现转向盘衬垫或螺旋形电缆有毛病。

3）在检查中发现转向盘衬垫、转向盘或螺旋形电缆有毛病。

4）转向盘衬垫已脱落。

表5-2　前安全气囊传感器的检查项目

检查部件	汽车碰撞情况	具体检查内容
前安全气囊传感器	没有受到碰撞的汽车	进行诊断系统检查
	受到碰撞的汽车	1）进行诊断系统检查 2）如果轿车的前翼子板或外围损坏，即使安全气囊没有张开也要用肉眼检查有无下述的损坏：托架变形，油漆从托架上的剥落，传感器壳体上的裂纹、凹陷或碎片，插接器上的裂纹、凹陷或碎片和划痕，标签的剥离或系列编号的损坏 还要参照车身图，并检查安装前安全气囊传感器部位的尺寸和车身的表面角度。如果传感器的安装尺寸或角度不正确，安全气囊就有可能失效，或根本不能工作

在下列情况下，更换前安全气囊传感器：

1）如果在碰撞中安全气囊已经张开（更换左右两个前安全气囊传感器）。

2）如果在进行项目检查故障排除中发现前安全气囊传感器失效。

3）如果前安全气囊已脱落，更换前安全气囊。

表 5-3　中央安全气囊传感器总成的检查项目

检 查 部 件	汽车碰撞情况	具体检查内容
中央安全气囊传感器	没有受到碰撞的汽车	进行诊断系统检查
	受到碰撞的汽车	进行诊断系统检查，如果安全气囊已张开： 1）进行诊断系统检查 2）对中央安全气囊传感器总成进行下述项目检查：托架或壳体损坏，乙烯树脂座位损坏，插接器破坏 注意：为防止中央安全气囊传感器总成与其他的零部件相干涉，修理后进行检查

在下列情况下，更换中央安全气囊传感器：

1）如果在故障排除中发现中央安全气囊传感器总成失效。

2）如果在进行项目检查中发现中央安全气囊传感器总成已失效。

3）如果中央安全气囊传感器已脱落。

表 5-4　配线和插接器的检查项目

检 查 项 目	汽车碰撞情况	具体检查内容
配线和插接器	没有受到碰撞的汽车	进行诊断系统检查
	受到碰撞的汽车	1）进行诊断系统检查 2）SRS 配线上是否有破裂，或导体是否已暴露出来 3）SRS 配线插接器被撞毁或撞碎

在下列情况下，更换配线或插接器：

1）如果在故障排除中发现 SRS 配线或插接器任一个零部件失效。

2）如果在进行项目检查时发现 SRS 配线的任一个零部件失效。

注意：如果 SRS 使用的配线损坏，就将整个配线总成更换。如果连到安全气囊传感器的插接器可单独修理好（若配线上没有任何损坏），使用为此而专门设计的修理用配线。

4. 查阅维修手册进行检修

（1）车载诊断系统（OBD）　帕萨特轿车 SRS 装备车载诊断系统功能。如果故障存在于监控传感器或其他部件中，表明故障类型的诊断故障码（DTC）保存在诊断故障码存储器内。组合仪表中的气囊故障指示灯点亮。诊断故障码储存在存储器内，且故障指示灯一直点亮，直到用读码器检查诊断故障码存储器，并清除诊断故障码。如果 SRS 已经膨开，诊断故障码存储器记录部件膨开是否恰当。将读码器与适配器连接至转向盘左侧仪表板左下角的 16 针数据传输插头（DLC）（图 5-23）如果无显示，检查诊断故障码供给电压。

（2）检查和清除诊断故障码存储器　连接读码器，点火开关置于 ON 位，按下"1"键，选择快速数据传送。按下"1"和"5"，选择气囊代码15，按"Q"键确认输入。用右箭头键通过程序向前滚动。大约5s以后，"RAPID DATA TRANSFER（快速数据传送）和 SELECT FUNCTION（选择功能）"将显示。按下"0"和"2"键，选择"Check DTC Memory（检查诊断故障码存储器）"功能02，按"Q"键确认输入。关于显示代码诊断，参见"诊断故障码"。按下"0"和"5"键，选择"Erase DTC Memory（清除诊断故障码存储器）"功能05，按"Q"键确认输

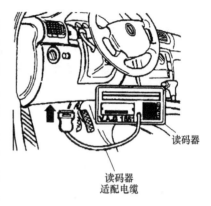

读码器

读码器
适配电缆

图 5-23　连接读码器和适配器

入。读码器屏幕右侧"/SP"指示是间歇性故障。按压"Print（打印）"键，读码器完成打印输出操作。

（3）控制模块编码　连接读码器，点火开关置于 ON 位。按下"1"键，选择快速数据传送。按下"1"和"5"键，以便选择气囊代码15，按"Q"键确认输入。用右箭头键通过程序向前滚动。大约5s以后。RAPID DATA TRANSFER（快速数据传送）和 SELECT FUNCTION（选择功能）将进行显示。按"0"和"7"键，选择"Code Control Module（代码控制模块）"功能07，按"Q"键确认输入。按汽车配置输入正确的气囊控制模块代码：

00067：每款汽车配置驾驶人侧和乘员侧前气囊。

00066：每款汽车配置驾驶人侧和乘员侧前气囊和侧面气囊。

按"Q"键确认输入。按下键"0"和"6"，选择"END OUTPUT（结束输出）"功能06，按"Q"键确认输入。拔出点火开关钥匙。重复程序确保正确的代码。检查系统工作是否正常。帕萨特轿车 SRS 诊断故障码见表5-5。

表 5-5　帕萨特轿车 SRS 诊断故障码

故障码	含义	可能原因	纠正措施
DTC 00532	供给电压信号过低	蓄电池放电或存在故障，控制模块导线连接不良	充电或更换蓄电池，更换控制模块导线或连接
DTC 00588	驾驶人侧气囊电阻过高或过低，对电源或搭铁短路	导线或连接不良，盘簧或驾驶人侧气囊故障	更换不良的导线或连接，检查盘簧，更换驾驶人侧气囊
DTC 00589	乘员侧气囊电阻过高或过低，对电源或搭铁短路	导线或连接不良，乘员侧气囊故障	更换不良的导线或连接，更换乘员侧气囊
DTC 00595	储存碰撞数据	正面碰撞	根据需要更换气囊、控制模块及其他部件
DTC 01025	多功能指示灯不良	导线电路断路，搭铁短路或对电源短路；气囊故障指示灯泡、组合仪表不良；气囊控制模块不良	修理导线，修理导线断路，更换故障指示灯泡，修理组合仪表，更换气囊控制模块

故　障　码	含　　义	可能原因	纠正措施
DTC 01217	驾驶人侧侧面气囊电阻过高或过低，对电源短路或搭铁短路	导线或连接不良，气囊故障	更换不良的导线或连接，更换气囊
DTC 01218	乘员侧侧面气囊电阻过高或过低，对电源短路或搭铁短路	导线或连接不良，气囊故障	更换不良的导线或连接，更换气囊
DTC 01221	驾驶人侧侧面气囊碰撞传感器电阻过高或过低，对电源短路或搭铁短路	导线或连接不良，碰撞传感器或控制模块故障或不匹配	更换不良的导线或连接，更换碰撞传感器或控制模块
DTC 01222	乘员侧侧面气囊碰撞传感器电阻过高或过低，对电源短路或搭铁短路	导线或连接不良，碰撞传感器或控制模块故障或不匹配	更换不良的导线或连接，更换碰撞传感器或控制模块
DTC 01280	乘员侧气囊开关关闭	控制模块自适应性发生变化	改变控制模块自适应性使两个气囊功能正常
65535	控制模块故障	控制模块不良或电干扰	检查控制模块线路与连接，检查控制模块代码

5. 故障点确认

经检查发现，转向柱管上 SRS 的电线卷筒损坏（电线折断），可能是修理人员在拆装时没有按要求进行操作所致。更换电线卷筒，并按规定程序消码后，仪表板指示一切正常。

> 安装电线卷筒时应注意：将前轮校直，定好电线卷筒中心，装好后其上的箭头标记应直立。

三、场地清理，现场 5S

针对维修中更换的零部件和废气液体，要分门别类地进行处理，避免造成资源浪费和环境污染。

 【拓展训练】

汽车 SRS 的正确使用

1. SRS 的正确使用

1）SRS 应配合安全带使用。SRS 是辅助性安全装置，保证安全的基本前提是要佩戴安全带。

2）SRS 不得故障运行。若 SRS 故障运行，会产生两种不良现象：一是当汽车发生碰撞需要 SRS 工作时，它却不能工作；二是 SRS 不该工作时，却错误工作。前者将失去 SRS 保护功能；后者将会给乘员造成意外伤害，甚至导致事故。

3）安全气囊传感器不能进行人为冲击试验。在汽车修理作业时如果有可能对传感器有冲击，应将它拆下，待修理完毕后再按规定装复。

4）SRS 气囊的保存应严格按规定执行。当气囊保存时，若存放位置不当，可能引起气囊误触发，例如丰田皇冠轿车的气囊不允许竖直放置。

2. SRS 使用注意事项

（1）烟和粉末　当气囊充气时不会燃烧或破裂，但化学反应会产生烟和粉末状残渣，其成分大部分是滑石粉与钠的化合物，皮肤或眼睛若与沉淀物接触，可能有短时间刺激感，但不会对健康产生危害。

（2）意外充气　触发气囊充气的传感器仅能被严重的前碰撞或近似前碰撞所激发。即使猛烈关门、坐在转向盘毂上、用手摇动保险杠或在高低不平的路面上行驶，气囊都绝不可能意外充气，传感器能准确鉴别汽车紧急制动与严重前碰撞或近似前碰撞的差别。

（3）气囊充气后驾驶汽车　气囊充气后，人体碰压会使其很快泄气，只要汽车仍然能行驶，驾驶人就能继续操纵带有瘪气囊的转向盘。不过这时很危险，只能应急，应尽快把车送到修理厂去。

（4）气囊充气对眼镜的损坏　由于乘员与充气气囊相碰，可能使眼镜架折弯、损坏甚至断开，造成面部轻伤，但眼镜片不会破碎或伤及眼睛。

（5）气囊充气的声音　气囊充气时的声音很响，但持续时间极短，以致大多数乘员都没注意到，同时实际碰撞的声音几乎淹没了气囊充气的声音。

（6）在装有气囊的车室内放置物品　在气囊的前方、上方或近处放置的任何物品都有可能妨碍气囊充气或被抛射出去，在车室内安装收音机、CD 机等附件时，要遵照汽车生产厂的规定，否则会影响气囊工作。

（7）碰撞损坏汽车上的气囊　如果在由于碰撞而严重损坏的汽车上有未引爆充气的气囊，那么可能是该气囊的电路系统出现故障，造成没有电信号传给气体发生器。此时，首先应断开电源线。考虑到 SRS 有能量延迟特点，在发生碰撞事故后不久，不要靠近或将物品放置在未充气的气囊旁边。当装有气囊的汽车着火时，气囊组件在温度达到 150℃左右时会自行充气。已充过气的气囊组件没有任何危险性，拆除后可按一般废物处理。

（8）SRS 的更换　在碰撞后可修复的汽车上，必须更换已充过气的 SRS。任何 SRS 都是与某一特定车型的碰撞特性及乘员舱尺寸相匹配的。因此，只能更换专门为该车型设计的 SRS。

（9）气囊与儿童约束　儿童乘车时应使用合适的保护装置，在装有气囊的汽车上更是如此。由于气囊充气可能对前排儿童造成伤害，如图 5-24 所示，当发生碰撞或气囊展开时对儿童会造成重大伤害，所以最好把儿童安排在后座椅上。

3. SRS 的维护

1）不要在气囊袋盖上或周围放置物体，或者企图将它打开。

2）不要修改属于 SRS 的零部件及线路，或者自行更改前保险杠及车辆前部车身结构。

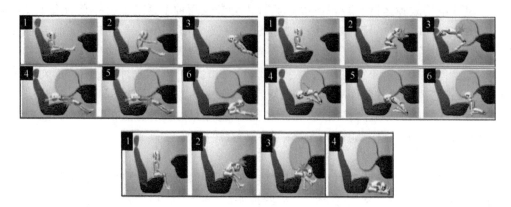

图 5-24 儿童坐在前排座位的严重后果

3）在安全气囊膨胀过后，可将展开的气囊折叠好放置于转向盘备用盖口及仪表板内，并应尽快更换。

4）打开点火开关后，诊断装置会开启安全辅助气囊指示灯 6~8s，然后自动熄灭。当安全辅助气囊指示灯不亮、闪烁不定或持续点亮时，说明 SRS 有故障。

4. SRS 的报废处置

当报废带有安全气囊的转向盘垫块（内含安全辅助气囊组件）时，必须引爆安全气囊，以防安全气囊误爆而引起事故，且不可在车内引爆安全辅助气囊，而应从车上拆下转向盘垫块，在车外进行报废处理。

5. SRS 检修注意事项

1）切勿测量点火器的电阻，如图 5-25 所示。

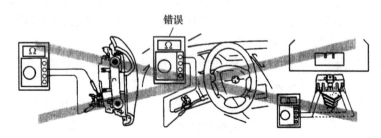

图 5-25 切勿测量点火器的电阻

2）不能修理安全气囊任何组件，只能更换。

3）妥善保管安全气囊组件。

4）充气组件从 90mm 以上落地时不能用。

5）充气组件不能承受 65℃以上的温度。

6）带气的或未展开的充气组件，应装在特殊的容器内，并注明危险品标识。

7）展开过的充气组件可作为正常的报废材料看待，按一般的方式处理。

8）安全气囊零部件不能做任何实验。

9）当操作时，均应摘下蓄电池的负极导线，等 30s。

【课后测评】

一、填空题

1. 安全气囊系统的英文全称是 _____，简称为_____。

2. 当汽车时速超过 30km/h 发生前碰撞事故时，气囊打开这一过程一般只需_____ s 左右。

若时间过长，有何后果？

_____

3. 安全气囊的指示灯常亮，是否正常？　□是　□否

原因：_____

_____

4. SRS 的故障诊断方法一般有三种，请写出：

_____

二、简答题

1. 简述 SRS 的作用和种类。

2. SRS 一般有哪几部分组成？简述各组成部件的作用。

3. 简述碰撞传感器的种类及结构。

4. 简述防撞传感器的结构。

5. 简述 SRS 的结构。

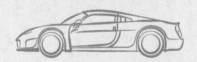

项目六

车载信息娱乐系统的检修

【项目描述】

车载信息娱乐系统（IVI，In-Vehicle Infotainment）是采用车载专用中央处理器，基于车身总线系统和互联网服务，形成的车载综合信息处理系统。车载信息娱乐系统能够实现包括三维导航、实时路况、IPTV、辅助驾驶、故障检测、车辆信息、车身控制、移动办公、无线通信、基于在线的娱乐功能及TSP服务等一系列应用，极大地提升了车辆电子化、网络化和智能化水平。一般中档汽车中信息娱乐系统主要由收音机、CD/VCD播放器、放大器、扬声器、控制开关、天线、DVD主机等部件组成；较高档汽车上配有多媒体互动系统，加装车载显示器和车载电话。

【任务目标】

1. 知识目标

1）了解车载信息娱乐系统的结构和工作原理。

2）能够识读车载信息娱乐系统的电路图。

2. 技能目标

1）确定车载信息娱乐系统因操作不当引起工作异常故障的检修步骤。

2）确定车载信息娱乐系统的检修范围［包括 GPS、MMI（人机界面）和车载电话等］。

3）使用仪器设备对系统进行检测。

4）使用电路图进行线路检查。

【任务描述】

一辆中高档轿车，出现了车载信息娱乐系统无法启动故障。要求检查并判断分析车载信息娱乐系统因操作不当引起功能异常故障现象的原因，要求制订维修计划、工作过程和检修步骤，并完成此维修任务。

【知识储备】

一、信息娱乐系统的组成

现代汽车信息娱乐系统基本包括：中央显示与控制单元、音响系统、车载多媒体（收音机、CD/DVD 机、车载电视、SD 卡插槽等）娱乐系统、导航 DVD 系统、车载电话（选装）、天线系统等。

1. 音响系统

音响系统主要由功率放大器、扬声器（高音、中音、低音）等组成，在某些车型音响系统还带有数字声音处理（DSP 模式）。

（1）功率放大器　功率放大器用于执行音频处理和放大信息娱乐系统显示屏提供的线路电平音频信号，如图 6-1 所示。放大器应最大程度减小失真，以便可以通过扬声器听见声音。最新一代的 Naim 13.2 通道 DSP 放大器是定制的并经过校准，以达到该系列各型号的出色音质水平。Naim 放大器的额定功率是 1100W，比标配放大器更强大，这会使系统内的动态特性更好，使高音量水平播放时的失

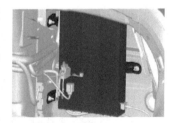

图 6-1　功率放大器

真更小。受功率放大器控制的音频功能有音量、低音、中音、高音、平衡、音量控制器、响度、动态补偿、随速音量自动调节、静音。

（2）扬声器　扬声器是最终决定车厢内音响性能的重要部件。扬声器的安装配置情况如图6-2所示。扬声器口径的大小和在车上安装的方法、位置是决定音响性能的重要因素，为欣赏立体声音响，车上至少要装两个扬声器。

汽车音响系统一般有以下四个不同类型的扬声器：

1）高音扬声器。所有高频率声音如语音都经过高音扬声器。

2）中音扬声器。中等频率到高频率的声音如笛子声都经过中音扬声器。

3）中低音扬声器。低频率到中等频率的声音如吉他声都经过这些扬声器。

4）超低音扬声器。超低音扬声器只产生较低频率的声音，如鼓声。超低音扬声器有特殊设计的外壳，可以减少泄漏到车外的声音。超低音扬声器用于产生低音，但标配系统没有超低音扬声器。通过使低音经过低音扬声器来最大程度减小声音泄漏和振动，从而使更多的声音保留在车厢中。

（3）DSP模式　DSP模式用于改善用户的听觉体验。它可以创造不同的效果，以建立特殊空间的感觉。DSP模式还包含正在用作音频源的各种媒体，如收音机、mp3等功能。当所用媒体的质量比CD低时，这种情况下DSP模式将有非常突出的效果。如果使用的音频源质量较低，DSP模式则允许驾驶人选择合适的模式来改善车内的声音质量。

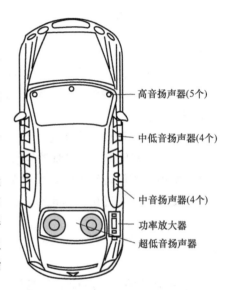

高音扬声器(5个)

中低音扬声器(4个)

中音扬声器(4个)

功率放大器

超低音扬声器

图6-2　扬声器的安装配置情况

一般的音响系统用麦克风读取背景噪声并对EQ（音量水平）进行相应的调节，但是DSP模式执行动态均衡，可以对每个基于车速的DSP模式进行EQ均衡调节。动态均衡用于改变每个DSP模式的设置，以补偿速度增大或顶篷盖位置（打开或关闭）造成的车厢内噪声水平变化。让客户听到音响系统的声音音量相同，并通过调整声音使客户体验到与车辆静止时相同的收听质量。

2. 车载多媒体娱乐系统

车载多媒体娱乐系统通过信息娱乐CAN总线和舒适CAN总线把信息娱乐显示屏集成到汽车通信网络中，此模块还可以通过CAN总线网关接收动力CAN的消息。

车载多媒体工作过程如图6-3所示。遥控器发送红外线信号到后部的任一个LCD屏幕，并由LCD屏幕中单独的红外线接收器接收此信号。一体式LCD红外线传感器用于把红外线信号转换成数字信号格式（0~5V）。后座娱乐系统通过屏幕控制器连接LCD红外线传感器和DVD播放器。屏幕控制器的作用是让乘客同时查看各种输入并能够切换独立可选的音频源。S视频（单独的视频）电缆在互连模块调谐器（IMT）、屏幕控制器和TFT屏幕之间传送视频信号数据。附加S视频电缆连接在DVD播放器和屏幕控制器之间。屏幕控制器、互连模块调谐器和TV调谐器都是通过复合视频电缆连接的。互连模块调谐器用作屏幕控制器和 TV 调谐器之间的接口。这使其他与后座娱乐系统无关的 TV 功能能够使用，并降低视频噪声和音频噪声。TV 调谐器通过信息娱乐总线和复合视频信号与信息娱乐显示屏连接。将视频图像作为复合视频发送到信息娱乐显示屏。复合视频是用来传输模拟视频信号到电视或从电视接收模拟视频信号的最常用视频接口类型。在 TV 调谐器、互连模块调谐器、屏幕控制器和辅助面板之间发送音频信号和复合视频信号。辅助连接使游戏控制台、其他音频/视频系统或有线耳机能够使用。黄色接口用于复合视频输出，红色接口用于音频输出，其余的白色接口用于有线耳机。

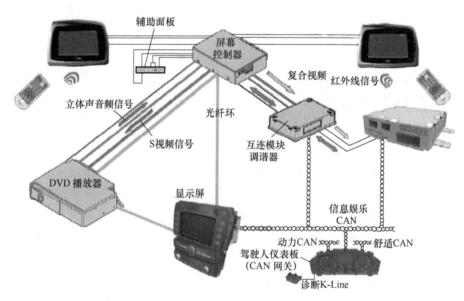

图 6-3　车载多媒体工作过程

3. 导航 DVD 系统

导航 DVD 系统使用储存在导航光盘中的详细地图，此地图可比较 GPS（全球定位系统）卫星网络提供的数据和汽车上的感应器，以计算汽车所处的方位，如图 6-4 所示。该信息可用来计划前往所需目的地的路线。目的地可手动输入（从地址簿中选择），也可从特殊目的地列表中选择。导航 DVD 系统将提供前往目的地的语音和文字指示。车辆的当前位置通过使用卫星信号和车内的感应器来确定，然后系统将当前位置与导航 DVD 上详细的地图信息进行比较。然后再计算出到达目的地的路线。如果是在不熟悉的城镇，该系统不仅能帮助找到某个特定地址，还能显示出游乐地点、当地的饭店或下一个加油站的位置。在路线导航期间，将通过驾驶人信息面板和信息娱乐系统的显示屏收到关于汽车所处位置、方向、距下一拐弯路口的距离以及抵达时间的信息。驾驶人信息面板还显示详细信息。如有任何金属物体放在后行李架上，或者汽车在隧道、室内停车场或者在高楼或大树环绕的某些场所，导航 DVD 系统可能不大容易接收卫星信号。

4. 车载电话

车载信息娱乐系统还允许将车载电话 SIM 卡直接插入汽车内，如图 6-5 所示。这样无须使用车载电话，也可以使用信息娱乐系统来拨打电话和接听电话，以及发送和接收

199

文本消息。车载信息娱乐系统可以复制 SIM 卡上储存的任何联系人详细信息，并可通过信息娱乐系统的控制来添加或修改联系人。当车载电话连接到汽车时，电话系统将完全"接管" SIM 卡中储存的信息，以便能通过信息娱乐系统、专用听筒（如已安装）和语音启用系统对车载电话进行完整功能操作。

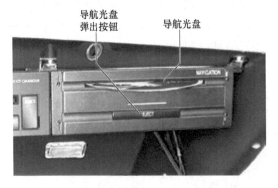

图6-4 导航 DVD 系统

图6-5 蓝牙电话与 SIM 卡直插式车载电话

蓝牙技术可在兼容的蓝牙电话和汽车之间提供安全的信息无线传输，从 SIM 卡复制信息，以便访问服务提供商的网络。此外，蓝牙连接还提供到汽车内置的外部天线的虚拟链接，从而减少了车载电话在汽车内释放的电磁辐射。这还可以减少通话过程中车载电话的电池耗用。系统可记忆最多九部配对的蓝牙电话，可以将其中一部电话设为默认。同一时间只能连接一部车载电话。系统始终会首先尝试对默认电话进行自动重新连接。与汽车配对的第一部电话将成为默认电话。如果系统找不到默认电话，则会尝试重新连接任何其他配对电话，按照它们上次连接到系统的顺序来进行。SIM 读卡器可在无须车载电话的情况下使用系统。它还允许将 SIM 卡永久留在汽车内，以便能在需要时随时使用。同时，即使不从读卡器中取出 SIM 卡，仍可以将车载电话连接到系统。要插入 SIM 卡，请拉开读卡器盖以使用卡插槽。只有在 SIM 卡的"断角"处于左下角的位置时，才能将 SIM 卡插入插槽中。将 SIM 卡推入插槽中，然后关闭读卡器盖。正确插入后，读卡器盖应与周围边缘齐平。蓝牙技术让信息娱乐系统能够以无线方式连接到车载电话，并复制电话 SIM 卡上储存的信息。然后，车载信息娱乐系统便可用来查找电话簿中的联系人，拨打电话并接听电话，或者接收文本（SMS）消息。

5. 天线系统

外置天线包括电话/导航天线、GSM 网络天线、电视天线、AM/FM 天线，如图6-6所示。一般是由在后风窗玻璃上的一条一条的细线组成的，天线系统的控制单元安装在后风窗玻璃前部的顶篷内饰内。

二、信息娱乐系统的结构类型

现代汽车信息娱乐系统有两种数据传递结构类型，即 CAN 总线型与 MOST 总线型。

1. CAN 总线型

在 CAN 总线类型的信息娱乐系统中，各控制单元之间的通信通过普通 CAN 总线，传输速率并不高，最高仅有 100KB/s，只有导航控制单元与前部显示控制单元之间的数据通信采用传输速率较高的光纤介质；其他组成部件之间呈星形与串行的混合连接，如图6-7所示。

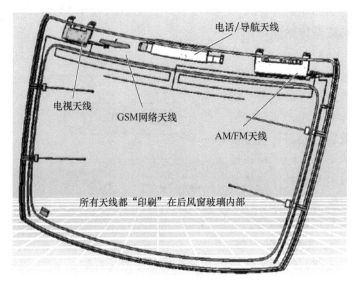

图6-6　天线系统

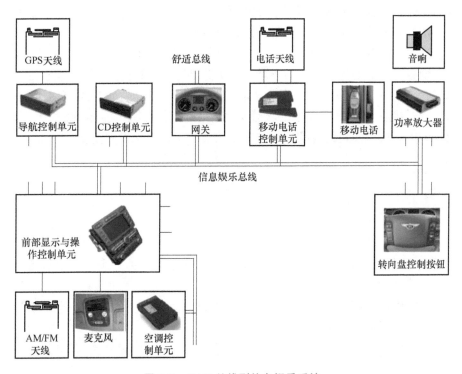

图6-7　CAN总线型信息娱乐系统

2. MOST 总线型

MOST 总线拥有独特的环形结构，采用光纤数据传输，传输速率为20Mbit/s，这是因为 CAN 数据总线系统在传输响应性与一次性传输的数据量上，都不能完成相对而言比较复杂的信息娱乐系统的需要，如图6-8所示。视频或音频的传输速率要求是兆级的（Mbit/s）。带立体声的数字电视内容对数据传输速率的要求是至少6Mbit/s以上。在以往，这些信息（如视频、音频内容）只能以模拟信号的形式进行传输，而CAN总线最大传输速率是1Mbit/s。MOST光纤总线使得相关组件间进行数字形式的数据交换成为可能。除了可以减少电线的使用和减轻重量外，光波传输有更高的数据传输速率。和无线电波相比，光波的波长更短。另外，它们都不会产生或易受电磁波的干扰。

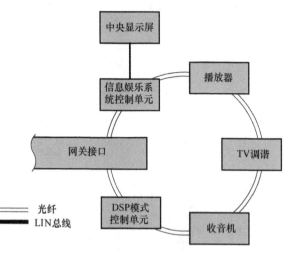

图6-8 MOST总线型信息娱乐系统

这些特性使得更高的数据传输速率与对外界干扰免疫成为可能。

三、信息娱乐系统的工作原理

传统信息娱乐系统的工作原理是音响系统主机分别接收由天线模块、控制开关发送的天线放大信号和控制开关信号，经过处理、分析后控制扬声器工作。

现代信息娱乐系统的工作原理是DVD主机通过接收控制开关发送的控制信号，实现信息娱乐系统各种功能的控制；通过接收CD/VCD换碟机发送的音频和视频信号，实现DVD主机和头枕显示器影像播放以及扬声器的音频输出。同时，与CD/VCD换碟机进行数据通信；通过接收天线模块发送的天线放大信号，实现控制扬声器播放无线电广播；通过接收车载电话模块发送的音频信号和控制信号，实现驾驶人免提接听。

 【任务实施】

一、实施准备

（1）学生组织　学生按照5～6人一组，小组内进行实训分工，主要有测量工具准备、故障分析推导等工作。

（2）实训场地及工具准备　主要包括维修车间、比亚迪F7轿车整车、故障诊断仪、万用表、相关维修工具及设备。

二、实施步骤

（1）按下电源开关系统无法启动故障检查　检查电源电路步骤如下：

① 如图6-9所示，音响系统电源电路插接器分为A、D、C（GND）三个。

② 检测音响系统总成插接器端子A4与车身间的电压，应为10～14V。

③ 检测音响系统总成插接器端子A7（GND）与车身间的导通性，应导通。

④ 将点火开关转至 ON 位，检测音响系统总成插接器端子 A3 与车身间的电压，应为 10～14V。若正常，则检查并更换音响系统总成；若不正常，则修理或更换配线和插接器。

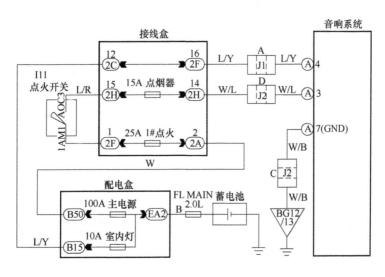

图 6-9　比亚迪音响系统的电源电路

（2）在所有模式下扬声器均无声音故障检查　扬声器电路图如图 6-10 所示。

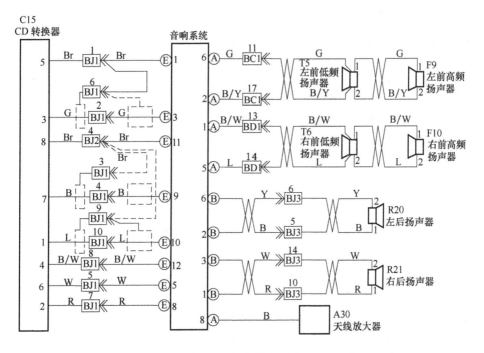

图 6-10　扬声器电路图

在所有模式下扬声器均无声音的检查步骤见表 6-1。

表 6-1 在所有模式下扬声器均无声音的检查步骤

1. 检查灯光液晶显示（LCD）装置	
将点火开关转至 ACC 位，将收放机总成转至 ON 位，收放机总成 LCD 装置会照亮	
若正常，则进行下一步检查	若不正常，则进行收放机电源电路检查，并修理或更换配线和插接器
2. 调节音量控制器并调节声音平衡	
操作收放机总成音量控制器的声音平衡，以达到确认哪一个扬声器发声的目的	
若一个特定的扬声器发声则进行下一步检查	若所有扬声器均不发声，则检查并更换收放机总成
3. 检查扬声器	
脱开扬声器插接器，检测扬声器端子间的电阻，应为 2 ~ 9Ω	
若正常，则进行下一步检查	若不正常，则更换扬声器
4. 检查收放机总成与扬声器间的插接器	
若正常，则检查并更换收放机总成	若不正常，则修理或更换配线和插接器
5. 检查收放机总成	
1）检测收放机总成插接器端子 A4 与车身间的电压，应为 10 ~ 14V 2）检测收放机总成插接器端子 A7 与车身间的导通性，应导通 3）将点火开关转至 ON 位，检测收放机总成插接器端子 A3 与车身间的电压，应为 10 ~ 14V	
若正常，则修理或更换配线和插接器	若不正常，则检查并更换收放机总成

（3）CD 无法插入或插入后立即弹出的故障检查 CD 无法插入或插入后立即弹出的故障检查步骤见表 6-2。

表 6-2 CD 无法插入或插入后立即弹出的故障检查步骤

1. 确保该 CD 为正常的音响 CD，而且无变形、裂纹、瑕疵、毛刺和其他缺陷	
若正常，则进行下一步检查	若不正常，则 CD 有故障
2. 检查 CD 是否放倒了	
若正常，则进行下一步检查	若不正常，则正确放置 CD
3. 用正常的 CD 更换有故障的 CD，查看是否再次出现同样的故障	
若正常，则 CD 有故障	若不正常，则进行下一步检查
4. 使收放机进行自动搜索并检查是否工作正常	
若正常，则检查并更换收放机总成	若不正常，则进行下一步检查
5. 检查收放机总成	
1）检测收放机总成插接器端子 A4 与车身间的电压，应为 10 ~ 14V 2）检测收放机总成插接器端子 A7 与车身间的导通性，应导通 3）将点火开关转至 ON 位，检测收放机总成插接器端子 A3 与车身间的电压，应为 10 ~ 14V	
若正常，则检查并更换收放机总成	若不正常，则修理或更换配线和插接器

（4）CD 不能播放故障检查 CD 不能播放的故障检查步骤见表 6-3。

表 6-3　CD 不能播放的故障检查步骤

1. 确保该 CD 为正常的音响 CD，而且无变形、裂纹、瑕疵、毛刺和其他缺陷	
若正常，则进行下一步检查	若不正常，则 CD 有故障
2. 检查 CD 是否放倒了	
若正常，则进行下一步检查	若不正常，则正确放置 CD
3. 用正常的 CD 更换有故障的 CD，查看是否再次出现同样的故障	
若正常，则 CD 有故障	若不正常，则进行下一步检查
4. 使收放机进行自动搜索并检查其是否正常工作	
若是，则因温度变化造成冷凝（使用前静置一会儿）	若不正常，则进行第 6 步检查
5. 检查工作舱内的温度是否急剧变化	
若是，则因温度变化造成冷凝（使用前静置一会儿）	若不是，则检查并更换音响系统总成
6. 检查音响系统总成	
1）检测音响系统总成插接器端子 A4 与车身间的电压，应为 10～14V 2）检测音响系统总成插接器端子 A7 与车身间的导通性，应导通 3）将点火开关转至 ON 位，检测音响系统总成插接器端子 A3 与车身间的电压，应为 10～14V	
若正常，则检查并更换音响系统总成	若不正常，则修理或更换配线和插接器

（5）无法取出 CD 的故障检查　无法取出 CD 的故障检查步骤见表 6-4。

表 6-4　无法取出 CD 的故障检查步骤

1. 使收放机进行自动搜索并检查其是否正常工作	
若正常，则检查并更换音响系统总成	若不正常，则进行第 5 步检查
2. 按下音响系统总成的 CD EJECT 开关 2s 或更长时间，并检查 CD 是否弹出	
若正常，则进行下一步检查	若不正常，则检查并更换音响系统总成
3. 检查在较差的道路上行驶声音是否跳跃	
若正常，则进行下一步检查	若不正常，则 CD 有故障
4. 检查音响系统总成的安装情况	
若正常，则 CD 有故障	若不正常，则进行下一步检查
5. 检查音响系统总成	
1）检测音响系统总成插接器端子 A4 与车身间的电压，应为 10～14V 2）检测音响系统总成插接器端子 A7 与车身间的导通性，应导通 3）将点火开关转至 ON 位，检测音响系统总成插接器端子 A3 与车身间的电压，应为 10～14V	
若正常，则检查并更换音响系统总成	若不正常，则修理或更换配线和插接器
6. 仅在播放 CD 时音质不佳（音量过低）	
检查音响系统总成的安装状况，若正常，则 CD 有故障	若不正常，则检查并更换音响系统总成

（6）无法接收无线电广播（接收效果差）的故障检查　无法接收无线电广播（接收效果差）的故障检查步骤见表 6-5。

表 6-5　无法接收无线电广播（接收效果差）的故障检查步骤

1. 使收放机进行自动搜索并检查其是否工作正常	
若正常，则检查并更换音响系统总成	若不正常，则进行下一步检查
2. 检查是否有可选设备	
若正常，则来自可选组件的影响	若不正常，则进行下一步检查
3. 对天线进行噪声检查	
将点火开关转至 ACC 位，打开收放机并选择 AM 模式，检查是否是因为将螺钉旋具放到天线上，而导致扬声器产生噪声	
若正常，则检查并更换音响系统总成	若不正常，则进行下一步检查
4. 检查音响系统总成（天线）	
拆下音响系统总成上的天线插头，在收放机插接器已连接的情况下，将点火开关转至 ACC 位，打开收放机并选择 AM 模式。检查是否是由于将细平头螺钉旋具或诸如细电线等金属物放置于收音机总成的天线底座上，而导致扬声器产生噪声	
若正常，则进行下一步检查	若不正常，则检查并更换音响系统总成
5. 检查带保持架的天线总成	
若正常，则更换音响系统总成	若不正常，则更换带保持架的天线总成

三、音响的防盗功能

1. 音响自动锁死条件

超高级汽车音响均有防盗功能，一旦出现以下情况之一，防盗系统就开始工作，自动锁死音响系统：

① 音响被盗。

② 更换汽车蓄电池。

③ 音响熔丝断路。

④ 拔掉音响插头，致使音响电源中断。

2. 音响防盗密码形式及解码方案

（1）音响防盗密码主要采用以下两种方式

① 固定密码，如欧宝、奔驰、宝马等车系。

② 可变密码，如雷克萨斯 LS400、丰田大霸王等车系。

固定密码和可变密码均是通过防盗集成块来控制的，也有的防盗系统集成于音响的微处理器中。防盗集成块具有读、写、字擦除、片擦除及数据时钟功能，它与主机共同控制音响防盗功能。

（2）音响防盗解码方案有以下四种

① 硬解码法，更换防盗集成块管脚某些线路，适合于固定密码的解码。

② 软解码法，即输入通用码来解除防盗。此方法不需要更改线路，主要适合于可变密码的解码。

③ 断电法，某些机型只需切断防盗集成电路的电源电路即可。

④ 综合法，同时使用硬解码法和软解码法。

（3）奥迪 A6 音响锁止解码的操作方法　首先将点火开关开启后，音响电源操纵开关置于 ON 位，如此时音响面板内的液晶显示屏显示为"SAFE"字样，则表示该音响因某种原因被锁止（蓄电池供电中断，蓄电池电压过低或音响 BATT 电源中断），操作如下：

此种车型音响的解锁密码为 4 位数密码，利用音响装饰面板中的"AM/FM"和"SCAN"键以及 4 个预置电台储存键，兼作音响的解码操作输入按键。

例如，输入密码 1688 方法如下：

同时按下"AM/FM"键和"SCAN"键，按动面板操作储存键中的 1 键，观察液晶显示屏显示出 1 为止。

再按动面板操作储存键中的 2 键，观察液晶显示屏显示出 6 为止。

按动面板操作储存键中的 3 键，观察液晶显示屏显示出 8 为止。

按动面板操作储存键中的 4 键，观察液晶显示屏显示出 8 为止。

如经以上操作输入密码正确无误后，再同时按下音响操作面板中的"AM/FM"键和"SCAN"键，观察液晶显示屏会显示"SAFE"字样后，将"AM/FM"和"SCAN"两键同时放松，稍等片刻后，音响的液晶显示屏会显示出某广播电台的频率，此时则表示该音响解锁成功，音响恢复原设计功能。

需要说明的是，如果输入的密码不是正确的密码，当输入完毕后，液晶显示屏仍然会出现"SAFE"的字样，这时则表示解码失败。

如果两次解锁输入的密码均为错误密码时，则只能耐心等待 1h 后，方可重新输入正确的密码进行解锁。

【拓展训练】

MOST——汽车电子信息娱乐系统的高速数据总线

MOST（Media Oriented System Transport）面向媒体的系统传输是在汽车制造商和供应商中越来越受推崇的一种网络标准。它提供了一个可以管理所有多媒体设备的单个界面，其强势所在，是能够处理针对不同目标的多个数据流，而不失和谐。

MOST 系统是利用光导纤维作为信息传导媒介，进行数字信号的传输。收发机由发射机和接收机两个部件组成。发射机将要发送的信息作为电压信号传至光导发射器。接收机接收来自光导发射器的电压信号并转换成相关的数据传至控制单元内的"标准微控制器"（CPU）。由于 MOST 系统的高传输速率，因此它可以做到只用两根光纤即可同时传递多路信号。

MOST 网络以光纤为载体，通常是环型拓扑。时钟和串行化数据是双相编码的，布线只需单根光纤。MOST 网络的传输速率可达 25Mbit/s，远远高于传统汽车网络。也就是说，可以同时播放 15 个不同的音频流。每个多媒体设备由环中的一个节点代表。常见的 MOST 网络有 3～10 个节点。一个时序主控者（Timing Master）负责驱动系统时钟，生成帧数据，即 64 字节序列数据。剩下的节点都充当从控者（Slave）。一个节点充当用户控制界面或 MMI。通常，此节点也是时序主控者。

目前，已有许多种汽车电子的传控接口，如 LIN Bus、CAN Bus、FlexRay 等，但这些传控接口的传输速率表现，都无法满足车用多媒体信息的运载传输之需，其中 LIN Bus 只有 20kbit/s，CAN Bus 只有 1Mbit/s，FlexRay 一般而言也只有 10Mbit/s，双线并用才能达到 20Mbit/s，这些都不足以用来传递实时性的多媒体信息。然而，随着车内娱乐系统的发展、传控技术的精进（如：倒车后方视讯画面），车用电子越来越需要使用多媒体式传输，最适合此方面的传输接口就属 MOST，其次才是今日盛行的蓝牙（Bluetooth）。不过，蓝牙绝对无法全然取代 MOST 在车用多媒体传输的地位。

首先，MOST 是实线传输，而且是光纤线路传输，可以是塑料光纤（比较省成本），使用光纤可以让信息传量加大，未来的传输提升潜力也较高，同时也较能坚稳传输（因为没有搭铁回路，也不受电磁干扰），这些是蓝牙的无线传输所不及的。其次，蓝牙的传输效能也不足，即便是强化传输率（EDR，Enhanced Data Rate）3 倍的蓝牙 2.0 也都只有 3Mbit/s，比 CAN Bus 还低，且蓝牙在单一个 Piconet 区网内仅允许 8 个装置相互联系，节点装置数也明显不足。所以，MOST 依旧会是车用电子中的最佳多媒体传控网络，蓝牙可以作为备用辅助，可以用来传递简单的音讯（如：语音播报、娱乐音效）或 GPS 导航信息等，至于更实时性要求、更严苛性要求的音视讯传输还是需要使用 MOST 传控网络。

2003 年以来 MOST 的传控网络技术逐步扩展，至少有 10 种的欧洲量产车采用了 MOST 技术，包括德国的保时捷、奥迪、奔驰、宝马，瑞典的沃尔沃、绅宝，意大利的菲亚特、兰吉雅，法国的雪铁龙、标致等。

MOST 除了核心的主标准规范外，实体接线层面也允许在"电线"与"光纤"间替换运用，此外也有定义支持 MOST 传输的应用形态（Profile），如 Tuner 调谐器、CD 播放机、放大器（也称为扩大机）等。

MOST 在制订上完全合乎 ISO/OSI 的 7 层数据通信协议参考模型，而在网线连接上 MOST 采用环状拓扑，不过在更具严苛要求的传控应用上，MOST 也允许采用星状（也称放射状）或双环状的连接组态，此外每套 MOST 传控网络允许最多达 64 个的装置（节点）连接。

MOST 也支持随插即用（PnP，Plug and Play）机制，如此就可在 MOST 传控网络运作时直接加插装置或移除装置，增加扩充、维修及使用等各方面的便利性。

在 MOST 传控网中有一个时序主控者的节点，此节点会持续地将资料讯框送入环状接线中，等于是在扮演一个资料闸门（The gate for data）的角色。此外，在传输的讯框中，其前段的预序（Preamble）部分，或称封包档头（Packet Header）部分将会重复地发送，与休闲中的时序受控者保持同步性。

MOST 的总数据传输率为 24.8Mbit/s，这已是将音视讯的串流资料与封包传控资料一并列计，在 24.8Mbit/s 的频宽中还可区隔成 60 个传输信道、15 个 MPEG - 1 的视讯编码信道，这些可由传控设计者再行组态、规划与调配。

MOST 在精省成本的努力不仅是在线路材质上，使用塑料光纤的精省法只是其一，传输方面也因为采行同步方式而不需要设置"收发缓冲"及进行"取样率转换"，如此也一样有助于成本精省。

MOST 的传输技术近似于公众交换式电话网络（PSTN，Public Switched Telephone Network），有着数据信道（Data Channel）与控制信道（Control Channel）的设计定义，控制信道即用来设定如何使用与收发数据信道。一旦设定完成，资料就会持续地从发送处流向接收处，过程中不用再有进一步的封包处理程序，将运作机制如此设计，最适合用于实时性音讯、视讯串流传输。当然，不是所有的信息传递都要实时同步，例如 Internet 上网浏览、GPS 导航信息等，这些资料的传递特性是不定时的短期突增，这类型的传输就不需要用上前述的同步机制，而可以使用较不讲究时效性的异步收发，事实上 MOST 传控网也支持这种传递方式，更简单地说，MOST 同时支持与提供时效性、同步的串流传输与非时效性、异步的数据传输。

在 MOST 传控中其实存在着 Control 控制信息的传输、Packet 非时效性的封包数据传输、Real-Time Information 实时性的串流数据传输（即是指音讯、视讯）三种传输形态。

MOST 传控技术上特性包括最多可连接 64 个节点、两节点间最多可有 8 个接口插头接位（插接器）、最长可达 10 尺 [1 尺 = (1/3)m]、最克简（克难简朴）的连接形态。

一、信息娱乐系统 – MOST 功能操作

1. 工程菜单的进入

工程菜单用于例如软件升级。要进入这个菜单，必须依次按住下列按键：CAR 和 BACK，如图 6-11a 中红色的按钮。

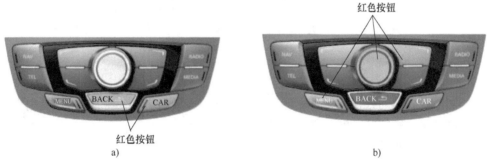

图 6-11　操作按钮一

2. MMI 系统重启

同时按下以下三个按键可以重启 MMI 系统：旋／压式控制钮、右上软键、菜单，如图 6-11b 中红色的按钮。

3. 截屏

同时按下如图 6-12a 所示的按键组合，就可以截屏，截屏画面会保存到 SD 卡里。如果截屏完成，旋/压按钮周围的四个方向键同时闪烁三次。

图 6-12　操作按钮二

二、信息娱乐 MOST 系统拓扑图

信息娱乐 MOST 系统拓扑图如图 6-13 所示。

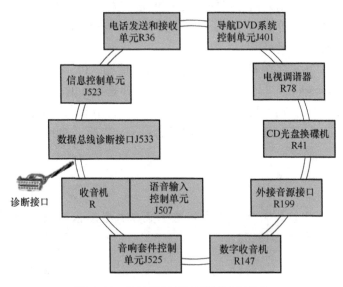

图 6-13　信息娱乐 MOST 系统拓扑图

三、信息娱乐 MOST 系统断环诊断

（1）系统失灵的可能原因　环断裂（光缆挤压、偏转或者插头未插）、仪器内无电压供给、光缆老化、发射器二极管或接收器二极管损坏等。

（2）环形中断的影响

① 音频和视频播放终止。

② 通过多媒体操纵单元无法控制和调整。

③ 诊断管理器的故障存储器中存有故障"光纤数据总线断路"。

（3）为了评估在什么位置发生环断裂需要下列数据

① 安装列表。

② 环断裂诊断答复。

③ 匹配安装列表和 RB 诊断答复矩阵，因为控制单元总在环断裂后才报告故障。

（4）信号衰减断环诊断（3dB 诊断）　诊断管理器的执行元件诊断还有一项功能，就是通过降低光功率来进行环形中断诊断，用于识别增大的信号衰减，其过程与上述方法是相同的。但有一点是不同的：控制单元接通光导发射器内的发光二极管时会有 3dB 的衰减，也就是说光功率降低了一半。如果光导纤维信号衰减增大，那么到达接收器的光信号就会非常弱，接收器会报告"光学故障"，于是诊断管理器就可以识别出故障点，并且在用检测仪查询故障时会给出相应的帮助信息。

信号衰减断环诊断原理如图 6-14 所示。在收音机和放大器之间断环诊断如图 6-15 所示。用于断环诊断的导线如图 6-16 所示。光学替代控制单元 VAS 6186 如图 6-17 所示。光纤插头维修工具 VAS 6223A 如图 6-18 所示。

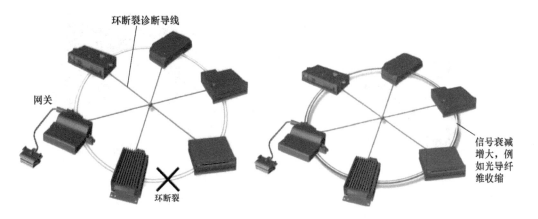

图 6-14　信号衰减断环诊断原理

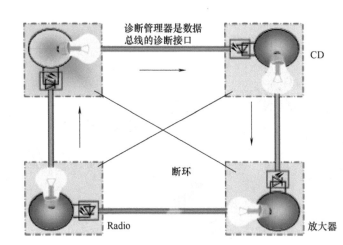

	光学故障	电气故障
CD	✓	✓
收音机	✗	✓
放大器	✓	✓

在收音机和放大器之间断路

图 6-15　在收音机和放大器之间断环诊断

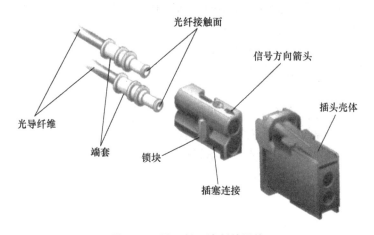

图 6-16　用于断环诊断的导线

图 6-17　光学替代控制单元 VAS 6186

图 6-18　光纤插头维修工具 VAS 6223A

【课后测评】

一、填空题

1. 中高档汽车采用多媒体控制系统，它集成了车辆控制、_____、_____、_____、_____等多项功能。

2. 功率放大器的基本功能是将音频信号进行_____。

3. 汽车天线有_____天线、_____天线和_____天线。

4. 传统车载信息娱乐系统主机接收由_____、_____发送的天线放大信号和控制开关信号，经过处理、分析后控制_____工作。

5. 奥迪 MMI 系统内部由多个控制单元组成，控制单元通过_____相互连接和传递信号。

二、判断题

1. 在无线广播中，分为调幅广播 AM 和调频广播 FM。　　　　　　　　　　（　　）

2. CD/VCD 播放器是将 CD/VCD 盘上所刻录的音乐或声音影像模拟信号转变为原来的数字信号。　　　　　　　　　　　　　　　　　　　　　　　　　　　（　　）

3. 高档汽车上的天线一般都是自动的，只需将点火开关接通，当收音机打开时，天线自动升起，点火开关关闭时天线缩回。　　　　　　　　　　　　　　　　（　　）

4. 一般中档汽车中信息娱乐系统主要由收音机、CD/VCD 播放器、放大器、扬声器、控制开关、天线和 DVD 主机等部件组成。　　　　　　　　　　　　　　　（　　）

三、简答题

1. 简述车载信息娱乐系统的类型及组成。

2. 简述传统车载信息娱乐系统的工作原理。

3. 简述现代车载信息娱乐系统的工作原理。

4. 简述车载信息娱乐系统常见的故障。

参 考 文 献

[1] 潘伟荣. 汽车空调 [M]. 北京：机械工业出版社，2002.

[2] 刘仲国. 现代汽车检测与诊断 [M]. 北京：机械工业出版社，2007.

[3] 林钢. 汽车空调原理及维修 [M]. 北京：北京大学出版社，2002.

[4] 周晓飞. 汽车维修技师 1000 问 [M]. 北京：化学工业出版社，2015.

[5] 袁辉，邓妹纯. 汽车舒适与安全系统检修 [M]. 北京：人民交通出版社，2010.

[6] 张军. 汽车舒适安全与信息系统检修 [M]. 北京：北京理工大学出版社，2015.

[7] 赵宇. 汽车安全与舒适系统检修 [M]. 北京：人民邮电出版社，2013.

[8] 纪光兰. 汽车电器设备构造与维修 [M]. 2 版. 北京：机械工业出版社，2015.